JN233120

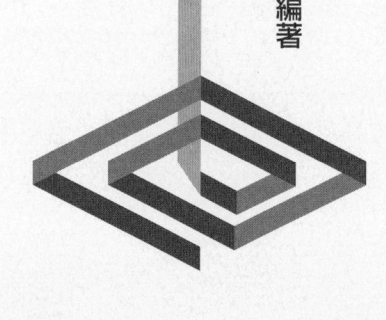

新版 保健の授業づくり入門

森 昭三
和唐正勝 =編著

大修館書店

はじめに

　子どもから歓迎される楽しい・わかる保健の授業を展開できるようになった。そう確信している保健科教育を専門とする仲間が集まってまとめたのが，『保健の授業づくり入門』であった。1987年のことであるから，すでに十数年を経過したことになる。

　その間に，保健科教育を取り巻く内的・外的条件も大きく変わった。この変化に対応するために，『保健の授業づくり入門』の大幅な改訂を試みたのが本書である。

　大きな変化を示す象徴的なことの一つとして，1997年の保健体育審議会答申が「ヘルスプロモーションの理念に基づく健康の保持増進」を強調し，「健康に関する教育・学習」の項において，(1)「健康の保持増進のために必要な能力・態度の習得と健康的なライフスタイルの実現」と(2)「生涯にわたる心身の健康に関する教育・学習」を取り上げたことであると指摘することができる。

　(1)において「健康的なライフスタイルの実現」と保健行動科学の成果を取り入れた「行動の変容」を謳うとともに，(2)において生涯学習において果たすべき「学校健康教育の役割」が明示された。

　この答申と教育課程審議会答申を受けて学習指導要領の大幅な改訂がなされたのである。

　もう一つとして，保健の授業は，小学校にあっては教諭が，中・高校にあっては保健体育科の教諭が担当することになっていたが，養護教諭も担当できるようになった免許法の改正をあげることができる。養護教諭のもつ専門的な知識と技能の活用である。異質職種の人材の加入は刺激的なことである。

　さらにもう一つとして，私たち執筆陣が保健科教育の教育・研究を続け成長したことをあげることができる。とくに，全国の国立の教員養成系大学・学部に修士課程の大学院が設置されたことが刺激となり，成長を促した。

はじめに

　こうした変化を踏まえて，改訂を試みたのである。
　初版と同じく，もし子どもたちが歓迎する楽しい・わかる保健の授業が展開できないとするならば，その原因は子どもの学習意欲や保健科教育を取り巻く外的条件にあると考えるのではなく，内的条件（教育内容，教材，指導方法など）に求める。断っておくが，私たちは外的条件を問題としないというのではない。外的条件にのみ不振の原因があると考えているのでは，いつまでたっても前進することができず，保健の授業を改造することはできない。内的条件の改善を通して，外的条件を問題にしようというのである。
　本書は，必ずしも第1章から読み進む必要はない。関心のあるところ，知りたいと思うところから読んで欲しい。そうすると，他の章も読む必要があると考えるに違いない。
　ともあれ，私たちは本書が子どもたちから歓迎される楽しい・わかる保健の授業づくりに役立つものになっていると確信している。しかし，もっと改善すべきところもあるに違いない。ぜひ，読者各位のご批判をもとに，さらによりよいものにしていきたいと考えている。
　こんな小さな仕事でも，きわめて多くの人びとのお陰でやっとできたのだ，ということを強く感じている。とくに，大修館書店の加藤順さんにはいろいろとお世話になった。心から，感謝の意を表したい。

　　2002年8月　　　　　　　　　　　　　　編者代表　　森　昭三

　なお，今回の第5刷発行に当たり，2008（平成20）年に改訂された小中学校『学習指導要領』，2009（平成21）年に改訂された高校『学習指導要領』を「今次改訂」とか「現行」という表記に改めた。小学校は本（2011）年度より実施され，中学校は来（2012）年度から，高校は再来（2013）年度から実施される。また，表記に若干の修正を加えた箇所があることをお断りしておく。

　　　　　　　　　　　　　　　　　　　　　　　　　　　　2011年9月

新版・保健の授業づくり入門　　●目次●

はじめに

1.保健授業のこんにち的課題

1. 現代社会における保健科教育への期待—2
　　1 生活習慣病への対応—2
　　2 ヘルスプロモーションへの対応—3
　　3 青少年の健康問題への対応—5
　　4 健康リテラシーへの対応—7

2. 学校教育が担うべき保健の学力形成—9
　　1 現代社会と保健的教養—9
　　①生活環境や様式の変化が求める保健的教養—9
　　②あふれる情報・豊かな物資と保健的教養—11
　　③疾病像の変化が求める保健的教養—12
　　④これからの社会（予想される社会変化）が求める保健的教養—13
　　2 保健的教養の形成と学校教育—15
　　①保健的教養の形成と学校の役割—15
　　②保健科で育てるべき保健的教養の基礎—16

3. わが国の保健科教育の歩み—19
　　1 教育課程における保健の位置づけの変遷—19
　　①第二次世界大戦前の教育課程にみる「保健の教育」—19
　　②第二次世界大戦後における学習指導要領の変遷—21
　　2 第二次世界大戦後における保健授業実践の推移—23
　　①公衆衛生教育としての「健康教育実践強調運動」—24
　　②学校保健実践に組み込まれた「保健の学習」—25

もくじ

③保健科の問題解決学習と系統学習―26
④「教科の独自性」を模索した保健授業実践―28
⑤保健授業で保障する新しい知と学び―29

2. 魅力ある保健の授業像

1. 保健の授業が成立するということ―34
1 授業の成立―34
①ある授業研究会の席上で―34　②「先生，授業をして欲しい」―35
③活発な保健の授業―36　④解説型保健の授業のもつ問題―37
⑤保健の授業がめざすこと―38
2 授業が授業となるとき―40
①授業の構成要素―40　②子どもを変革する―41
③授業成立の方法的過程―42
3 追求のある授業―44
①教師が授業をするということ―44　②保健の授業をつくる―46
③授業づくりにおいて働く教師の信念―48

2. 楽しくてわかる保健授業の探究―50
1 楽しい保健の授業を創出するための視点―51
①教材づくりの視点―52　②導入を意識する！―53
③子どもたち同士の学び合いの場をつくる！――発問と討論―57
④楽しい授業実践を支えるもの―63

3. "生きて働く"学力の形成と保健授業づくり―66
1 「伝達・知識注入型」授業から「触発・追究型」授業への転換―66
2 グループに分かれての実地調査―67
3 ロールプレイング，実験・調査，ディスカッション―71
4 課題解決的な学習―75

3. 保健授業の教育内容と教材づくり

1. 保健科の学力と教育内容—82

 1 学習指導要領の学力観と教育内容—82
 ①学習指導要領の学力観—82　②学習指導要領の内容構成—89
 ③現行学習指導要領の特徴と問題点—96
 2 小倉6領域案の学力観と内容構成—104
 ①小倉にみる内容体系研究の足どり—104
 ②小倉にみる保健科の学力観—105　③内容構成—107
 3 その他の体系案にみる内容編成—108
 ①日教組・中央教育課程検討委員会の試案—109
 ②森の内容案—110　　　　　③内海の3部6領域案—111
 ④家田らの内容体系案—112
 4 保健の学力形成を保障する教育内容の編成—114
 ①保健科で育てるべき能力と学力—114
 ②学力保障のための保健科の内容—118

2. 保健の教科内容と教材—123

 1 教科内容と教材の違い—123
 ①内容の精選と教材—123　　②教育内容と教材の区別—124
 ③教材をわかる、ということ—125
 2 授業における教材の重みと教材の成立—126
 ①保健の授業における不振の原因—126
 ②「教材になる」ということ—128　③教材と教材化の四つの形式—130
 3 「保健教科書」教材の検討—132
 ①保健教科書と保健の授業—132
 ②保健教科書の機能からみた問題点—133
 ③保健教科書がもつ、もう一つの問題—135

3. 保健の教材づくりとそのあり方—138

1 保健の教材づくりに込めるもの—138
①授業におけるすぐれた内容・教材とその考え方—139
②保健のねらいと関わった内容・教材の考え方—139
③こんにち的な保健現実とそこからの教材化の視点—141
④小・中・高校の発達段階における保健教材の考え方—144
⑤「教材づくり」といういい方に込めるもの—146
⑥新世紀における保健科の存在と教材づくり—147
2「わかる授業」の追求と教材づくりのあり方—149
①「わかる授業」の質を追求することの意味—149
②「わからせ方」の吟味と授業構想づくりのいくつかの視点—151
③教材づくりから授業構想づくりへの進め方—154

4. 保健の授業展開

1. 授業案づくりと授業の展開—158

1 授業案とその作り方—158
①授業案とその必要性—158　　②よい授業案の構想—159
③授業案の実際—165
2 授業の展開構想を先取りした授業案—167
①展開のある授業—167　　②展開のある授業の構想—168

2. 授業における教師の技量—172

1 魅力ある授業のための基礎・基本—172
①教材をわがものにする—172　　②「学問的な眼」を育てる—173
③教師の自己変革を伴う教材づくり—173
2 授業展開の技術—174
①うまい授業とは—174　　②子どもを引きつける発問の技術—175

③ヤマ場を盛り上げる展開の技術―180
　　　④学習事項を明確にするまとめの技術―182
　　3 授業の具体的技術―183
　　　①板書の工夫―183　　　　　②資料の活用―184

3. 保健授業の展開事例――190
　　1 小学校における保健授業―190
　　　①私たちが取り組んできた80年代までの実践から―191
　　　②学習指導要領の特徴とそれに対応する実践のあり方―195
　　　③保健授業の具体的展開―204
　　2 中学校における保健授業―213
　　　①これまでの保健授業に学ぶ―213
　　　②「精神の発達」「心の健康」授業づくりに学ぶ―218
　　3 高等学校における保健授業―231
　　　①模倣から創造へ―231
　　　②授業書「新潟水俣病の不思議」に学ぶ―231
　　　③授業書「新潟水俣病の不思議」の教育内容を吟味する―237
　　　④授業書「新潟水俣病の不思議」の修正プラン―240
　　4 「授業書」方式による保健授業―245
　　　①「授業書」方式による保健授業とは―245
　　　②「授業書」方式による保健授業の視点と方法―247
　　　③「授業書」方式による保健授業の展開と課題―262
　　5 課題学習による保健の授業―277
　　　①小学校における課題学習―277　　②中学校における課題学習―284
　　　③高等学校における課題学習―291
　　6 ライフスキルの形成を意図した保健の授業―299
　　　①ライフスキルとは何か―300
　　　②ロールプレイングを用い，ライフスキルの形成を意図した授業―302
　　　③ライフスキルの形成を意図する授業の留意点―304

もくじ

5. 保健の授業研究と評価

1. 保健の授業研究—308
1 保健の授業研究—308
①ある保健の授業研究の試み—308　②授業研究における倫理性と量的研究法の限界—309　③授業研究とは—310

2 保健の授業研究の実際—311
①生活課題の克服と教師の教材への問いかけに重点を置いた授業研究—312
②追試に支えられた「授業書」の教材づくりによる授業研究—312
③「授業書」方式による指導案—313
④藤岡信勝の「ストップモーション方式」による授業研究—314
⑤教材研の「ミニ授業+ストップモーション方式」による授業研究—317
⑥近藤真庸の「シナリオ形式」による授業研究—324
⑦稲垣忠彦の「カンファレンス」による授業研究—325

3 保健の授業研究の課題と今後の展望—325

2. 保健の評価—328
1 保健授業の評価における3つの局面—329
2 保健の評価観点—330
3 評価の方法—331
4 教師作成のテスト—「知識・理解」「思考・判断」の評価—333
5 保健における「関心・意欲・態度」の評価—339
6 保健授業改善のための評価—保健授業の教授-学習過程の評価—340

付録●小・中・高 学習指導要領(「保健」抜粋)—343

> 「保健」は,教科の視点を主とした場合には「保健科教育」「教科『保健』」と表現され,授業の視点を主とした場合には「保健の授業」「保健学習」と表現されることが多い。本書においても,同様の表現をしている。

1 保健授業のこんにち的課題

1. 保健授業のこんにち的課題

① 現代社会における保健科教育への期待

〈要約〉――保健科教育は，生涯を通して健康的な生活を送るために，ヘルスプロモーションの発想を生かし，個人の健康づくりとそれを支援する環境づくりができる資質や能力を，国民の共通教養として体系的・組織的に育てることが期待されている。

1 生活習慣病への対応

　現在，わが国の三大死因をなす悪性新生物（ガン），心疾患，脳血管疾患などの病気は，その発症や進行に長い年月にわたる不適切な食事・運動・休養や喫煙・飲酒など，ふだんの日常的な生活習慣が深く関わっている。また，これら生活習慣病の多くは，発症すると完治することが困難であり，病気の早期発見・治療という二次予防よりも，生活習慣病にならないようにする一次予防が重視されている。そのため，これら生活習慣病を予防するためには，個人が日常生活の中で自らの生活行動（ライフスタイル）を健康的なものに管理し改善することが以前にもまして重要視されている。

　現代社会における生活習慣病の増加と疾病予防における一次予防の重視は，保健行動として，個人（素人）が専門家の指示に従順に従うコンプライアンス行動よりも，個人の自己判断・自己決定にもとづくセルフケア行動の重視をもたらした。期待される人間像が，専門家からの「指示待ち人間」から，自ら健康について「自己判断・自己決定のできる主体的人間」へと変化したのである。そのため保健科教育においても，個人のライフスタイルを健康的なものに管理し改善する能力を育てることへの期待が高まっている。

　このような「生活習慣病」の考え方は，個人が生活習慣を健康的なものに

すればその病気の発症や進行を予防できるという言説を含意するものであり，医療費の高騰とも関わって，「自分の健康は自分で守る」という個人のセルフコントロール能力の育成を重視する健康教育を正当化し促進してきた。また，個人の能力の増進をめざす教育と共通項をもつ個体能力主義に立つ心理学の知見が，どの個人に当てはまるものとして一般化され，健康教育の基礎理論として積極的に取り入れられてきた。それはまた，「高度の合理化とセルフコントロールが支配する心理主義化社会[1]」を生きる現代の人々の意識とも一致し，違和感もなく受け入れられてきた。

2 ヘルスプロモーションへの対応

　そのような社会では，問題が起こると，それは人々の自己コントロール能力が低下したためだと感じ，その解決のために個人の自己コントロール能力をさらに高めて，より「強い個人」になることを志向する。そこでは，社会がより高度なコントロール能力を要請するため，相対的に個人の能力が低下したように感じるのだという意識は生まれにくい。そのため，個人のコントロール能力を超えた社会的原因によって病気が起こっても，それを個人の責任とする「犠牲者非難（victim blaming）」を生みやすい社会でもある。
　また，個人が健康に関する知識や技術を身につけ「健康的なライフスタイル」を実践しようとしても，すべての人が同じ力を持っているわけではない。力のない人も弱い人もいる。個人の努力には限界もある。
　このような問題性を健康教育の中で意識化したのが，「ヨーロッパの健康教育の概念の効用と限界を検討する中で創造された[2]」というヘルスプロモーションの考え方である。そこでは，「ヘルスプロモーションとは，人々が自らの健康をコントロールし，改善することができるようにするプロセスである。身体的，精神的，社会的に良好な状態に到達するためには，個人や集団が望みを確認・実現し，ニーズを満たし，環境を改善し，環境に対処することができなければならない。それゆえ健康は，生きる目的ではなく，毎日の生活の資源である」（WHO「ヘルスプロモーションに関するオタワ憲章」1986年，島内憲夫訳）とされており，その具体的展開としては，①健康的

1. 保健授業のこんにち的課題

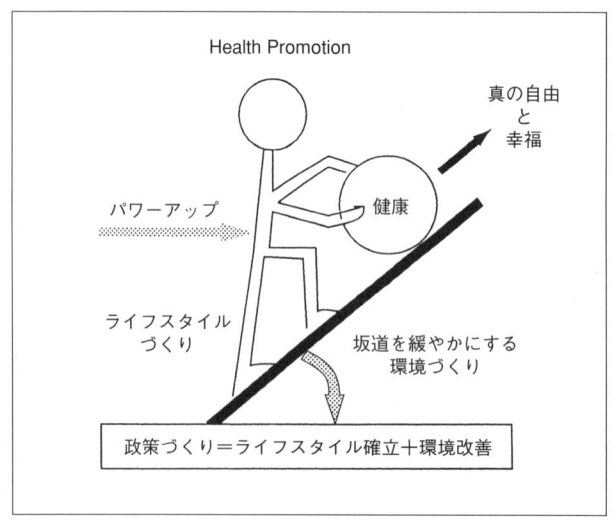

図1-1　図解ヘルスプロモーション（島内憲夫，1987）

な公共政策づくり，②健康を支援する環境づくり，③地域活動の強化，④個人技術の開発，⑤ヘルスサービスの方向転換，が提唱されていた。

　ヘルスプロモーションは，図1-1のように，個人の自助努力による健康的なライフスタイルの形成とともに，社会的な努力によりそれを支える環境を健康的なものへ改善しようとするものであり，「健康に資する諸行為や生活状態に対する教育的支援と環境的支援の組み合わせである」ともいえる。言い換えれば，「ヘルスプロモーションとは，個人とコミュニティが健康の決定要素をコントロールすることを増大させ，それによって健康を改善することを可能にするプロセス[3]」でもある。

　このヘルスプロモーションは，1997（平成9）年の「保健体育審議会答申」の「生涯にわたる心身の健康に関する教育・学習の充実」の中で「ヘルスプロモーションの理念に基づく健康の保持増進」として取り入れられている。

　このように，ヘルスプロモーションとは，個人のライフスタイルの変革に止まらず，人々が社会的，自然的な環境にダイナミックに関わる能力を高めていくプロセスとして提唱されたのである。このヘルスプロモーションの発想に立てば，これからの保健科教育に期待されているのは，個人のライフス

タイルの変革に止まらず，その個人を取り巻く環境をもより適切なものへと変革していける能力の育成であるといえよう。

このためには，伝統的な個体能力主義に基づき健康を個人的責任や個人的選択の事柄であるとする個人主義的健康教育から，個人を社会的文脈に位置づける健康教育への転換が必要となる。その際には，個人主義的健康教育の基盤をなす科学，つまり個体能力主義を採る健康教育を権威づけ，「正当化」する基盤となっている心理学理論自体の妥当性の検討も視野に入れねばならない[4]。

ヘルスプロモーションの第一人者とされているグリーンとクロイターはその著書で，「筆者らは，『コミュニケーション』でもなく『健康教育』でもなく『教育』という一言を重視する。行動リスクを減らすための知識や技能も重要ではあるが，本書では『参加』という要因をよりいっそう強調している。(中略)ヘルスプロモーションのこれら公的な次元では，個人の行動リスクの軽減という次元で必要とされている教育と同様に主権者への教育が必要なのである[5]」と記している。ヘルスプロモーションの考え方の根底には，このように従来の健康教育を「教育」という観点から見直し，その「心理学的なるもの[6]」を教育的なものに変えることへの期待がある。

3 青少年の健康問題への対応

「児童生徒については，薬物乱用，性の逸脱行動，肥満や生活習慣病の兆候，いじめや登校拒否，感染症の新たな課題等の健康に関する現代的課題が近年深刻化している」と1997(平成9)年の「保健体育審議会答申」が指摘した。

学校での教育活動は，知識・技能の伝達・育成を志向するものと，子どもの安全・健康や健全な生活・成長を志向するものとに大別できる。その後者に関わる配慮と活動であり，青少年がその生活・成長の過程で非行・逸脱など横道に迷い込むことのないように世話し援助することを，パストラル・ケア(pastoral care 牧人的世話)という[7]。

この学校におけるパストラル・ケアについては，従来からの生徒指導や生

1. 保健授業のこんにち的課題

活指導だけでなく、近年になっては、いじめ、登校拒否など「心の健康」と関わって養護教諭のカウンセリング能力の向上や学校カウンセラーの設置など、個々の子どものニーズに応じた対応が図られてきた。しかし、青少年の現代的課題が深刻化するにつれ、従来行われてきた個別的な指導やカウンセリングのように個々の子どものニーズに直接対応するパストラル・ケアに止まらず、学校教育全体を通して、さまざまな問題に直面したときに、子ども自身がそれを解決し乗り越えていくことのできる力の育成と、そのためのカリキュラムの開発が求められるようになってきた。

前回の中央教育審議会が、学校教育で「これから求められる資質や能力」に「よりよく問題を解決する能力」として「生きる力」をあげ、教育課程審議会が1998（平成10）年に「教育課程の基準の改訂について（答申）」で、保健の教育内容として子どもが当面している健康問題への対応を強調していることは、保健科教育にパストラル・ケアへの期待が強いことを示している。

このことは、前回改訂の学習指導要領で、従来は主に保健指導で取り上げられていた薬物乱用、エイズなどの内容が保健学習の内容として導入され、喫煙・飲酒・薬物乱用防止に関する内容が小学校段階から取り上げられるようになったことや、保健の「ねらい」として、子どもが直面する課題にも対処できる「実践力の育成」が強調されるようになったことからもうかがうことができる。また、保健教育へのライフスキル教育の導入や、前回の改訂に伴い各教科の時間数が一律に削減される中で、「児童の発育・発達の早期化や生活習慣の乱れなどに対応するために（教育課程審議会答申）」、小学校の第3学年、第4学年に新たに保健領域が設けられたのも同じ文脈でとらえることができる。

このことは、「保健学習は科学的認識と判断・思考能力の発達をめざし、保健指導は具体的問題に即した実践的能力の発達をめざす[8]」という従来からの保健教育の目標観の再吟味を迫るものである。また、ライフスキル教育と関わって、自己効力感、セルフエスティーム、自己実現などの心理学的概念が保健学習に取り入れられてくると、教科保健の独自性という観点から「道徳」や教育全体の目標や内容との関連と役割の相違が新たに問われることとなってくる。

④ 健康リテラシーへの対応

　保健科教育は，すべての人が，生涯において成長期というある一定の時期に，一定の期間，学校という一定の場所で，学習指導要領に示された一定の内容を，それに基づく教科書を使用して，教えることに専門的な資格をもつ教師より集団的に学ぶものであり，そこには地域や職域など他の健康教育にはみられない特有の役割がみられる。それは，社会生活の基盤として国民が健康知識について一定の水準と内容の共通性を維持する役割，言い換えれば「共通教養」としての「健康リテラシー（健康についての識字能力）」の形成を保障するという役割である。つまり，その学びを通して，健康文化の担い手・作り手として子どもが自立し，生涯にわたり公共的な健康文化づくりの実践に参加し，健康の主権者として公共的責任を果たしていける保健的教養ともいえる能力の基礎・基本を育てることである。

　この健康リテラシーにより，人々は各種メディアから示されるさまざまな健康に関する情報を理解し共有でき，医療での医師のインフォームド・コンセントにも対応でき，「学びの共同体」への参加や健康文化づくりへの社会的参加が可能になる。このような「共通教養」としての健康リテラシーは，学校以外の健康教育で育てるのは困難である。

　また，学校での保健の学びの経験は，保健科を中心としているがそれに止まるものではない。「身体の教育も，生理学的な身体を対象とするだけでなく，精神的・文化的存在としての身体を対象とし，言語，芸術，科学，社会，技術に関わる総合的な内容を含んでいる[9]」という。保健科教育における個別の学びの中では，このように常に複数の教科の内容領域が浸透し合って機能しており，各内容領域は学校でのカリキュラム全体を通して教育されるのである。それゆえ，健康リテラシーを育てるためには，保健科教育のような保健での学びの経験の文化的価値を意味づけ構造化した総合的で共通的なカリキュラムに基づく組織的，体系的で計画的な取り組み（学校）が必要であり，またそこに他の健康教育とは異なる，教科としての保健科教育の存在意義を見いだすことができるのである。

1. 保健授業のこんにち的課題

　2007（平成19）年の中央教育審議会では、「社会のあらゆる領域での活動の基盤として飛躍的に重要性を増す『知識基盤社会』の時代」の学力の重要な要素として、基礎的・基本的な知識・技能の習得を第一にあげ、保健体育に関わる専門部会でも、すべての子どもたちに共通して最低限必要なもの（いわゆる「ミニマム」）が問われている。教科保健として、すべての子どもたちが共通して身につけるべき知識・技能とは何か、今改めて問われている。

❏ 保健科教育の役割

　「健康教育は行動に結びつかなければ意味がない」という言説がみられる。そのため、個人の行動にとって意味ある保健科教育を性急に求めることが、かえって保健科教育の中身を薄くし、その基盤を危うくしかねない面をもつ。保健科教育の成果は、それを学ぶ個人に止まるものではない。エイズや環境の学習に象徴されるように、それを学ぶことは、今を生きる世界の人々や、まだ生まれていない未来の人々との関係性を学ぶことでもある。保健科教育を学ぶことや教えることは、時間的にも空間的にも、広がりと他者とのつながりをもつ可能性があるということを意識化することで、個体能力主義を脱却する健康教育としての保健科教育の新たな役割と地平が開けてくる。

（引用・参考文献）
1) 森真一『自己コントロールの檻』講談社、2000年
2) 島内憲夫「ヘルスプロモーション」、石井敏弘編『健康教育大要』ライフ・サイエンス・センター、1998年
3) 島内憲夫・助友裕子『ヘルスプロモーションのすすめ』垣内出版、2000年、21頁
4) R.C. Vitz, "Psychology as Religion", Paternoster Press, 1998
5) L.W. Green, M.W. Kreuter, "Health Promotion Planning", Mayfield Publishing Company, 1991, p.18
6) 佐伯胖他『心理学と教育実践との間で』東京大学出版会、1998年、272頁
7) 藤田英典『教育改革』岩波書店、1997年、156頁
8) 小倉学『中学校保健教育の計画と実践』ぎょうせい、1981年、6頁
9) 佐藤学他『学びへの誘い』東京大学出版会、1995年、158頁

（和唐正勝）

② 学校教育が担うべき保健の学力形成

〈要約〉——現代の日本社会における生活環境・生活様式の変化，あふれる情報・物資，疾病像の変化や高齢化などが，より確かな保健的教養を求めており，そのために保健教育は子どもたちに次のような能力を育てる必要がある。
　①自分の体が実感を伴ってわかる。②健康に関わる自然的・社会的事象が科学的にわかる。③健康維持に必要な方法がわかり，技術が使える。④健康と健康維持についての科学的な見方や考え方ができる。

1 現代社会と保健的教養

　ここでは，保健の授業を通して形成されるべき学力の内容を，現代社会で健康に生きていくうえで必要な市民的教養の基礎を培うという視点から考えることにしたい。いわば，保健の学力論への教養論的接近[1]ということができる。

　それでは，こんにちの社会はいかなる保健的教養を求めているのか。こんにちの社会の特徴的な状況から，いくつかの要点を取り上げてみよう。

❶生活環境や様式の変化が求める保健的教養

　現代の生活は，その環境や様式が急テンポで変化している。その多くは，生活を豊かにし，快適にし，健康の維持に役立っているといえるが，反面，新たな健康不安や問題を生み出していることも否定できない。

　例えば，日常の生活で接する自然環境が，どんどん人工的環境にとって代えられ，そのことが直接間接に私たちの健康を脅かしていることが端的な例

1. 保健授業のこんにち的課題

である。都市の自然環境は，そのほとんどが人工的環境にとって代えられた。かつての緑地はビルやアスファルト道路がとって代わり，河岸はコンクリートで塗り固められ，小さな河川は地下に埋め込まれてしまっている。残されたわずかな緑も，そのほとんどは植物生態系からは切り離され，孤立する人工植樹である。こうした都市環境は，産業活動（生産や通商）にとって有利な条件を用意したが，健康的な居住環境という点ではさまざまなマイナス条件をつくり出している。汚染された水や空気，騒音・振動，日光の不足など，さまざまな健康破壊因子を抱えている。しかも，こうした因子による比較的短期の影響は明らかにされているが，これらの人類史的時間の長さでとらえた影響は未解明の問題である。また，最近起こっている日本各地での水害や土砂崩れは，激しい集中豪雨によるものとはいえ，治水能力の維持への配慮を欠いた開発がもたらしたという側面が，その要因をなしていることは否定できない。

　生活環境の変化は，同時に生活様式の変化をもたらす。生活や労働の場における機械化は，確実に身体運動の質的・量的変化を生み出した。これが高脂肪・高カロリーの食事様式への変化などと相まって，いわゆる「生活習慣病」を急増させたことも周知の事実である。この影響は，大人にばかりでなく，子どもたちの体の発達状況にも微妙なゆがみを生じさせている。

　また，食糧生産における「技術革新」や食品流通機構の「整備」は，一面では食糧を豊かにしたが，その反面，食品の質を低下させ，その安全性を低めたことも否定できない。果物や野菜のハウス栽培，人工環境栽培，過度の促成栽培などによる品質（味，栄養価）低下と農薬等による危険性の増大，抗生物質や成長促進剤で育てられた鶏肉・魚肉・獣肉の安全性，流通機構に乗せるため，あるいは商品の見栄えのために食品に添加される化学物質，さらには近年の遺伝子操作によって生産された食品など，いずれも新しく生み出されてきた不安ないし危険因子であることは間違いない。

　そればかりではない，こうした生活様式や環境の急速な変化とそれらを受動的に受け入れてきた私たちの意識や認識の甘さが，無自覚的に健康破綻の要因を蓄積ないしは増大させてきたことも否めない。例えば，食糧生産の向上と食品流通が私たちの食様式や食事感覚をも変えつつある。高脂肪・高カ

ロリーを生み出している食事様式，清涼飲料や間食の摂りすぎで栄養の偏りがちな食生活，インスタント食品や調理済み食品あるいは外食産業に依存した食生活など，いずれもカロリー過多，栄養の偏り，食生活リズムのくずれなどの問題を引き起こしている。これらは資本主義的な商品法則が食糧生産や食品流通に貫徹されていくことによって生み出されてきたものとはいえ，それぞれの生活者にとっては主体的で賢明な食品選択や食生活の営みを必要とする問題である。

　こんにち，こうした生活様式や環境の変化，それによる顕在的・潜在的健康問題に賢明に対処していくための保健的教養が求められている。そのためには，少なくとも次のような能力が必要とされる。

(1)自己の体の状態（微妙な変化）が判断でき，自己の生活の実態との関連に気付くと同時に，自己の生活をコントロールできる。
(2)自然環境と健康維持との関係がわかり，その関係を維持することの必要性や方法がわかる。
(3)こんにちの社会における生活や環境上の健康危険因子とそれを生み出している社会的条件との関係がわかり，同時に，可能な範囲で（個人的・社会的に）その関係をコントロールできる。

❷あふれる情報・豊かな物資と保健的教養

　こんにちの日本社会は，生活物資が豊かになり，必要な情報も入手しやすくなって生活は便利で快適になった。スーパーやデパート，街の商店に，その「豊かさ」を誇示するかのように並べられている食料，衣料，日用雑貨などは，私たちの多様な要求と細かい選択に応じている。また，交通機関の発達が輸送を多量化・敏速化したおかげで，移動性を大きくし，生活圏を広げている。さらに，印刷物・テレビ・電子通信など通信媒体の目覚ましい発達は，居ながらにして多様な情報を私たちにもたらしてくれる。

　しかし，こうした物資と情報の「豊かさ」も，反面では，さまざまな問題を孕み，混乱も生み出している。先にふれたように，量的に豊富になったことは必ずしも質的向上や安全性の確保につながってはいない。そればかり

1. 保健授業のこんにち的課題

か，健康食品や栄養剤あるいは日用品など，必要以上のものを消費させられていることも多い。ときには，有害食品や医薬品など，それと知らずに危険を買わされていることも決して少なくない。また，情報の過多は適正な判断を惑わせたり，知らされるべきことを知らされない，あるいは送り手からの一方的で誇大化された情報が，受け手に誤った判断や行動を引き起こさせていることも多い。

こうした状況は，生活物資の量的豊かさや健康に関わる多量の情報を批判的に吟味し，かつ主体的に選択できると同時に，その社会的統制（シビリアンコントロール）のできる教養を必要としている。そのためには，少なくとも次のような能力が求められる。

(1)薬・食料・衣料などの生活物資と健康との関わりとそれらのこんにちの生産・流通の行程や品質管理の仕組みがわかり，それらの賢明な選択ができ，かつ社会的統制（シビリアンコントロール）ができる。
(2)生活に必要な情報の吟味・選択・活用ができ，判断とコントロールができる。

❸疾病像の変化が求める保健的教養

この30年あまりの間に，日本社会の疾病像が大きく変化するとともに，新しい健康不安が生じてきていることも，こんにち的特徴の一つである。

まず，主要死因が感染症から，悪性新生物・心疾患・脳血管疾患などのいわゆる生活習慣病に代わったことが，最も大きな変化であろう。この三大死因からくる健康・生命不安はますます増大している。

ところが，これらの疾病脅威に対して，現代の医学（ことに予防医学）は決して有効に対処しきれているとはいえない（だからこそ大きな疾病脅威となっているのであるが）。しかし少なくとも，これらの疾病は，日常の生活のしかた自体（食事，運動，睡眠・休養，喫煙・飲酒，労働，人間関係など）が要因となり，その複合と蓄積によって引き起こされるものであることは確かなことである。したがって，社会に対しては，これらの発生機序と予防法の速やかな解明と，そうした成果に基づく有効な対策が望まれるが，一

方で，個々人にはこんにち明らかにされている知見に基づいて，できるだけこうした要因が蓄積したり複合したりしないように，生活をコントロールできる保健的教養が求められる。

　心身症やその他の心因性疾患，あるいは精神・神経性疾患などの増加も，こんにちの新しい疾病像をつくっている問題の一つである。こうした疾患に対する諸知識は，まだあまり一般の人々の知識となっていないが，これらの疾患の発生機序と予防や快復の方法については，もっと常識化してしかるべきである。そうなることによって，セルフコントロールやそのための周囲の理解と援助もより得られやすくなるに違いない。

　加えて，こんにちの生産様式と経済構造，あるいはそれに規定された（引きずられた）政策によって生み出されてきている健康破壊の問題も少なくない。環境汚染，交通事故，労働災害・事故，薬害・医療過誤などは，現代を象徴する健康危機であるといってよい。こうした問題に対して，市民の一人ひとりがその問題を認識するとともに，問題を生み出すメカニズムや構造に対する認識をもつことが，こうした問題に対処していくための前提であり，問題を生み出す構造の変革主体となるための基礎となるものである。

　これらの新しい健康問題に対処できる保健的教養も強く求められている。そのためには，すでに述べたように，次のような能力が求められる。

　(1)それぞれの問題の発生の機序や予防の方法がわかり，それに基づいて自己の生活をコントロールできる。
　(2)問題発生の社会的メカニズムや構造がわかり，その構造改革のための社会的努力に参加できる。

❹これからの社会（予想される社会変化）が求める保健的教養

　これまでに述べてきたこんにちの日本社会の特徴的状況は，今後も引き続くであろうことは明らかであるが，これからの予想される社会変化に関わって，さらにいくつかの視点をつけ加えておく必要があろう。

　その一つは，文明の発展と人間の体・健康との関わりをとらえる視点である。先に述べたような，私たちを取り巻く環境と生活様式の変化がもたらし

1. 保健授業のこんにち的課題

ている新たな健康不安や問題が，単にその環境や生活様式（ライフスタイル）の改善を求めているに止まらず，文明の発展そのものあるいは発展のさせ方自体までをも問い直すことを迫っているように思われる。例えば，この十数年の間にみられる子どもたちの体幹部の弱化（背筋力の低下や腰の柔軟性の低下）や今なお続く全般的視力低下，あるいは現代人の耐寒能力の低下や下顎骨の狭小化などの現象は，単に最近の生活様式の変化がもたらしている問題というよりもさらに深く，"文明の発展による人類の身体変化"といった質の問題を生み出してきている。いわば，発展した現代の文明の中にこうした人類史的レベルの体の変化を生み出す要因が孕まれているということができる。その意味では，未来を生きる子どもたちは，快適さや便利さ，省力化やスピード化を追求してきた（そのかぎりにおいてはそれを発展と考えてきた）これまでの文明のあり方や発展のさせ方自体を問い直し，どのような体の形態と機能を維持していくべきかを自ら考えながら生活し，また文明の発展の方向を見定めていく"ちから"を獲得していく必要があるように思われる。教育はその"ちから"を育てることに貢献する必要がある。

　二つめは，高齢化社会における健康維持と健康保障の視点である。日本社会の高齢化は急速に進み，やがて「超高齢社会」と呼ばれるような時代に入っていくことは必定である。こうした社会で高齢者が安心して生活していける条件とそれをサポートするシステムをまだまだ整備していかなければならないし，人々の意識改革を図っていかなければならない。地域の医療や福祉のあり方，自然環境や生活環境のあり方，住環境や生活様式のあり方など，高齢者も暮らしやすい環境づくりはこれからの課題である。こうした街づくりの必要性に対する認識を育てることが，教育の課題とならねばならない。

　三つめは，多元化・多文化社会化する中での共生の健康観を醸成する視点である。今後，通信・交通の発達がさらに進み，情報や人の移動と交流がグローバルレベルでますます活発になることは明らかである。こうした動きの中で，多様な文化が交流し，多様な価値観・考え方をもった人々が互いに違いを認め合いながら共に生きていく術や秩序を新しく創出し，獲得していく必要がある。健康維持に関わっては，健康に対する考え方や健康に関わるライフスタイルにもかなり多様なものがありうる。そればかりでなく，グロー

バルにみれば健康状態や健康水準（集団の健康を維持していくための食糧・衛生・医療などの水準）自体に大きな地域差がある。こうした格差や違いをどのように埋めかつ違いを認め合いながら共生していくのかを考えていくことが，未来を生きる人々と社会に求められていく。こうした共生の健康観は，疾病・障害，性，年齢などにおけるマイノリティーとの共生の課題とも通底していることはいうまでもない。

　以上のような視点が求める保健的教養をあえて表現すると，次のような能力を必要としているといえる。

(1)こんにちの生活や環境と体・健康との関係を人類史的な側面からとらえることができ，体や健康との関連で文明のあり方を考えることができる。
(2)違いを認め合いながら共に生きていくことの大事さがわかり，連携しながら社会を築いていこうとする志向性をもっている。

2 保健的教養の形成と学校教育

❶保健的教養の形成と学校の役割

　前節で，こんにちの社会において必要と思われる保健的教養について考えてきた。このような教養の形成をひとり学校教育のみが担うべきものではないが，こんにちの日本の学校の位置と役割からすれば，当然のことながら，保健的教養の基礎を学校教育を通して子どもたちに等しく身につけさせることが期待される。

　これまでの学校教育は，この点に関してどれだけの役割を果たしてきたであろうか。少なくとも，第二次世界大戦直後の第一次米国教育使節団の勧告（1947年）によって「保健教育は小学校において重大な欠点があるように思う。そこでは，生理も衛生も教えられていないのと同様である」との指摘を受けて以来，保健教育の充実に向けての制度改革がなされ，それとともに，学校現場における保健教育の実態も少しずつ充実してきたことは事実である。

　こうした中で，保健教育が国民の保健的教養の形成にそれなりの役割を果

1. 保健授業のこんにち的課題

たしてきたことは確かであろう。また，この20年あまりの子どもの体の発達のゆがみや健康問題の深刻化に伴って，体や健康についての教育がいっそう進んだことも事実である。しかし，こんにちの社会が必要としている保健的教養に照らして現状をみるとき，それは必ずしも十分なものとはいえない。なかでも，保健科教育はその中核的役割を果たさなければならない位置に置かれているにも関わらず，教育内容の面でも，教育の実態においてもいま一つという印象はぬぐえない[2]。

❷保健科で育てるべき保健的教養の基礎

それでは，保健科は，こんにちの社会で必要な共通教養の基礎として，いかなる保健的教養を子どもたちに育てるべきなのであろうか。前項でとらえた，こんにちの社会で必要とされている保健的教養の内容をふまえながら，保健科が引き取るべき基本的内容を考えることにしたい。

なお，以下の項目は，そのまま保健科の教育内容を意味するものではないし，内容構成を示唆するものでもない。また，各項目は保健的教養として独立的なものではなく，相互に重なりあったり連続したりしているものである。

A. 自分の体が実感を伴ってわかる

まず，第一に，子どもたちが保健の授業を通して自分の体がわかるようになることが求められる。これを，自己の体に対する感覚と認識を育てると言い換えてもよい。

これをもう少し分節化すると，次の三つのレベルに整理できる。

一つは，自分の体の状態を生理的なレベルで感覚できるということ。例えば，自分の体調がわかる，体の状態の微妙な変化や異常に気付く，五感のほか内臓感覚（例えば空腹感，尿意や便意など）で自覚できるなどといった生理的な感覚を通して自分の体がわかることである。ただし，このような生理的感覚自体を育てることは保健科という教科教育の役割を越えるので，保健科では，自分の体にそうした感覚機能が備わっていることや，そのことの意味を認識したり，実感するというところにねらいが置かれる。

二つめは，自分の体の状態と生活との関連が理解できるということ。自分

の今の体の状態や体調を自分の生活ぶりと関連づけてとらえることができるという意味である。そのためには，体の状態（生理的機能の状態や生理的諸現象）と基本的生活行為との関連についての認識が必要である。

三つめは，自分の体の仕組みや働きが認識できること。言い換えれば，人間の体の構造や機能が自分の体に即して（自分なりの身体感覚や生活実感と結びついて）理解できるということである。これこそが「自分の体がわかる」ということの根幹である。ここでは，人間の体の人間らしさ，体の構造と機能の関連，生活や環境との関わりにおける体，などについての理解が重要な意味をもつ。

B. 健康に関わる自然的・社会的事象が科学的にわかる

健康と健康維持に関連する自然的・社会的事象がわかるようになることは，当然保健科の最も基本的な（主要な）ねらいである。

これには，健康がどのようにして成り立つ（維持されている）かがわかる，健康がどのようなときに（どのようにして）破綻するかがわかる，破綻した健康を回復するには何が必要か（どうすればよいか）がわかる，といった認識が含まれている。つまるところ，健康の成立・破綻・回復の過程における事実や法則についての科学的認識を育てるということである。

ここでは，健康と健康維持について現代の自然科学と社会科学が明らかにしている成果に基づいて，認識が整理される。例えば，健康の成立過程では，健康が主体と環境の相互作用の過程で成り立つこと，さらにその相互作用の過程全体が社会的諸条件に規定されていることなどについての理解が必要である。健康の破綻過程では，病気やけがなど健康に破綻をきたすときの直接的なプロセス（健康破綻の自然科学的過程）と同時に，そのプロセスを準備したり根底で規定する社会的諸条件（健康破綻の社会科学的過程）についての理解が必要である。

健康の回復過程では，病気や障害の，あるいは身体不調などの回復・治療に関する自然科学的知識とともに，回復や治療を保障する社会的条件や制度についての理解が必要である。

C. 健康維持に必要な方法がわかり，技術が使える

三つめは，健康の維持・破綻防止・回復などのための方法や技術に対する

認識をもち，それらを身につけることである。

　健康を維持していくために，人類が発見し，創出してきた有形無形の文化遺産（方法や技術）は，数限りなくある。それらは，日常の生活習慣として受け継がれてきているものからこんにちの高度な医療技術まで，大変幅が広い。もちろん，それらのすべてを保健科教育に取り込むことはとうてい望めないことであるが，こんにちの日本社会の健康と生活の状況に照らして最低必要な方法や技術を伝える必要がある。例えば，日常の生活の中で遭遇しうる病気やけがの予防法や発生時の処置法，環境衛生の維持の方法，体調の維持や調整のための生活法などに関する科学的根拠や技法などが含まれる。

D. 健康と健康維持についての科学的な見方や考え方ができる

　これは，上記のA〜Cを身につけた結果として個々人に形成されるトータルな科学的保健観のことである。この科学的保健観は，大きく二つの要素に分けられる。一つは，健康と健康維持に関わる自然や社会に対する科学的な見方（保健に関する自然や社会に対する認識の方法とその全体＝保健的世界観）であり，もう一つは，健康が基本的人権として尊厳され，なに人にも保障されなければならないとする考え方（健康の権利意識と保健的価値観）である。もちろん，こうした価値観は，観を観として教える（分かち伝える）ことはできないし，観だけを取り出して教育内容にすることもできない。先に触れたように，健康を維持するための諸文化（体や健康についての科学，健康維持の方法や技術）を内面化する（身につける）過程や結果において，個々人に形成されるものである。それだけに，こうした保健観の形成を促すような教育内容や学習が組織される必要がある。

(引用・参考文献)
1) 藤田和也「保健科の学力を考える」『学校保健研究』1984年6月号
2) 森昭三「からだのゆがみと保健科教育の課題」『体育科教育』1983年6月臨時増刊号

　　　　　　　　　　　　　　　　　　　　　　　　　　　　　（藤田和也）

3 わが国の保健科教育の歩み

〈要約〉——わが国の「保健の教育」は公教育の開始とともに，「修身」での衛生道徳と「体操」での衛生訓練を中心に展開してきた。第二次世界大戦後，「体育」「保健体育」という教科が成立し，医学的な知識の学習が行われることになる。目標・内容からみると，健康的な生活の実践力を育成する公衆衛生教育から健康認識を育てる保健科学教育へと進んできた。現代においては，「共生」や「社会的参加」などの新たな視点を加え，健康認識と実践力の育成・統合をめざした教科内容構成が課題となっている。

1 教育課程における保健の位置づけの変遷[1)]

❶第二次世界大戦前の教育課程にみる「保健の教育」

わが国で「教科」として保健の授業が本格的に始まるのは第二次世界大戦後のことであるが，学校教育の中では1872（明治5）年の学制発布以来，何らかの形で「保健の教育」が行われてきた。ここではその概略を述べる。

1872（明治5）年の「学制」によってわが国の公教育制度は始まった。その中には，「養生法」が下等小学（6～7歳）の教科目として位置づけられていた。また上等小学（13歳）には「生理学大意」も示されていた。

「養生」はわが国おける保健の歴史的概念[2)]であるが，この時期に用いられたのは西欧の医学・生理学・衛生学をもとに近代的な衛生法を説く『健全学』（杉田玄端訳），『養生法』（松本良順，山内豊城）などのテキストであった。いわば「身体の私事性[3)]」のもとで人々に合理的な知識を与えようとした画期的なものであった。しかしながら，1879（明治12）年の「教育令」により教科目から消え，この後は「修身」「理科（生理）」の内容に吸収され

1. 保健授業のこんにち的課題

ていった。

　1880（明治13）年の「改正教育令」は「学制」や前年の「教育令」とは教育政策面では大きく変換した。つまり教育課程が「認可」から「基準」となり，翌年には「小学校教則綱領」「中学校教則綱領」が出されている。そこでは「徳性の涵養」を目的とした「修身」が教科目の一番目に位置づけられ，小・中学校の全学年で実施されるものとなった。また「養生法」は江戸時代から広く大衆に浸透していた貝原益軒の『養生訓』のような，儒教精神（親の役に立つために日常の養生が必要）を取り入れた内容に変質し，徳目を説く「保健の教育」になっていくのである。

　1886（明治19）年には「小学校令」「中学校令」等が出され，こんにちの学校制度，教育行政とほぼ同様な体制が築かれる。教科書の検定制度も始まり，「教育勅語」のもと，小学校では「児童身体の発達に留意して道徳教育及国民教育の基礎並其生活に必須なる普通の技能を授くる」（1890（明治23）年改正）ことを目的とし，修身と体錬（学校体育）を重視した国家主義教育への傾斜を強めていった。

　「保健の教育」は尋常中学の「博物」の中の「動物」の一部に「人体の生理及衛生」とされ，1891（明治24）年の「小学校教則大綱」では小学校「理科」で「人身の生理衛生の大要を授く」と位置づけは縮小される。一方，修身は「徳性の涵養は教育上最も意を用ふべき」教科とされ，「忠孝」のために養生の必要性が増大してくる。

　その後，1899（明治32）年の改正では中学校の「博物」が「理科」に改称され，6学年で「生理及衛生」，「家事」の5学年で「家事衛生」が位置づけられる。翌年には再び小学校令が改正され，「身体を健全に発達」させることが教育全体の目標とされ，さらに1904（明治37）年からは国定教科書の時代となり，修身や国語教科書において「健康衛生に関する徳目」が扱われ，敗戦まで5期にわたって続いたのである[4]。

　例えば「カラダヲ，キレイニ，セネバナリマセン。カラダヲキタナクシテオクト，ビョーキニナルコトガアリマス」（第1期尋常科巻2）のように，清潔に関する徳目は，こんにちまで「手洗い」など伝統的な保健の内容である。しかしこれが定着したことは，「知的方面の開発に制限を加え，保健学

習を単に実践能力を育成する方向に性格づける」ものとし,「体育とは訓練（態度の育成）という面では握手できたが……児童にとっては興味の乏しいものにした[5]」といえる。

さらに第二次世界大戦に突入する1941（昭和16）年には，小学校令を改正し「皇国の道に則りて，国民の基礎的練成」を目的に「国民学校令」を公布した。そこには1891（明治24）年以降進められてきた国家主義・軍国主義教育の中での「保健の教育」の位置づけをみることができる。国民学校令施行規則によると，修身は「皇国の道義的使命を自覚」させる教科として「躾を重んじ善良なる習慣を養ふ」もの，「人体生理に関連して日常の衛生及び国民保健の必要なる所以を知らせる」教科は理科であった。体錬科は「献身奉公の実践力を培ふ」使命をもち「躾，姿勢其の他の訓練の効果を日常生活に具現」するため「衛生上の基礎的訓練を重んじ」,「運動及び衛生の必要を理会せしめ，進んで之を実行する習慣に導くべき」ものと位置づけられた。以上のように戦前の「保健の教育」は，皇国の健民健兵づくりを目的とし，教育内容からみると主に「体錬科」では衛生習慣の形成をめざし，徳目的な躾は「修身」，人体生理などの知識は「理科」で担ってきたのである。こんにちの保健学習・指導において，「身体の私事性」を問題にしたり科学的認識と切り離した行動様式に危惧を感じたりするのも，こうした歴史を教訓にするからである。

❷第二次世界大戦後における学習指導要領の変遷

保健授業とは学習指導要領に基づく「教科」の学習をさしている。戦後になって『学校体育指導要綱』（1947年）により小学校から大学までの保健教育内容が提示された。ついで1949（昭和24）年に『中等学校保健計画実施要領（試案）』が発行され，保健の教育内容だけは学習指導要領に拠らず，この実施要領を指針に行われることになる。小・中学校の保健学習が学習指導要領に位置づけられたのは1958（昭和33）年改訂からである。内容項目の変遷については表1-1に示した。

前回改訂の学習指導要領から，保健学習の時間数は中学校で55時間から48時間に減少したが，小学校では保健学習が3・4年生から「8単位時間程

1. 保健授業のこんにち的課題

表1-1　第二次世界大戦後学習指導要領おける保健教育内容

	小学校	中学校	高等学校
学校体育指導要綱 一九四七年	身体の清潔 衣食住の衛生 休養，睡眠 皮膚の摩擦 姿勢 身体の測定 病気の予防 傷害の防止 看護法及救急処置	衣食住の衛生 姿勢 身体の測定 病気の予防 社会生活の衛生 看護法及救急処置 精神衛生	衣食住の衛生 姿勢 身体の測定 病気の予防 社会生活の衛生 精神衛生 性教育
小学校保健計画実施要領 一九五一年	身体の成長及び発達 食物と健康 日光と新鮮な空気 清潔 休養，睡眠 運動 歯・目・耳の衛生 姿勢 安全と救急処置 病気の予防 肺・心臓・胃腸の発達 社会の健康 精神の衛生	中等学校保健計画実施要領 一九四九年 健康とその重要性 生活身体 特殊感覚器官とその衛生 骨格とその衛生 筋肉とその衛生 呼吸・循環・内分泌とその衛生 神経系統と精神衛生 食物と健康 容姿と健康 成熟期への到達 救急処置と安全 健康と社会 健康と職業	
		初・中等教育局長通達 一九五六年 中学校生徒の生活と健康 中学校生徒の保健活動 心身の発達 安全な生活病気との予防 健康と学習や仕事 健康な身体や精神と生活 国民の健康	高等学校学習指導要領 一九五六年 高等学校生徒の生活と健康 高等学校生徒と健康障害 精神とその衛生 疾病・傷害・中毒とその治療及び予防 健康と生活活動公衆衛生 労働と健康 国民生活と国民保健 健康の本質
小学校学習指導要領 一九五八年	5学年 健康な生活 身体の発育状態や健康状態 6学年 病気の予防 傷害の予防	中学校学習指導要領 一九五八年 傷害の防止 環境の衛生 心身の発達と栄養 疲労と作業の能率 病気の予防 精神衛生 国民の健康	一九六〇年改訂 人体の生理 人体の病理 精神衛生 労働と健康・安全 公衆衛生
一九六八年改訂	5学年 心身についての理解 健康な生活 目・耳・歯の傷害と予防 6学年 かかりやすい病気と予防 けがの種類と防止 学校生活と健康	一九六九年改訂 健康と身体の発達 環境の衛生 生活の安全 健康な生活の設計と栄養 病気とその予防 精神の健康 国民の健康	一九七〇年改訂 健康と身体の機能 精神の健康 疾病とその予防 事故災害とその防止 生活と健康 国民の健康

一九七七年改訂	5学年 体の発育 けがの防止 6学年 病気の予防 健康な生活	心身の発達 健康と環境 傷害の防止と疾病の予防 生活と健康	一九七八年改訂	心身の機能の発達 健康と環境 職業と健康 集団の健康
一九八八年改訂	5・6学年 体の発育と心の発達 けがの防止 病気の予防 健康な生活	心身の機能の発達と心の健康 健康と環境 傷害の防止 病気の予防 健康と生活	一九九八年改訂	現代社会と健康 環境と健康 生涯を通じる健康 集団の健康
一九九八年改訂	3・4学年 毎日の生活と健康 育ちゆく体とわたし 5・6学年 けがの防止 心の健康 病気の予防	心身の機能の発達と心の健康 健康と環境 傷害の防止 健康な生活と疾病の予防	一九九九年改訂	現代社会と健康 生涯を通じる健康 社会生活と健康
二〇〇八年改訂	3・4学年 健康によい生活 体の発育・発達 5・6学年 心の健康 けがの防止 病気の予防	※変更なし	二〇〇九年改訂	※変更なし

度」配当されることになり，5・6年生の「16時間程度」と合わせ増加している。また「総則第3体育」も「体育・健康」の指導へと拡大され，学校の教育活動全体を通じて指導の充実を求めている。さらに「総合的な学習の時間」などでの「健康」に関わる学習機会が増え，養護教諭が兼職発令で保健学習を担当できるなど，学校内外で連携した学校健康教育への取り組みが求められている。

また内容・方法面での顕著な変化は，社会環境の影響を受けて深刻化する子どもたちの心の健康問題に対して，自己形成やストレス・不安など具体的に対処できる実践力を育てる学習方法を取り入れた点である。

小・中学校の現行学習指導要領は，こうした方向を基本的に引きついだものとなっている。

2 第二次世界大戦後における保健授業実践の推移

第二次世界大戦後の保健授業の推移は，学習指導要領の目標・内容の変遷

1. 保健授業のこんにち的課題

として語られることが多い。しかし，これは教えようとした内容であり，必ずしも実際に教えられた内容ではない。しかも，体育の授業中心で〈雨降り保健〉と呼ばれた状況が長く続き，未実施の学校も存在していた。ここでは今後の保健科教育研究への展望という意味も含めて，第二次世界大戦後の保健授業の実践と研究を簡単に振り返る。

❶公衆衛生教育としての「健康教育実践強調運動」

　終戦後の保健授業の実施に影響を与えたものとして，二つの動きがある。一つは，生活環境の悪化に伴う伝染病の蔓延などに対処するための公衆衛生活動が活発となり，学校も衛生知識の普及・啓蒙の場，そして環境整備の担い手として期待されたことによる影響である。

　もう一つは日本国憲法・教育基本法の制定のもとで「心身ともに健康な国民の育成」が教育目標となり，米国教育使節団の勧告もあって保健学習の必要性が指摘され，「保健体育科」の誕生へと進んだことである。

　教師の指導の手引として出された「新教育指針」（第3分冊，1946年11月）においても，保健学習での「実行」と「教授」という勧告は「公衆衛生についての知識が乏しく訓練に欠けている」とし，「組織的な衛生教育」の推進を指示している。

　敗戦直後，生活環境が悪化する中で緊急に必要とされたのは前者の要求であった。1946（昭和21）年5月には「夏期伝染病予防について」の通達を出し，学校での「衛生教育の一環」として，下記のような取り組みが要請されている。

　　（実施方法）①衛生講話，②ポスターおよび作文，③討論会および研究会，④紙芝居の作成と利用，⑤ラジオの聴取，⑥展覧会，⑦衛生週間，清掃日，蠅取りデー，蠅取り競争等の実施と駆除グラフの作成，⑧隣組の行う駆除に協力，⑨校友会の保健部等のある学校に於いてはその活動を促がす。

　これらの方法は公衆衛生教育で用いられてきた知識の啓蒙手段であり，「実際教育を通じて実行すること」を重視し，1947（昭和22）年に入ると栄

養，清潔，むし歯予防など，項目別に「健康教育実践強調運動」として展開されたのである[6]。現在でも，虫歯予防週間や交通安全週間など保健安全行事の一般的な指導方法・内容となっている。

教科としての保健学習の成立・実施に先んじて行われたこの運動は，保健指導の方法として浸透し，保健授業との区別を難しくしたといえる。

❷学校保健実践に組み込まれた「保健の学習」

1949（昭和24）年「中等学校保健計画実施要領（試案）」，後に出される「小学校保健計画実施要領（試案）」とともに，生活環境の悪化の中で「実行」を求める公衆衛生教育が，学校ぐるみの健康教育カリキュラムづくりの実践研究としてさかんになり，保健学習はその中で実施されることとなる。とくに小学校では，「体育科」の中に保健内容が含まれていたことも影響している。具体的には学校保健委員会を開き，疾病予防や地域の環境衛生改善と結んだ組織活動や「教科外」の保健指導など，「あらゆる機会」を通じて努力することが強調されたのである。

例えば，文部省の学校保健実験学校の一つであった川口市立青木中学校の実践に，当時の考え方を見ることができる[7]。

> 「健康教育はそのまま保健科の指導を意味するものではないし，保健科が単に一教科として取扱われてはならないことも，実施要領に明記してある通り疑う余地はない」
> 「私たちが欲するのは健康そのものであって，健康の知識ではない」
> 「健康教育が生徒に『成程ネ』と理解させるだけで足りるなら，保健科の学習指導は他教科と同様に，学習指導要領に準拠して差支えない筈だし，事実学習内容の大半は他の教科にくり入れることが可能である」
> 「われわれに欠けているのは知識よりも，社会的な訓練である。共同生活に参加して責任を感じ義務を果たしてゆく訓練であり，物事を科学的に考えて，科学的に処理してゆく訓練である。」

この実践では，保健授業の目標が基本知識の習得や理解ではなく，「社会

的訓練」であることを強調している。地域に目を向け，話し合い・調査・見学・研究発表など知識と実践の結合を図るための学習活動も仕組まれている。しかしその後，問題解決学習へとは発展していかなかった。そこには保健学習も学校教育の「あらゆる機会」での指導の一つであり，生徒の保健自治活動と同様に「共同生活に参加して責任を感じ義務を果たしてゆく訓練」を通して，個々人の行動化や習慣形成などの生活指導に傾斜した影響と考える。表1-2は青木中学校での単元学習計画の一例である。

❸保健科の問題解決学習と系統学習

　保健科に，この問題解決学習の立場が取り入れられたのは，全体としては「系統主義」に転換しつつあった1956（昭和31）年3月に出された中学校保健に関する「文部省初等中等教育局長通達」においてである。そこでは「健康生活の実践に必要な習慣，態度，能力，技能を養い，健康生活を自主的に実践させること」と自主的な問題解決能力の育成を目標に掲げた。しかし2年後には全面改訂され，いわゆる「系統主義」へと大きく転換したのである。

　したがって保健科での問題解決学習の実践は広がりのないまま，系統学習へと移っている。その中で一例をあげると，斉藤具央の「梅雨期の健康教育」と題された単元学習がある[8]。梅雨期に「加賀野の水」という単元を設定し，7〜8時間を配当し，研究テーマの決定→フィールドワーク（調べ学習）→発表会→反省会という授業の展開である。そこでは「水」を媒介にして伝染病との関わり，上下水道問題，公衆衛生，体の生理機能などを学習しながら，健康をおびやかす条件を解決していく科学的認識を身につけさせようとしている。「地域の問題をほりさげ，『真に自己の生命を大切にする』という意識が行動を規制するまでに高める」ことをねらいにした問題解決学習が，生活教育の影響を受けた学校体育研究同志会で実践されている[9]。

　「生活上の問題に対して合理的に問題解決的思考（反省的思考）を働かせて，その問題を解決しようとする[10]」問題解決学習は，「健康」の問題を重要な領域として位置づけ，保健体育科よりも社会科，理科などの学習指導で多く取り上げられている。例えば単元「私たちのからだ」（小2，社会科）

3. わが国の保健科教育の歩み

表1-2　青木中学校における単元学習計画の一例
単元七——幸福な社会をつくるにはどうすればよいか

指導目標	時間	指導内容	学習活動	評価
1　幸福な社会生活をする為には健康が必要であることを理解させ積極的に社会がより健康になる様協力する態度を養う	四月	1　社会生活に於ける個人の健康の重要性	○幸福な生活が個人の健康の上に作られることを具体的に話合う ○幸福な家庭生活と健康 《学校》《社会》	1　社会と健康の関係
2　我が国の国民病について正しい理解を与え積極的に予防治療をする態度と習慣を養う	七月	2　他人の健康に対する配慮の重要性と公衆衛生	○他人の健康を構わないで個人の健康を充分に守れるかどうか話合う ○人口動態と死因をしらべる（日本と川口市） ○社会の進歩に公衆衛生の発達の関係を研究させる ○単独の生活　英米の生活　四、五人の生活　日本の過去と現在　未開発の部落　入植から都市建設まで	2　国民病とは何か
3　公衆の福利を増進する為の保健施設を理解させそれを利用する態度を養う	二時間	3　わが国民の健康状態、結核、寄生虫、性病、トラホームその他	○川口市と市民生活の不衛生しらべ ○川口市民の衛生道徳を批判させる	3　保健施設
4　都市衛生と農村衛生について理解させ積極的に改善する態度を養う		4　伝染病の豫防法　A　保健衛生施設とその利用　B　社会保障制度　C　病気豫防法令	○国民病とその対策をグループ別に研究発表させる ○保健衛生施設とその利用状況を調査見学する ○社会保障制度の研究（市民衛生課、民生委員に連絡）	4　伝染病豫防法
5　災害防止と安全道徳を積極的に実践する態度を養う		5　災害と安全道徳　災害対策	○交通事故調査（市警に連絡）と統計、図表作製 ○交通取締規則の研究（市警に連絡） ○安全道徳（標語ポスター）	5　都市と農村の衛生上の比較
6　健康を保つために組織的な推進が国々のつながりまで必要とすることを理解させる		6　都市と農村の衛生とその改善　7　世界保健憲章と国際連合の必要性	○都市と農村の比較と改善策（論文）（新しい都市計画案　新しい農村のあり方） ○主要国の保健対策研究 ○保健と国際連合の関係しらべ	6　世界保健憲章とは何か

1. 保健授業のこんにち的課題

は次のような授業である[11]。

「その日に至るまでの学習は，身体検査のことから，身長・体重比べ，病気にかかった人の調べ，病気の種類とその原因，病気を媒介する蠅や蚊のこと，不潔な場所が病気のもとであることなどを調べたり，話し合ってきた。今日の目標は，この前課題になっていた，めいめいの家庭の不潔な場所を，家の見取図の上に記入してきたものをもとにして，その報告とまとめをおこない，それにもとづいて，不潔な場所をなくす方法を考えてみようというものであった」

現在，自ら学び自ら考える力の育成を強調する中で「課題学習」が推奨され，「総合的・横断的な学習」が行われている。「科学性抜きの経験主義」とか「方向のない児童中心主義」といった当時の問題解決学習に浴びせられた批判を，どのように克服し実践するのかが問われる。

❹「教科の独自性」を模索した保健授業実践

1958（昭和33）年の学習指導要領の改訂より保健授業実施の目標・内容・時間数など形式的要件は整えられた。同時に内容への法的拘束力をもたせ，教科書検定制度も復活している。学習指導要領に基づく保健授業の一律実施を求めると同時に，その充実を図るために文部省教研が開始される。こうした教師の教育内容編成権を制限する動きに対抗して，民間教育団体においても教科を軸とした教育内容の自主編成運動が始まることになる。

保健科教育においては，小倉学を中心に教育内容の科学化や教材の構造化をめざし，本格的な保健科教育研究がスタートする[12]。小倉は，先の問題解決学習か系統学習かの論争を，両者の統合をめざした広岡亮蔵の「課題解決学習」などに影響を受け，客観的知識の系統的習得のための教育内容を構造化し，発見学習という学習過程で問題解決能力を育てようとした。そのため疫学理論を柱に科学的概念の系統性を図った五領域試案（後に六領域）を提案し，実験授業を続け，その成果を『小学校保健教育の計画と実践』（ぎょうせい，1977年），『中学校保健教育の計画と実践』（ぎょうせい，1981年）等にまとめている。

1970年代に入ると公害，労働災害など国民の健康破壊が進行する中で，保健授業においても「公害学習」が取り組まれ，「健康に生きる権利」が保健授業の目標・内容選択の視点として提起され，社会科学的認識と自然科学的認識の統一の重要性が主張された。それは主体変革と環境変革の統一であり，こんにちのヘルスプロモーションの理念を先取りしていたともいえる。『現代保健科教育法』（小倉学・森昭三編，大修館書店，1974年）は，そうした当時の考え方を反映している。

　また同時期には，数見隆生ら宮城保健体育研究会[13]でも保健授業そのものを研究の対象とし，具体的な授業記録をもとに教授学的吟味を加え，「質の高い保健授業の創出」を追及する動きも出てきた。『鼻と健康』『ウンコと健康』などの一連の授業実践研究は，科学的保健認識を育てるという保健の教材観・授業観のもとで，現場教師と研究者の共同した分析検討を行う授業づくり研究であった。

❺ 保健授業で保障する新しい知と学び

　70年代までの保健授業の研究実践では，科学的保健認識を育てるために「教えるべき内容」の吟味と，よい保健授業をつくるための「教材づくりの方法」が追求されてきたといえる。しかし，それらは教科書の解説中心という現実の保健授業の改善やすぐれた実践の拡大に直接的な影響を及ぼすには至らなかった。保健教材研究会の「授業書」方式による保健授業研究運動（『体育科教育』1982年4月〜1984年8月連載）は，そうした課題を意識して取り組まれ，現場における保健授業実践の量的拡大にも影響を与えている。

　これは板倉聖宣の提唱した仮説実験授業に学び，教科書・ノート兼用の「授業書」を保健の授業づくり・教材づくりに応用したものである。「授業書」は，たどるべき思考の筋道と到達させるべき認識をあらかじめ教育内容として組織化する試みであり，「問題―お話」という単位教材の開発と，それを配列・構成した授業プランである。この「授業書」方式は，研究者がプラン作成できることと，伝達・再現可能性の高い授業案となることが特徴である。その試みは『体育科教育』誌に連載され，『「授業書」方式による保健

1. 保健授業のこんにち的課題

の授業』（大修館書店，1987年），『続「授業書」方式による保健の授業』（大修館書店，1991年），『新版・「授業書」方式による保健の授業』（大修館書店，1999年），『小学校「授業書」方式による保健の授業』（大修館書店，2002年），『最新「授業書」方式による保健の授業』（大修館書店，2004年）などを公刊している。

また1990年代には，川畑徹朗らがJKYB研究会を発足させ，アメリカ健康財団が成人病の一次予防のためのライフスタイル行動変容に有効な方法を探求する中で開発した，ライフスキルの形成を基礎とする健康教育プログラムKnow Your Body（KYB）の日本版の開発を始めている[14]。

このライフスキル学習は，セルフ・エスティームの維持，自己主張コミュニケーション，意志決定，目標設定，ストレスマネージメントという5つのライフスキルの形成を基礎とし，喫煙防止，食生活，エイズ，薬物乱用防止など青少年の健康問題に関連した知識，態度，スキルの形成を具体的な授業目標としている。ロールプレイングやディベート，事例による学習など，行動化に近づける学習方法の工夫に重点が置かれている。これらは健康課題を解決する「実践力」育成を強調する前回改訂の学習指導要領の内容・方法として組み込まれた[15]。しかし現行学習指導要領では，知識・技能を確実に習得させ，実践に必要な思考力・判断力などを育てることへと変化している。

これまで保健科教育の目標・内容として，「認識か行動か」，あるいは「わかるかできるか」をめぐる論争もあった[16]。いずれにしろ，今を生きる子どもたちに必要な保健授業として，「自立と共生」「社会的参加」「ヘルスプロモーション」といった新たな視点も加え，子どもの保健認識と実践力をどう統合し得るのか，どのような知と学びを子どもたちに提供できるのかなど，検討を深める必要がある。

（注および引用・参考文献）
1) 戦前の保健科教育の変遷に関する文献として，主に以下のものを参考とした。①数見隆生「保健科教育の歴史的変遷」『新・保健科教育法』講談社，1974年，②三井淳蔵「保健科教育の歴史」『現代保健科教育法』大修館書店，1974年，③阿部三亥・森昭三『学校保健学』逍遙書院，1964年。
2) 「いわゆる養生法は，奈良朝以降に中国から摂取した保健の方法である。……わが国では保健

は養生として存在した」，汲田克夫『近代保健思想史序説』医療図書出版社，1974年，73頁。
3) 前掲書2)，78-81頁。保健の原則としての「節制」は，身体が誰かに隷属している場合には，自らのために節制するのではなく，他人のために節制するのであって，他律的なもの，強制されたものにならざるをえない。それに対して，「身体の自由」「身体の私事性」が権利として保障されている場合は，節制は自分のためであり，したがって自発的なものになる可能性がある（同書8頁）。
4) 参考文献として次のものがある。①唐沢富太郎『教科書の歴史』創文社，1956年，付録第1表－5期国定教科書に現れた道徳内容の分析，②石橋武彦『修身教科書に現れた保健体育思想の研究』不昧堂出版，1971年，③石橋武彦『国語教科書に現れた保健体育思想の研究』不昧堂出版，1975年。
5) 前掲4)②，234頁。
6) 岩原拓『学校保健講話資料』第一出版，1951年，9-12頁および「監修者のことば」参照。
7) 川口市立青木中学校『学校保健・健康教育の研究―実験学校における実践報告』七星閣版，1952年，182頁。
8) 斉藤具央『生活教育』1962年1月号，103-108頁。斉藤実践の分析については，小浜明，戸野塚厚子「戦後保健教育実践史研究」『日本教育保健研究会年報』第2号，1995年を参照のこと。
9) 学校体育研究同志会では，グループワークを含む問題解決型の保健授業を追求してきている。詳細は『健康教育の実践〈中学校編〉』ベースボールマガジン社，1981年，117-159頁参照。
10) 船山謙治『続・戦後日本教育論争史』東洋館出版，1960年，320頁。
11) 梅根悟『問題解決学習』誠文堂新光社，1954年，254頁。
12) 小倉の初期の主張として，「健康教育への提案」『教育』，1958年6月，
「保健認識の発達に関する研究」『東京大学教育学部紀要』第5巻，1960年。
13) 参考文献として，数見隆生「事実に出発し事実を深める保健科の指導」『教授学研究年報Ⅰ』評論社，1975年，千葉保夫「からだと健康への認識を育てる―宮城保健体育研究会の実践」『からだを育てる』(中森孜郎編) 大修館書店，1982年など。
14) JKYB研究会　川畑徹朗編「健康教育とライフスキル学習」理論と方法，『総合的学習への提言　第4巻』明治図書，1996年。
15) 前回改訂の学習指導要領にそった授業展開例は，『3・4年生から始める小学校保健学習プラン』『実践力を育てる中学校保健学習プラン』『意志決定・行動選択の力を育てる高等学校保健学習のプラン』（日本学校保健会，2001年）が参考になる。
16) この議論については日本学校保健学会の『学校保健研究』(1997年)「誌上フォーラム―21世紀に向けての学校健康教育の再構築」を参考。私見としては，心の健康を実現するためにはライフスキルも必要であるが，個人の能力だけに追い込むのではなく環境支援とかかわらせた認識学習が不可欠と考える。

(友定保博)

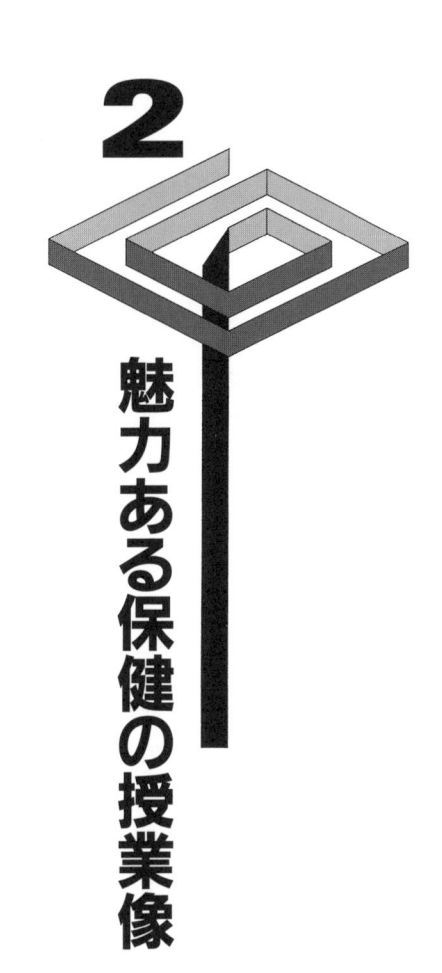

2 魅力ある保健の授業像

2. 魅力ある保健の授業像

① 保健の授業が成立するということ

〈要約〉——教師が50分授業をしたからといって，授業が成立したということはできない。では，何をもって授業が成立したと考えればよいのであろうか，この疑問の解明を試みた。次いで，授業を成立させるためには，教師は何を考え，研究せねばならないかを検討した。

1 授業の成立

❶ある授業研究会の席上で

　ある保健の授業研究会に参加した折，授業後の研究協議会において参加者の一人が授業担当者に対して，「本時は授業として成立していなかったのではないか」という趣旨の質問をしているのを聞いたことがある。

　その保健の授業は，授業の最初の部分（導入）で子どもたちに資料を読みとらせ，それをインパクトにして主題を追求させることを試みたものであった。質問者は，「資料からの導入が，はたして子どもたちに必要であったのであろうか」と疑問をもち，「授業として成立したのか」という確かめの質問を発したのである。

　別の保健の授業研究会に参加した時には，「今日の授業は，保健の授業ではなく保健の指導というべきものではないでしょうか」という質問に接したことがある。授業で取り上げた内容がトピックス的なものであったことから，それは教科としての保健の授業ではなく，特別活動としての保健の指導として位置づくものではないか，という意見であった。

　ここで問題にしようとすることは，確かめようがないこともあるが，これらの授業が質問者がいうように授業にならなかったのかどうかを明らかにす

1. 保健の授業が成立するということ

ることではない。言っておくならば，参加者のすべてがこうした質問者の「授業になっていない」という発言に同意していたわけではない。

しかし，参加者の少なからずの人たちが，質問者の「授業になっている，なっていない」ということはどういうことか，ということに強い関心を示していたことも事実である。

ここで問題としたいことは，「授業になる，ならない」とは，どういうことか，ということである。

❷「先生，授業をして欲しい」

こんなことがあった。ある中学校の保健体育の教師から聞いたことである。

「授業書」を使って保健の授業を行っていたところ，子どもたちの何人かが「先生，ちゃんと授業をして欲しい」と要求を出してきたというのである。「授業書」による保健の授業については，本書の別のところで詳しく述べられるが，この授業は「指導案＋教科書＋ノート」の性格を兼備した印刷物（これを「授業書」と呼んでいる）を配付し，「予想―討論―実験（検証）」という授業過程にそって展開される。

「授業書」づくりに精魂を込め，以前よりもよい授業が展開できていると考えていたこの教師にとって，この子どもたちの発言は大きなショックであった。子どもたちも歓迎していたという。

なぜ，子どもたちはこのような要求を出したのであろうか。子どもたちに直接聞いていないのではっきりしないが，恐らく子どもにとって保健の授業とは，この教師が従前行っていた保健教科書にそって未知の用語を一つひとつ学び，それを暗記することなのであろう。このような形式的な授業観をもっている子どもにとって，教科書を使用しない保健の授業は「授業ではない」と考えたのではないだろうか。

このようなことは，子どもたちだけにみられることではない。保健教科書に記載されていることをできるだけ残らず伝達しなければならないと考えているノルマ主義の教師にとっても，例えば，教科書を使わない「授業書」による授業は，授業としてなじまないのである。

35

2. 魅力ある保健の授業像

　ここで問題となることは,「授業とは何か」という保健の授業観の問題である。いうならば,どのような保健の授業観(授業に対する信念の対象)をもっているかによって「授業の成立」の有無のとらえ方が異なってくるということである。
　この授業観が明確にされないかぎり,同一の土俵で議論ができない。
　ところで,ここで取り上げた教師と子どものエピソードにみられる「授業とは何か」の問題は,まったく異なった次元の問題であることがわかろう。前者は子どもの学習が成立したかどうかが焦点であり,後者は授業の形態が焦点となっているのである。
　結論を先取りすれば,授業の成立の有無は前者の次元(立場),つまり授業によって子どもがどう変容したかが問われなければならない。

❸活発な保健の授業

　子どもが授業によってどう変容したかを問うことは,そう簡単なことではない。
　保健の授業研究会終了後の講評などで,「きょうの授業は子どもたちが活発に発言し,非常によかった」といった趣旨の発言をよく聞くことがある。確かに,そのような授業では,教師が子どもたちに活発に発言させるようにいろいろと工夫していることがわかる。子どもも教師の期待に応えて,活発に手を挙げているのである。
　しかし,教師が子どもたちに活発に発言させようと一筋に努力することは,はたしてよい方法であろうか。前述した講評のように,子どもの現象的な発言回数の多少をもって授業の良否を判断する尺度とするならば,そうであるかもしれない。しかし,活発に手を挙げて答えている子どもが参考書で知った断片的な知識の受け売りをしているにすぎず,逆に,黙っている子どもが胸の中に実に多くのものを抱え込んで深く思考している場合があることは,すぐれた授業記録などにいくつも示されていることである。
　つまり,子どもの活発な発言がなされていさえすれば,子どもが変容し授業が成立しているといえるかといえば,一概にそうとはいえないのである。
　古い資料であるが,1940(昭和15)年に平野婦美子が自分の新任時代を

回顧して書いた，次のような一文が印象的である。

> 「四間に五間のこの教室といふ所は不思議な所である。ここに入ると，さっきまであんなに元気に『先生，先生』と話しかけた子供も，ぴちっと口を閉じて物を言わなくなる。手を膝の上において，…『さあ本を開けなさい。読みなさい。やめなさい』と一々教師の指図をまっている。…自分が勉強するのだ。わからない所，自分たちの知らない珍しいことを先生からきき出そふといふようにはこの子供達は訓練されていないのだ。学校という所は，教室といふ所は，何か先生が言い付け，先生が問題を出し，すべて教師の命令で動くものだといふように教え込まれて来たらしい。この教室意識を打破らねばならない。[1]」

平野は，先にあげたような活発な授業をめざしたわけでもないであろう。子どもたちの学習意欲や学習態度を問題としたのである。

教師の教えたいものが子どもたちの学びたいものに変わったとき，子どもたちは立ち上がる。このとき，「授業が成立する」といえる。言い換えるならば，教師の子どもへの願いが実現したときなのである。

❹解説型保健の授業のもつ問題

平野が打破したかった子どもたちの教室意識は，現在も少なからず展開されている教科書に盛られた内容をもれなく説明したり，板書したりして，覚えさせようとする解説型（伝達―受容型）保健の授業を受けている子どもたちにもみられる。

解説型保健の授業において，教師は指導的役割を十分に果たしている。しかし，こうした状況のもとでは，教師は子どもの発達や学習を考慮することなく，子どもたちに自分の準備した，あるいはもっている知識と思考方法を押しつけ受容させているだけなのである。

つまり，解説型保健の授業の多くは，子どもたちを教科書に示されている知識で満たすべき容器，指示や指図したことを従順に受け入れるべき容器として扱っている。しかも，この容器自体に努力を向けず，すべての努力を容

2. 魅力ある保健の授業像

器に入れるべき「もの」に集中し，子どもたちにいかに満たさせるべきかを考えているだけである。子どもは，もっぱらできあがった形で「提供されるもの」を記憶しなければならないのである。

そこでの，子どもの受動性は明白である。それは，子どもが授業に参加していないといえることからして，子ども不在の授業であり，授業が成立しているとは言い難い。

授業における子どもは，単なる受動的な容器ではなくて，知識と技能の習得に向けられる自主性と能動性において際立たせられなければならない。発達主体は子どもであり，彼らが主体的・意欲的に自己活動するときに発達するのである。そして，そうした活動を呼び起こすのが授業なのである。

私たちが保健の授業でめざすことは，教えられたことばかりを繰り返すだけの狭い知的視野の人間ではない。自主的思考と自主的行為との能力を習得し，実生活において，保健科学的根拠をもつ自分の判断に基づく行動をとることのできる創造的な人間なのである。

❺保健の授業がめざすこと

　「保健の授業がめざすことは，健康の価値を認識し，自ら課題を見付け，健康に関する知識を理解し，主体的に考え，判断し，行動し，よりよく課題を解決していく能力や資質を身に付け，生涯を通して健康で安全な生活を送ることができるようにすることである。」

これは，1997（平成9）年9月の保健体育審議会答申の中で「健康教育がめざすこと」として記載されたものである。健康教育という用語が使われているが，ここで使われている健康教育という用語は保健の授業という用語とほぼ同義である。

こうした保健の授業がめざすことと乖離した保健の授業が展開されるならば，授業が成立しているとはいえないであろう。

したがって，ここでもう少し詳しく，答申が主張するめざすことについて検討を加えておこう。なお，詳細は前章で述べられているので，保健の授業の中心的な目標概念である「思考」についてのみ触れることとする。結核の

病原体は結核菌であり，コッホが発見したこと，スモンの原因がキノホルムであったこと，ある年の日本人の平均寿命は男性が74.20年であり，女性が79.78年であったといったことは，子どもたちにとって受容的にしか把握されない。

　このような知識の獲得は，ポーランドの教授学者，W.オコンによる『思考の教授学』によれば，非自主的思考あるいは再生産的思考と呼ばれるが，思考の活動性はきわめて微小である。先にあげた解説型保健の授業の多くは，子どもたちをこうしたレベルの思考に止めているのではないだろうか。断っておくが，このような思考が不要というのではない。このような非自主的思考なしでは，自主的思考や創造的思考を目指す授業は成立しない。

　自主的思考とは，問題を解くことによって新しい諸知識を獲得する過程のことである。もちろん，この場合の新しいものとは社会的意味で新しいものではなく，個体発生的に一人ひとりの子どもにとって新しい知識や問題である。なお，先に述べた創造的思考は自主的思考の土台のうえでのみ発達することができるが，それは自主的思考と本質的に区別することは困難である。ここでいう創造的思考とは，個人にとってのみならず，社会にとっても新しい価値ある思考の発見に至るところの自主的思考のことである。

　なお参考までに，オコンの「思考」の定義を記しておけば，次のとおりである。

　　「われわれの意識の中を心象や判断や観念などの一定の内容が流れ通ってゆき，しかもその際にこれらの内容の選択，及びこの過程において行われる思考行為がその時々に思考に対して考えられる目的（課題）に左右される，といった心的過程である。[2]」

　以上で，「授業が成立した」ということは，何を指標にしてみるべきかがわかったと思う。教師のめざす子どもの自主的思考が深まったとき，授業が成立したといえるのである。

　冒頭にあげた授業研究の席上で，参観者の一人からの「本時は，授業として成立していないのではないか」という疑問・批判に対して，授業者が「私

は，子どもが小さくても自分なりに追究することがあったとするならば，授業は成立していると考える」と返答していたが，まさに至言であると思う。

2 授業が授業となるとき

❶授業の構成要素

　授業は，教師と子どもの教授―学習活動から成り立っているが，その教授―学習活動は一定の文化を身につけさせるために組織されている。このことから，授業は「教師」，「子ども」，文化遺産である「教材」の三つから構成されていると考える。しかし，これらの三つの構成要素がそろったからといって，授業が成立するとは限らないことについてはすでに述べたとおりである。

　これらの三つの構成要素がそれぞれ衝突し，葛藤する中で子どもの自主的思考が深まったとき，授業が成立したといえるのである。

　保健の授業において，教師が単に保健の知識や技術を伝達することであるならば，それは授業という形態をとる必要もないし，教師でなくともできることである。教師が，子どもにあることを追求させることによって，子どもの可能性を引き出すところに授業の本質がある。

　私が影響を受けた教授学者である斉藤喜博の考えを，長くなるが引用する。

　　「教師の豊かで的確な指導とか，豊かな話し方とか，鮮烈な事実を子どもの中につくり出すとかによって，子どもを触発し子どもの力をそのときどきに引き出していくのである。ときには子どもの中にないものまで引きずり出していくのである。そういうことによって子どもの可能性とか思考力とかを引き出して高めていくことが教育という仕事である。

　　そういう仕事は授業によってできるのである。教師と教材，教師と子ども，子どもと子ども，子どもと教材とのあいだに対決が起こり，教師が子どもの思考なり論埋なり感覚なりを激しく攻撃し，子どもの思考なり論理なり感覚なりを押しつぶすことによってできるのである。教師が激しい攻撃を子

どもの思考なり論理なりにかけ，子どもの思考なり論理なりを否定してしまうことによって，子どもたちは緊張し触発されて，新しい思考なり論理なりを獲得していくようになるのである。[3]」

　三十数年前の文章である。教育の仕事，言い換えれば，授業をめざすことの本質は不易なものなのである。

❷子どもを変革する
　子どものもっている可能性を豊かに引きだし拡大し，そのことによって，子どもを変革していくのが授業なのである。
　子どもを変革する授業は，教師が「教えたいもの」をもって，子どもたちと向かい合うことから始まる。授業には，教えねばならない教科の教育内容がある。それを「教えたいもの」にしなければならない。教材づくり（研究）によって「教えねばならないもの」を「教えたいもの」にするのである。そうなったとき，つまり教育内容が教材化されたとき初めて，子どもたちが興味と意味をもって能動的に習得すべき学習対象となるのである。
　教師の追求した教えたいものが，子どもたちの学びたいものに変わったとき，子どもたちは立ち上がる。このとき，子どもたちは私語をやめ，わるさをやめて教師の語りかけ，問いかけに聞き入るようになる。仲間の発表や質問に耳を傾けるようになる。授業が，真に授業になるのである。
　中・高校の保健の授業は，受験科目にないから成立しないのではない。子どもに学びたくなるようなものを与えることができなかったり，追求したくなるような発問や課題を提示することができないから成立しなくなるのである。
　子どもを触発し，子どもの力をそのときどきに引き出していくことは，授業における不可欠な条件である。このことが可能となるためには，教師自身が子どもとの交流や教材との格闘を通して触発され，「教えたいもの」を持たなければならない。
　こうした実践をしている小学校教師である千葉保夫は，題材「歯の生えかわるしくみ」の保健の授業において次のような取り組みをしている[4]。

2. 魅力ある保健の授業像

　子どもたちの歯の実態調査（①むし歯をまったくつくらないで育ってきた子どもの歯に対する意識の実態，②歯の生えかわりの実態，③子どもの歯について知りたいことや疑問についての実態）からはじまり，「歯って，どんなものか」という千葉自身の抱いた疑問を解くために，市内の書店や図書館，さらには東北大学歯学部へまでも足を運んでいる。このような執拗な追求の後，次のような授業展開の構想をもち，授業に取り組み，子どもたちを授業に集中させている。

　　〈題材「歯と健康」（歯の生えかわるしくみ）の学習内容〉
　　(1)わたしの歯
　　・自分の歯の観察とスケッチ・上下の歯の数と形・自分の歯を観察しての疑問
　　(2)歯のしくみとはたらき
　　・歯の形の特徴，はたらき，名称・上下の歯の形とかみ合わせ
　　・自分の歯の数・よくはたらく歯・歯ぐきの中のようすの予想と確認
　　(3)歯の生えかわるしくみ
　　・歯根のない乳歯の観察・歯根のないわけの予想・予想の話し合い・歯のできるまで・歯の生えかわるしくみ・レントゲン写真で確認

　このような教師の執拗な追求があって初めて，教師の「教えたいもの」の構想がかたまり，それが子どもにとって「学びたい・考えたい・やってみたいもの」へと転化し得るのである。

❸授業成立の方法的過程
　子どもを変革する授業を成立させるためには，子どもの自発性やモチーフと科学の論理という二つの契機を創造的に統一しなければならない。このことは，そう簡単なことではない。
　何となれば，子どもの自発性を強調すれば科学の論理が否定され，逆に科学の論理を強調すれば子どもの自発性を押し殺す，というように二つの契機は矛盾するからである。この矛盾する二つの契機をどう統一すればよいかに

1. 保健の授業が成立するということ

ついては，長い間にわたって未解決の問題であった。

　保健の授業のあゆみも，この統一に苦慮していたといえる。1950年代の初期までの問題解決学習（経験主義学習）による保健の授業が展開されていたときには，子どもの自発性の尊重ということから子どもの抱いている興味・関心が重視されていた。「教材は，生徒の興味を特別にひくものをえらばなければならない[5]」とか，「教材の選定は，児童の生活の中から選び，かつ興味をもつものを選ぶこと[6]」と述べられていた。子どもの興味がなくては，貴重な学習経験はあり得ないというのである。つまり，それは，単元の問題は子どもの解決しようと欲する問題になるように提出しなければならない，と考えられていたことによる。

　これは普遍的な意義をもつ教育方法上の原則であったが，学力低下を招く生活主義・行動主義の保健科教育批判の風潮の中で忘れ去られてしまったのである。

　昭和30年代の前半に進められた『学習指導要領』の改正により，保健の教育内容は科学の論理，つまり保健の科学的系統性の樹立に向けられ，子どもの生活経験と興味・関心の尊重という，基本ともいうべきものが軽視される傾向がみられるようになった。このような背景のもとに，知識の伝達―受容型の授業が出現するようになったともいえるのである。

　この間の実情をついて社会科教育についてであるが，黒羽清隆は『日本史の森―ある歴史教育論の試み』（実教出版，1978年）の中で，次のように述べている[7]。

　　「初期社会科の批判ないし克服は，はだかの無方向的な問題解決学習（経験主義学習）の代わりに，はだかの系統学習（科学主義学習）をもってくるというような方法においてではなく，逆に，どんな系統もまた，問題解決の磁場におかれて屈折と歪みを生じないかぎり，アクティブな認識像として，生徒の生の原質にはなりえないということの確認のうえに進められるべきではなかったのか，何を経験させるか？という内容的観点によって一定の社会科学的系統性を樹立することの必要性を私は疑わないが，それは同時に，どう経験させるか？という人間主体の操作の方法論を同伴しないかぎり，学習

2. 魅力ある保健の授業像

として機能しないのではないだろうか」。

このことは、保健科教育にも当てはめていえることなのである。

ともあれ、子どもの自発性やモチーフと科学の論理という二つの契機を統一する「形態」が、見い出されなければならないのである。この場合、「形態」は二つのレベルを含む。一つは、子どもの自発性と科学の論理を統一するような学習形態の発見であり、もう一つは、その学習形態に基づいて、実際に科学的に組織された教育内容をつくり出すことであると考えられている[8]。

このことを可能ならしめたものの一つは、本書でも取り上げている「『授業書』による保健の授業」が参考とした仮説実験授業である。

③ 追求のある授業

❶教師が授業をするということ

アメリカの漫画に、次のようなものがあった。

大学の教室に教授が入ってきて、デスクにどんとテープレコーダーを置く。そして、スイッチを入れる。講義の声が流れ出す。教授はさっさと出ていってしまう。学生の方はどうかというと、席には全部テープレコーダーが並んでいて、学生の姿は一人もいない。

これは、漫画の世界だけのこととはいえない。例えば、いわゆる知識伝達を中心とする保健の授業もこれに近いものではないだろうか。教師が、保健教科書の重要と考える内容だけを伝達し記憶させようとするのならば、テープレコーダーで十分である。生身の教師が授業をするということは、テープから流れ出る授業とどこが違うのであろうか。

このようなことを考えていたとき、竹内敏晴著『ドラマとしての授業』に出会った。この本の中でも、この漫画を取り上げ、演劇の世界に引きとって次のように述べている[9]。

「舞台で行われていることを遠くから眺めて、自分とは関係のない一つの

出来事がそこに行われているのを，鑑賞しているというのがいわゆる近代劇で，これは映画やテレビの画面と視聴者との関係と同じである。むしろ映画やテレビのほうがクローズアップなどという手法が，生々しい迫力を客に訴える。これでは，演劇が，映画などに勝てなかったのは無理はない。ところが，すぐ目の前に役者の肉体をみる小劇場になると，舞台で行われている出来事とはオレとはカンケイないと安心して受け取って，なるほどなるほどと思っているわけにはいかなくなった。

　例えば，お客がハァーッとため息をつくと，それがビリビリ役者にはね返って，そこでもう一つ役者がそれにこたえて客に働きかけていく。むしろお客といっしょになって汗を流し，いっしょになって叫び，いっしょになって，むしろお客が期待しているものをそこで演じていくという形になっていくわけです。近代劇の手法が超えられて，現代劇の手法が生まれ始めていくともいえるし，むしろ演劇が本源の姿を取りもどしつつある，といってもいい。」

テープレコーダーによる授業は，近代劇的な方法である。このように位置づけたうえで，竹内はさらに次のように論を展開している。

「いったい生身の人間が授業者としてそこに立っているってことは，何の意味があるのか。もし，生きた授業者というものの意味がありうるならばそれは授業する者と，まあふつうの言い方に従えば，それを受ける者との間に，いわば小劇場の場合に成り立った——いやむしろ，回復された，というべきでしょうが——ような，いっしょに感じ，いっしょにものを創って行くというなまなましい関係が成り立つ時のみ，可能だろうと思うのです」。

つまり，授業とは，本来，教師と子どもとが一つのものごとを共有すること，共有する場をつくり出してそこで触れ合い，そしてあることが起こり，そして変わるという過程にほかならない。ここで触れ合うとは，第一に教材であり，第二に教師と子どもとの対話であろう。

2. 魅力ある保健の授業像

❷保健の授業をつくる

　保健教科書に示されている内容（知識）を教えることが教師の仕事だとばかりに，教科書内容を落ちなく教えることに懸命になっている教師が圧倒的に多い。

　そのような教科書内容を教え込むことに懸命になっている教師は，内容（教材）に感動していないし，疑問ももっていない。対象とする子どもがどう学ぶのであろうかと想定するわけでもない。ただ，保健教科書に示されているから教えなければならないという。

　こんな教師では，生き生きとした指導ができないし，子どもたちが生き生きと学習するはずがない。したがって，このような保健の授業では，授業の成立は困難である。

　授業をつくる主体は，教師である。教師が子どもたちに何を追求させたいか，その追求させたいものを鮮明にもつ。そして子どもが追求したい，という状況にどう追い込むか，それが授業をつくる，ということであろう。このような授業が展開できたとき，それを「追求のある授業」と言いたい。

　このような授業像は新しいものではない。斉藤喜博は「展開のある授業」と言ったが，次のようなものである。

　　「授業はたんに平板に羅列的に進行していく場合には，展開という言葉は使えない。そういう授業は，ただ形式的・常識的にすらすらと進行していくだけのものであり，そこには，何も新しいものとか，ときには不明のものとかをつくり出してはいないからである。

　　授業が展開するということはそういうことではない。授業の中に，教材とか教師や子どものしこうとかからくる矛盾が起こり，教師と子ども，教師と教材，子どもと子ども，子どもと教材とのあいだに，対立が起こり，衝突・葛藤が起こり，それを克服した結果として，新しいものが発見されたり，ときには未知の不明のものがつくり出されたりしたとき，その授業は展開しているということができるのである[10]」。

1. 保健の授業が成立するということ

「展開のある授業」は，まさに「追求のある授業」なのである。

ところで，先にも指摘したが，授業をつくる主体は教師であるが，こう表現した場合に陥り入りやすい誤りは，教師主導との混同である。

それは，これまで強調したことであるが，「教える」ということは，子どもが問題意識をもち，それを解決するために追求するようになってはじめて成立したといえるのである。にもかかわらず，子どもたちが知らない事柄を伝えることによって「教えた」という気になってしまうことが少なくないということである。

有田和正は，この間の事情を，次のように説明し，警告している。

「何かを教えたいという強い意識をもって子どもにむかったとき，子どもの実態というかその子のあるがままの自然な姿や能力がみえなくなってしまうことがある。『教える』意識が強すぎると，教えたい内容の面から子どもをみるためか，その内容に対して能力の欠けている面だけがみえ，『この子はだめだ』とか『このクラスの子どもはだめだ』ということになると思う。子どもの持っている違う面の能力や可能性が全くみえなくなるように思う」。

「子どもに教えよう」というとき，一方において「子どもに教わろう」「子どもと一緒に追求しよう」という謙虚な姿勢・考え方が必要である。というのは，真の授業をつくっている教師には，そのような姿勢・考え方がみられるのである。

ところが最近，状況が変わってきている。子どもの主体性の尊重ということから，教師は授業において「教授」するのではなく，「援助」することが大切といわれるようになってからである。「援助する」意識が強く，結果的には放任に近い状況をつくってしまっているのである。

子どもの発言とか思考とか表現とかが授業における追求の契機をつくったり，新しい教材づくりの契機となることも多い。こうしたことは，子どもの思考とか発言とか表現とかが，教師の考えを上回ったときに起こるものである。

授業をつくる主体は確かに教師であるが，これらの事実は，表現を変える

2. 魅力ある保健の授業像

ならば，子どもが授業をつくる契機となり，主体となっている，ともいえるのである。

❸授業づくりにおいて働く教師の信念

　繰り返すことになるが，授業をつくる主体は教師である。そして，教師が授業をつくる際，教師は自らの観念（の構造）に導かれて授業をつくるものである。

　教師は，保健の授業にかかわるさまざまな健康観，教育観，児童観……といったものを持っている。これらの観は，さまざまな信念が集まって構成される，と考えることができる。

　藤岡信勝は，授業づくりにおいて働く教師の信念には対象があり，その対象はおおまかに三つのレベル（①教育内容，②教材・教授方法，③学習者）に分けてみることができる，という[11]。

　これらは，保健の授業づくりの際の基本的な研究課題となるが，藤岡の理論を保健の授業に援用して説明することにする。

　第一は，「何を教えるか」に関するものである。教える内容の構成原理に係わる信念であり，これらの対象をひっくるめて「教育内容」レベルということができる。

　「何を教えるか」は，さらにつきつめれば，「保健の授業において子どもにどのような能力を身につけようとするか」「どのような能力を伸ばそうとするか」である。

　第二は，「どう教えるか」に関するものである。これらの信念の対象を「教材・教授方法」レベルという。

　第三は，「子どもはどう学ぶか」についてのものである。このような信念の対象を「学習者」レベルという。このレベルの研究がもっとも遅れている。

（引用・参考文献）
1)平野婦美子『女教師の記録』西村書店，1940年，42頁。
2)W.オコン著・砂沢喜代次訳『思考の教授学』明治図書，1971年，71-102頁。

1. 保健の授業が成立するということ

3) 斉藤喜博『教育学のすすめ』筑摩書房，1969 年，18 頁。
4) 千葉保夫「『歯と健康』の教材づくりから」『カマラード第 2 号』宮城県民間教育研究団体連絡協議会，1985 年，13-31 頁。
5) 文部省『中等学校保健計画実施要領（試案）』1949 年。
6) 文部省『小学校保健計画実施要項（試案）』1950 年。
7) 森昭三「保健の授業はなぜたのしくないのか」『体育科教育』1983 年 8 月号。
8) 藤岡信勝「社会科教育の現状改革を目指す単元構成」『社会科教育学研究 4』明治図書，1982 年。
9) 竹内敏晴『ドラマとしての授業』評論社，1983 年，40 頁。
10) 斉藤喜博『教育学のすすめ』筑摩書房，1969 年，150 頁。
11) 藤岡信勝「歴史授業の三つのモデル」『教育』No.459，1985 年。

(森　昭三)

2 楽しくてわかる保健授業の探究

〈要約〉——本稿では，"楽しい"ということがどのような意味をもつのか，"授業が楽しい"とはどういうことなのか，そしてどうすれば楽しい授業が創れるのか，ということを授業実践を例にしながら具体的に論じていく。

　「楽しい」ということは，学びの大切な原点だと考える。なぜなら，楽しいともっともっと学びたくなる，そしてずっと学び続けたくなるからである。「健康」を考えるという行為は，学校教育が修了すると同時に終わるものではない。その意味からいっても，生きていくかぎり健康を考え健康な社会づくりに関わっていくことのできる主体を育てることが「保健の授業の使命」だと考えるのである。そして，そのためにも「何かを知って終わる」授業ではなく，「何かを知ったことから始まる」楽しい授業を創出する必要があるのだ。1時間の保健の授業から，授業が終わった後もそのことを考え続けていけるような触発的な教材を提起する必要があるのだ。まずは，「保健が好き」になるようにすることが大切なのである。もちろん，学びのプロセスには，大変なことや困難があることは言うまでもないが，新しい知を獲得すること，いままでと違った世界が見えること，友だちとともにわかり合うことの楽しさや成長の実感がそれらを乗り越えていくときのエネルギーになるのである。

　言うまでもなく，授業を楽しくするためには「わかる」ということが大切な要素の一つである。では，「わかる」ことを保障すれば「楽しく」なるのかというと必ずしもそうとはいえない。「わかったけれど楽しくない」ということがあるからだ。このことについては，仮説実験授業研究会の板倉聖宣が以下のような授業モデルを提示し，「楽しくなくてわからせてしまうこと

ほど非人間的な営みはない」と主張している[1]。

1) 楽しくて―わかる
2) 楽しいが―わからない
3) 楽しくないが―わかる
4) 楽しくなくて―わからない

　板倉の主張は，楽しくないならわからない方がまだましである，科学者が研究し続けてきたのは楽しいからである，楽しく教えられないなら科学に対する冒瀆であるというものである。板倉の「楽しいことこそ学びの本質である」という問題提起は，それまでの「わかる」ということを中心に進めてきた授業に対して発想の転換を迫るものであった。
　ではどんな時，子どもたちは「楽しい」と思うのだろう。先の板倉の授業モデルの「楽しくて―わかる」授業はどのようにして創出されるのであろう？　ここでは，授業の具体から，保健の授業を「楽しく」するための条件は何かを考えていくことにする。

1 楽しい保健の授業を創出するための視点

　多くの教師は，「楽しい」保健の授業を創出したいと願う。それを実現するための教師の教材研究の重要性は言うまでもない。子どもたちを触発し楽しく追究する主体にするためには，教師自身がよき学び手でなくてはならないのである。そして，教師が楽しく発見的に出会った素材は，子どもたちにとっても楽しく学べるものになりやすい。
　ただ，筆者自身「楽しい」授業を創出したいと願っていても，それが実現できなかった多くの経験をもっている。「今度こそ！」「明日こそ！」と何度も行きつ戻りつしたように思う。そのような経験の繰り返しの中にも，子どもたちも教師も楽しく追究を開始できた授業があった。そこで，教師が手応えを実感できたときの授業はいつもと何が違ったのかを振り返り，それらを「楽しい」授業創出の視点として論じていくことにする。

2. 魅力ある保健の授業像

❶教材づくりの視点
A. 保健でどんな力をつけたいのか？
　前回改訂された学習指導要領で，保健が小学校3年生から開始されることになった。ただ，学習指導要領が改訂されるされないにかかわらず，私の中に一貫して流れているのは「問題解決能力」を育てることである。健康問題が変化しても，その問題の原因・背景を分析し，解決するために自分はどうすればよいのか，社会はどうなればよいのかを問うことのできる子どもを育てたいのである。つまり，これからの社会の担い手になっていく子どもたちに，

　1) 自分の体を知り，それを守っていくために必要な力
　2) 他者の体，健康を考えることのできる力
　3) 社会を変えていく，より健康な社会を創っていこうとする力

を育てたいと願って，教材をつくっているのである。

B. 教材をどう構成するか？
　「子どもたちをどんな主体に育てたいのか」という観が，教材構成を規定する。筆者には，先のような願いがあったせいか，教材を構成するときも，健康に関する基礎知識から社会問題へと発展させたり，社会問題から健康を考えさせたりすることが多かった。

　次の資料は，以前高校1年生を対象に実施した「からだ」の学習の教材構成である。このときも，オシッコから泌尿器（体のしくみ）を学び，次に腎臓の病気と人工透析をしながら生活する人と臓器移植を待つ人について学び，最後に脳死・心臓死へと発展させるという教材構成をとっている。

　高1　からだの基礎シリーズ（泌尿器）
　1) オシッコから―血液の浄化装置，腎臓―
　2) オシッコで診る健康
　3) もしオシッコがでなかったら―人工透析と臓器移植―

---

4)脳死・心臓死をめぐって―死って何だ？―

　１時間の授業の中で，一つの単元の中で，そして１年から２年へと発展させる中で少しずつ社会的視点が入っていくことを意識したのである。自分の体の認識，多様な友だちの体の認識，そして社会問題へと向かうよう意識しているのである。健康を個人レベルでしかとらえない，個人の努力で健康を維持するという視点でしかとらえない教師は，おそらくこのような教材構成をとらないだろう。繰り返すようであるが，どのような「健康観」「授業観」を持っているかが，教材づくりを左右するのである。

❷導入を意識する！
　「授業の導入をどうするか」，これは大きな課題である。なぜなら，導入の設定がその授業を左右するといっても過言ではないからである。「何か面白そうだぞ！」「えっどうして？…もっと知りたい」と思わせることができるかどうかで授業の成否が決まるのである。そのためにも，導入はできるだけ「共感」，健康問題に対する「怒り」「驚き」「謎」が生じるように設定したい。あるいは，「利き水」やアルコールパッチテストをしたり，無添加ソーセージを食べたりと直接経験の場面を設定する。要するに，導入場面で学ぶ必然性をつくれるかどうかが勝負なのである。次に導入の３つの例を紹介する。

A. 教具を使った導入
　例えば，腎臓の仕組みを取り上げたときの導入[2]はこうである。

　「先生，それ何？」
　荷物をたくさん持って登場した教師に問いかける生徒の声。
　『秘密です。』
　教具を提示しながら以下のように問う。
　　よく見て下さい。こうしてあるものをつくっているのです。（教具に赤い水を注ぐ）

2. 魅力ある保健の授業像

　　いったい，何をつくっているのでしょう？　1分で予想をプリントに書いて下さい。
「赤い色が関係しているよきっと……」
「血かなあ。」
「何かと何かを分けているんだよ」
「汗と涙かなあ」
「生理の血じゃないの？」
「汚いものときれいなもの」
「鼻水？」
「オシッコ」
「母乳」
「精子？」
生徒の発言は板書する。

図中の注記：
- ホースを糸でしばる
- ジュースの容器
- 色水を注ぐ
- 透明ホースに穴をあける
- フタ

（この模型は，中村ひとみ氏が「たのしい体育・スポーツ」1985年秋号に紹介したものにヒントを得て，戸野塚がつくったものである。）

　　では，ヒントを出します。
　　これは「血液からつくられるものです」

「汗って血液からできる？」
「母乳って血液からできてるの？」
「オシッコは？」

　このように，「えっ？　きょうは何についてやるんだろう？」「あんなふうにしてつくられるものって何だ？」と子どもたちの気持ちを集中させ，「知りたい」と思わせてから，教育内容である「腎臓のしくみとはたらき」について説明するのである。

B. 場面設定をしてイメージを大切にした導入

　「障害児の中絶をめぐって」の討論を組織した授業の導入はこうである。

　　〇年〇月〇日と，10年後の今日の日付を板書する。
　　「何だ？」という表情で生徒はこちらを見る。

2. 楽しくてわかる保健授業の探究

> 『10年後という場面設定をします。10年後の今日,みんなは何をしているかなあ?』
> 「結婚してサラリーマン」
> 「浪人続けてまだ学生?」
> 「仕事が楽しくなってきてるけど,そろそろ結婚しようかなあと考えている」等の声。
> 『10年後…。ちょっとつらい設定なのですが,みんなは中絶しようか,どうしようか迷っています。』
> 　さて,どんな理由で中絶を考えているのでしょう?

　10年後の自分を想定することで,自分の問題として共感できるように考えたのである。この授業を10年後の生徒たちに向けてのメッセージとして位置づけたかったという意図もある。

C. 作業を取り入れた導入

　最後に紹介するのは,小学校3年生に実施した「目」の授業の導入である。「目と出会う」というタイトリングで,鏡でよく目を観察し,目を画用紙に描いてみることから始めるという授業である。

> 　鏡で自分の目をよく観察し,そこに大きく目を描いてみましょう。そして,絵を描きながら「目」について不思議に思ったこと,知りたいと思ったことをメモしておきましょう。

「先生,目の端にある赤いのなあに?」
「目ってよく見ると,悲しくないときでも濡れているけど,どうしてかなあ?」
「鏡でよくみると黒目の中にもう一つ黒目があるんだけど,それは何?」
「黒目の中の黒目が大きくなったり,小さくなったりしてるけど,どうして?」
「鏡では見ることのできない黒目のずっと奥は,どうなっているんだろう?」

2. 魅力ある保健の授業像

写真2-1　鏡を使って自分の目を観察する

写真2-2　教師の説明を真剣な表情で聞く子どもたち

　子どもたちは，絵を描くことを通してたくさんの不思議を見つけた。そしてそれを知りたい，追究したいと思った。写真2-1,2でもわかるように，そこに教師が応える形で説明をするのだから真剣である。教師がすべてを説明して終わるのではなく，不思議のいくつかはクラスの追究課題となった。絵を描くという行為は，効率性の論理からいえば不要なことのように思うかもしれない。しかし，子どもたちは絵を描く行為を通して，たくさんの不思議を発見し，目について知りたいわかりたいと思ったのである。

以上，導入をいくつか紹介した。「今日は，〇〇について学習します。教科書の〇ページを開いて下さい」という導入では，「知りたい」「学びたい」という気持ちを子どもたちの中に沸き立たせることはできない。どんなに大切なメッセージも，子どもたちが知りたいと思わなければ空回りである。彼らが学ぶ必然性を感じてくれたらしめたもの，後は知的好奇心の塊となって，じつに楽しそうに教材に食いついてくるのである。

❸子どもたち同士の学び合いの場をつくる！――発問と討論――
A. なぜ学び合いの場なのか？

　子どもたちは，教師の一方的伝達の授業ではなく，友だちとの学び合いが成立したときに「楽しい」という。他者との対話，関わりあい，意見の対立を通して学びが成立したときに生き生きとするのである。以下は，有田和正が教えた児童の作文である[3]。有田も楽しい授業の条件の一つとして「拮抗」場面があることをあげている。

「勉強のしかたについて」

　　　　　　　　　　　　　　　　　　　　　　　6年　伊藤

　意見と意見が対立して初めて授業になる―そう私は思う。

　ある人が意見を出したら，みんなが賛成して終わってしまうのはつまらない。でも，他の人の意見を聞いていると，その中に「おかしい」と思うことがあるはずだ。それをえんりょなく出すことだ。それを出せるクラスでなくてはいけないと思う。

　3部6年の授業がおもしろいのは，いろいろな考えがえんりょなく出てくるからだ。自分一人で考えていても，わからないことがたくさん出てくることがある。そんな時，ちょっとしたきっかけをだれかが発表してくれる，それでわたしの考えもいくらか出てくるのだ。そんな時，友達はありがたいと思う。

　一つの問題の答えは，一つとは限らない。3つも5つも出てくる場合だってある。みんなの考えを集めれば，40の答えが出てくることも考えられる。そして，その中から問題が生まれ，またその新しい問題に取り組ん

2. 魅力ある保健の授業像

> でいくことも一つの方法である。
> 　そして，一番大事なことは，勉強に夢中になることだ。自分の考えがいえて，みんなが賛成してくれたり，なるほどと思ってくれると楽しくなってしまう。
> 　また反対意見を出されると発狂して自分の考えを押し通そうとする。それがまたおもしろいのだ。一時間一時間，このように勉強が盛り上がり楽しくなれば，何時間勉強してもいいなあと思う。

「何時間でも学んでいたい」というのだから，学び合いというのはすごい。さらに，討論は追究のきっかけをつくる。討論を機に自ら問い始めるのである。以前，筆者が担当していた高校生が次のような感想を書いてくれた。

> 　僕にとって保健の授業はとても大切な時間であった。それは，あまり仲の良くない友だちの意見や考え方を知る事ができたし，同じ問題について話し合うのも HR 以上の活気があった。また，現在の日本社会の問題についても詳しく知る事ができた。
> 　それに僕が新聞を毎日読み始めるようになったのも，先生の保健の授業を受け始めてからだった。この一年間で，一番考えさせられたのは脳死についてだ。図書館にも脳死についての本がいっぱいあり，あれこれ読んだが，まだ僕の意見はまとまっていないので，独自に調べることは続けようと思う。

この他にも「4月に脳死について討論をしたときと考えが変わってきた…」ということを書いていたものが目についた。討論をした後も自分で問い続けていたのである。学ぶ必然性を感じ，子どもたち同士が学び合い，そこから自分自身の考えを広げ，深めていけるような討論の場面を，有田のいう「拮抗」場面を設定することの意義を考えさせられる感想であった。

B. 黒白のつかない健康問題や事実を発問に！

あてずっぽ的な発問や，「教えたい内容」がそのまま発問になっているようなものでは討論は成立しない。知っているかどうかを確認するような問い

2. 楽しくてわかる保健授業の探究

では，表層的な知識の確認に止まり，子どもの知的興味を満足させるものにはならないのである。社会科の実践者である築地久子が小学校2年生に実施した「バスの運転手さん」という授業ビデオがある[4]。発問は，「バスの運賃は運転手さん一人のものか？　それとも分けるのか？」というものである。バス会社から運転手さんの仕事を教えてもらった女子が「運転手さんはこんなに働いているのにどうして分けなくてはならないんですか？」と運転手さんの仕事を黒板に貼って発言している。それに対して「同じ時間運転しても，お客がたくさん乗ってくるところを走っている人とそうでない人では差がつくよ」「定期で乗ってくる人が多かったらどうするの？」「分けないと事務の人や社長さんは買い物にいけない」等という意見。

このときの教育内容は「運転手さんの仕事」である。先の子どもの発言から，運転手さんの仕事は何かはもちろん，それを越えて，働くということの意味や会社の仕組みにまで話が発展していることがわかる。「運転手さんの仕事は何ですか？」と教えたい教育内容をそのまま問うたのでは討論にならない。知っているかどうかの確認以上にはならないのである。築地の発問は「運賃は分けるのかどうか」という事実を問うている。その事実を徹底的に話し合うことを通して，子どもたちは教育内容を自分のものにし，さらにそれを越えた学びを実現しているのである。前述したように，「保健」で発問をつくる場合にも「教えたい教育内容」をそのまま問わないこと，事実で問うことがポイントである。

築地の実践を評価していた藤岡信勝は，よい問題の基準として次のことをあげている[5]。

1) 具体性—問題を構成する諸要素からひろく深く子どもの経験と結びついていること
2) 検証可能性—問題に対する答えが存在し，しかもどの予想が答えとして正しいかを調べる手だてが存在するということ
3) 意外性—子どもたちの予想と正答との間に何らかのズレがあり，結論が多かれ少なかれ思いがけないものになること
4) 予測可能性—その問題を学習した結果として，同類の新しい問題に対して

2. 魅力ある保健の授業像

> 学習者がより正しい予測ができるようになり，関連したより多くの問題に予想が立てられるようになっていくという性質を問題が有しているということ

　保健の場合は，検証可能性がある場合とない場合とがある。なぜなら，健康問題，保健で取り上げる問題は，すぐには黒白のつかないものが多く，その人の価値や生き方に関わってくる問題が多いからである。すぐに答えがでないものを話し合うことは楽しい。「答え」のない問題を，みんなで話し合うことを通して見解の多様性を学び，自分の考えを再考するのである。自分の正当性を主張するために，それを裏付けるための事実や資料を探し，自分の知識を広げようとする子もでてくる。ときには，他者の主張を聞きながら自分の意見を180度変えることもある。

　このような学びが健康問題を解決していく力，自己決定していく力を育てることにつながっていくのではないだろうか？

　要は，教えたいことを羅列したかのような，多くの投げかけ的問いで構成された授業をしないことである。それよりも，時間を忘れて集中できる問いを一つ創り出し，共有していくことである。そのような問いが生まれたとき，授業は楽しくなる。

　筆者がつくった「優生保護法から」[6]という高校生を対象にした授業の発問を紹介する。導入のところで紹介した「障害児の中絶をめぐって」の続きである。あなたたちは結婚して妊娠19週の第一子がお腹にいるのだが，今その子を産もうか中絶しようか迷っている，という場面設定をするのだ。どんなとき私たちは中絶を選択するのかを考えさせた後で，次のように問うのである。

【発問】
　あなたのお腹にいる赤ちゃんに「障害」があるといわれたとき，あなたはその子を産みますか？，それとも中絶しますか？
1)～3)の選択肢を選んで，その理由を書いて下さい。
　　1) 産む

> 2)中絶する
> 3)どちらともいえない

　本来，このような人生の選択肢に「どちらともいえない」というのはありえない。しかしながら，学習者がどう反応するかを予想したとき，この選択肢が討論を成立させるうえで必要だと考えたのだ。おそらく1)を選ぶ生徒は皆無か，いても少数だろうと予想したのである。その場合，中絶するという生徒と，どちらともいえないで迷っている生徒の考えをぶつけることで討論を成立させていこうと考えたのだ。予想通りであった。そして，この発問はどのクラスでも討論を成立させ，子どもたちを触発した。

　次に紹介するのは，生徒の感想である。この1年で一番考えたテーマについて書きなさいという課題に応えて書かれたものである。何か月かたっても，心に残るテーマの一つになっていたことがわかる。

> 　もし，私が，お腹の中の赤ちゃんが障害児かもしれないなどと医者にいわれたら，授業中にも言った理由で中絶してしまうだろう。何しろ二つに一つの道をえらばなければならないのだから。このまま迷っていたら産まなければならない結果になってしまう。しかし，授業中の小川さんの発言は，私の心にズーンときた。私は自分のことしか考えていなかったのに彼女は，赤ちゃんの立場までちゃんと一人の人間として尊重しているのだ。

　「授業中の小川さんの発言は，私の心にズーンときた。」と言っている。子どもたち同士の学び合いのすごさをあらためて受け止めた。この感想を書いてくれたAさんは，いつも授業に集中していないようにみえ，こちらのメッセージが届いているのかどうかがつかめない子で，発言を積極的にする子ではなかった。そのAさんが発言し，そして友だちの発言に心を動かされたというのである。子どもたちの力をもっと信じてよいのだということ，そして学び合うことの大切さを教えられた感想であった。Aさんだけではなく，小川さんもやはりこのときの討論について言及しているので，その感想

2. 魅力ある保健の授業像

を紹介しておく。

> 　今まで，さまざまなことについてみんなで考えてきた授業で一番印象に残っていることは，まだ現在進行形での障害者についてです。この時の授業で，障害者とわかっていて，産むべきか，産まないべきかの討論で，私はどちらともいえないと考えました。
> 　授業の中でおろすと考えた人の中の意見で「ちかよりたくない」，「きもちわるい」という意見がでたとき，はっきりいって「かわいそう」と思う気持ちより，「残酷だ」と思いました。
> 　障害者だって，一つの生命をもっていてそれなりに自分の考えがあると思います。また「いじめられるから」という意見があったけど，いじめる人がいるからそういうことがでてくると思います。障害者の人たちだって『生まれてきてよかった』と思う人がいっぱいいると思います。もっともっとみんなが障害者に対してこれからどうすればよいかということを考え，二度と「気持ち悪い」という言葉がでない世の中にしていくことがなによりも大切だと思いました。

筆者は，この時の指導案に，問題設定理由として次のことを記している。

> 　なぜ，この教材だったのか？
> 　生徒の中に身体障害者を「シンちゃん」と呼び，「横断歩道を渡るシンちゃん」などと，障害をもっている人の歩き方を模倣し笑う子がいた。簡単に「障害をもっている人は不幸だ。だから生まれない方がいい」と口にする。
> 　もちろん，「健康な子を産みたい」というのは素直で自然な願いである。私自身も保健の授業を通して，知識がなかったために生じる胎児障害を未然に防ぎたいと思っている。
> 　ただ，不安なのは「健康な子を産みたい」という気持ちがややもすると，健康＝五体満足，「五体満足こそが人間の基本的資格である」という一面的なとらえ方……優生思想に走ってしまわないかということである。

> 　私は，この教材をとおして自分の中にある優生思想に気づいてもらいたい……生徒たちの優生思想にゆさぶりをかけたいと思った。そして，もっともっと葛藤してもらいたいと考えたのである。実際には，この問題を性の授業で，保健の授業で取り上げるべきかどうかを悩んだ。
> 　しかし，これは「産む，産まない」を考える時，優生保護法[7]を考える時に避けては通れない問題である。やはり問題提起せずにはいられなかった。

　「障害児の中絶をめぐって」の発問から，子どもたちは多くのことを追究し始めた。「障害にはどういうものがあるのか？」「どうして障害がでるのか？」「障害児を支える制度が日本にはあるのか？」「障害児を産んだ親の気持ちはどのようなものなのか？」「障害をもって生まれた子どもの声が載っているような本はあるのか？」「障害をもった人に対する差別があるとしたらどのようなものなのか？」など，この討論から多くの疑問ともっと知りたいことが生まれたのである。健康に密着した社会問題をクラスみんなで話し合い学び合うことを通して自分の考えが深まり，追究の芽が育ってくる。そのような発問をつくっていくことも楽しい学びを続けていくうえで重要な要素なのである。

❹楽しい授業実践を支えるもの
A. 子どもを発見する！

　「子どもを発見しようとする」「子どもと発見的に出会おうとする」ことが実践を支えていくと考える。ということは，「A組」というマスでとらえていたのでは駄目だということである。全体と向き合いながらも個と向き合おうとすることが大切なのである。楽しい授業を成立することができたとき，教師と子どもとの絆ができてくる。その絆を一人ひとりの個を意識しながら，そのクラスの色で紡いでいく作業が必要なのである。そういう視点を大切にすると，授業は1年目よりは2年目の方がずっとやりやすくなる。子どもと教師が分かり合えるようになり，保健の授業の潜在的カリキュラム[8]ともいうべき約束事も徹底し，教育内容を越えた学びが成立し，教材が100倍

2. 魅力ある保健の授業像

豊かになるといっても過言ではない。筆者の場合，個を発見するのは子どもの授業での発言や仕草をその日の終わりの授業記録に書いているときが多かった。こんな例がある。2年間，保健の授業を担当した中で出会ったＫ君。1年目は「いつもイライラしている」という印象があった。みんなが笑ったときなど，どさくさにまぎれて「○○死ね」など，自分を叱った教師の名を出して怒鳴ったりした。授業中に隣に座っているＦ君と突然喧嘩したこともあった。何か問いかけても，いつも不服そうな表情をしていたのである。保健係を担当してくれていたのだが，なんとなく仕事を頼みにくかった。しかし，2年目の最後に彼は「保健の授業はとても好きだ」と書いてくれた。何が転機だったのかはわからないが，ただ彼のイライラがわかる気がした出来事があった。受験の失敗を機にアルコール依存症になった人のお話を資料として提供し，1) なぜ依存症になったと思うか？ 2) どうすればよかったのか？ 3) 自分はアルコールとどのようにつき合うのか？ について書いてくるよう指示したときのことである。

次の週，課題を集めようとした時，Ｋ君が明るい表情で「先生，1)〜3) までまとめて文章にしたんだけどいい？」と聞いてきた。「もちろんいいよ」と答えたが，いつもよりＫ君が自然にこちらに近づいてきた気がしたのである。彼は，『僕は，依存症になったＹ・Ｔさんの気持ちがよくわかる。なぜなら，家の中で僕が一番できが悪い…。（略）』という書き出しで，自分が家族の中で一番偏差値が低い学校に通っていること，その中での自分の思いを綴っていた。もちろん，彼は出来が悪い生徒ではないし，彼が通っていた高校も偏差値的にはかなりの学校であった。

この文章を読んでいて，彼のイライラの原因が少しわかったように思った。読んでいてなんだか急にＫ君がいとおしくなった。レポートでＫ君を発見したとき，彼の存在を気にし，彼のイライラに遠慮している自分がいなくなった。彼には，次のようなコメントを書いた。

1) 他者との比較ではなく，自分で自分の進路を見つけることができていたら，Ｙ・Ｔさんは依存症にならなかったかもしれないね……，ということ。
2) 私が考えるＫ君の積極面について

K君は，自分を受容してくれる，また肯定・共感してくれる存在・環境が欲しかったのだ。そして，その気持ちを言語化できずイライラしていたように思う。先に紹介した小学校の実践家である築地は，夏休みを利用して一人ひとりの指導案を書いたという。270名，多いときで540名の子どもと出会っていた私には，それはできなかった。ただ，その日の終わりに，授業を記録ノートに再現しながら，「あの時の○君は，どうしてこう言ったのかなあ？」とか「×君は本当はこういいたかったのかなあ？」と振り返り，考える時間をつくった。「一人ひとりと発見的に出会うこと」「○○君にはこうメッセージしたい」という個に対する願いをもつことが，授業実践を豊かで内実のあるものにしていくのである。

(注および引用・参考文献)
1) 板倉聖宣「楽しい授業への招待」(1974年講演)『科学と教育のために』季節社，1979年。
2) 戸野塚厚子「オシッコから……からだの中が見えてくる！－ジュースの容器でオシッコを教える－」『瞳が輝く保健指導で楽しいキャッチボール』東山書房，1994年。
3) 有田和正『学習意欲の高め方』明治図書，1986年，19-20頁。
4) 築地久子の実践はビデオ以外でも紹介されている。「バスの運転手さん」をはじめとする氏の授業は，藤川大祐「個を育てる授業づくり学級づくり－5つのキーワードで築地久子学級を読む－」学事出版，1993年を参照されたい。
5) 藤岡信勝『教材づくりの発想』日本書籍，1991年。
6) 戸野塚の授業記録と近藤真庸による授業分析は「授業づくりネットワーク－ストップモーション授業記録2」学事出版，1990年で紹介されている。詳しい授業展開と子どもたちの発言等はそれを参照されたい。
7) 優生保護法は平成8年に改正され，「母体保護法」となった。
8) カリキュラムを計画というレベルだけでなく，実際の授業の場面，教育内容レベルでとらえる時，そこには教師が教材として意図的に準備したもののほかに，意図されてはいないが重要な内容を果たしている内容があることに気付く。このようにはっきりと目にみえる形で言明されることなく，潜在的に学習され，伝達されていく教育内容・学習内容のことを潜在的カリキュラムまたは隠れたカリキュラム（hidden curriculum）という。この言葉をめぐっては，シカゴ大学のジャクソンをはじめとし，さまざまな研究者が微妙に異なるニュアンスで使用している。詳しくは，高旗浩志「学校知に表れているもの・隠れているもの」『学校知の転換』ぎょうせい，1998年を参照されたい。

(戸野塚厚子)

2. 魅力ある保健の授業像

③ "生きて働く"学力の形成と保健授業づくり

〈要約〉——「グループに分かれての実地調査」「ロールプレイング」「実験・調査」「ディスカッション」など，多様な学習方法を活用する際の留意点を，具体的な授業プランに即して述べた。

1 「伝達・知識注入型」授業から「触発・追究型」授業への転換

　保健の授業によって形成された，子どもたちの学力の現状について，「知識は身に付いているが，…実際の生活に生かされていない」（教育課程審議会「中間まとめ」1997年）とする評価がある。

　これを受けて文部科学省は，学習指導要領の改訂に際して，「ロールプレイング（役割演技法）などの実習やディスカッション，必要な実験を取り入れる，課題学習を積極的に導入する」「自分で仮説を設定し，これを自分で検証したり，解決したりしようとする実証的な問題解決の態度」「見学や調査活動などを取り入れることによって実感が伴う理解」（中学校「学習指導要領（1998年12月）解説保健体育編」（以下「解説書」と記す），104-105頁）というように，具体的な学習方法を提示した。そこには，「伝達・知識注入型」の授業に終始していては健康問題の解決に役立つ"生きて働く"学力の形成は困難，との現状認識があると推察される。

　では，〈実際の生活〉に生かされるように〈知識〉を身に付けさせる授業とは，どんなものなのだろう。そもそも，授業でそのようなことが可能なのだろうか。

　そこで登場してくるのが，「触発・追究型」の授業観である。学んだことが，新たな学習課題を意識させ，さらなる追究へと子どもたちを向かわせて

いく授業であり、〈身に付けた知識を活用して、その有効性を確かめる場〉として、授業を位置づけようとする考え方である。

以下、「解説書」に例示されたような多様な学習方法を「どの単元（主題）の、どのような場面（授業過程）」で導入することができるか、そのバリエーションを、筆者らが開発してきた「触発・追究型」の授業プランに即して具体的に紹介していくことにしよう。

2 グループに分かれての実地調査

前回改訂の小学校学習指導要領「G　保健(1)けがの防止」の項に、「…学校生活の事故などによるけがの防止には、……環境を整えることが必要であること」とある。授業「われら学校安全パトロール隊」（2時間構成）[1]は、これを教材化したものである。

子どもたちが、自分たちの生活の場である学校をより安全な環境に改善していこうという問題意識をもち、授業で学んだ事柄を実生活に生かしてくれることを願って、あえて実際に学校で起きた事故事例を取り上げている。

本時のねらいは、次の2点である。

1) 医療機関に直ちに運びこまなければならないほどのけがにつながる事故が、学校の中でも、少なからず起きていることに気付く。
2) 事故を未然に防ぐために、環境を改善することも有効な方法の一つであることに気付く。

授業は、各グループに1枚、「実際にけがが起きた場所」の写真をくじ引きで選ばせることから始まっている。第1回目の「現場検証」に出かけるまでの授業展開を〈シナリオ〉から抜粋してみよう。

T：きょうは「学校の中で起きるけがとその予防」について考えます。
今から、学校の中のある場所を写した写真（写真は、実際にけがが起きた場所にする。グループの数だけ用意する）をグループに1枚渡します。

2. 魅力ある保健の授業像

リーダーにくじ引きで選んでもらいます〔写真と黒マルシールを配布〕。

> その写真を見て，その場所でどんな事故が起きそうか，グループで予想してください。事故が起きそうだなと思うところに，シールを貼ってください。

C：〔写真を見ながら，どんな事故が起きたのか予想する。事故現場にたまたま居合わせた子どもが，動作を交えて説明しているグループもある〕
T：どんな事故が起こりそうか，考えられたかな？
　それでは，これから実際に，その写真の場所に行って，みんなが考えてくれたような事故が本当に起きたのかどうか確かめてきてもらいます。「現場検証」です。事故が起きた場所には，「2度と事故が起きませんように！」の願いを込めて「安全パトロール」の紙が置いてあって，そこでどんな事故が起きたかが書いてあります（教師はあらかじめ，「安全パトロールカード」をみつけやすい場所に貼っておく。事故の様子は，できるだけ詳しく書いておく。事故原因は，人的要因より，環境要因がはっきりするように書く）。

> それを見て，事故が起きたときの様子をグループで再現して，場所を確認してきてください。時間は15分。

　注目したいのは，①実地調査に出かける「現場」を，教師があらかじめ選定していること，②子どもたちは実地調査に出かける前に「仮説」（予想）を立て，その後に"現場検証"に出かけていること，③「現場」を特定するために，そこにあらかじめ「安全パトロールカード」（環境要因をより鮮明に描写した事故事例の記事）が置いてあること，④「現場検証」の目的を，"再現"と場所の確認に限定していること，の4点である。
　教師が明確な意図をもって，グループに分かれての実地調査を組織しているのがわかる。"自ら学ぶ力"が大切だからといって，何の指導もせずに放

っておいたのでは，決して子どもは動かないからだ。子どもが追究したいという意欲をかきたてるような"ネタ"と"シカケ"が必要なのである。

　これに対して，「それにしても"現場"選びくらいは，子どもたちに委ねればよいのではないか」という感想を持たれた読者がいるかもしれない。例えば，子どもたちに対して，「学校内で事故が起こりそうな危険な場所を，グループに分かれてそれぞれ1箇所探し，そこでどんな事故が起こりうるかを推理（予想）しなさい」という指示をするだけで十分ではないか，という意見（代案）である。

　しかし，筆者は断然"原案"を支持する。子どもたちにとって，実地調査の活動（現場検証）は，「事故はいかにして起こるか」の要因分析のためのケーススタディの意味をもち，それはやがて事故防止のための対策を考える際の手がかりとなっていく。

　これに対して代案は，"危険な場所"という漠然としたイメージだけを頼りに，無数にある候補地の中から「現場」を探し当てさせているにすぎない。したがって，「どんな事故が起こり得るか」という問いに対しても，「転倒する」，「衝突する」といった現象に止まり，事故の要因分析まで期待するのは無理であろう。これでは，何も学ばせていないに等しく，実地調査活動が自己目的化してしまうのである。

　では，再び〈シナリオ〉に立ち返り，「現場検証」後の授業展開をみてみよう。

　まず，「安全パトロールカード」を手がかりに，3分間，グループで対策を考えるよう指示した後，「現場」の写真を黒板に貼り，アイディアをリーダーが発表する。どこのグループも，人的要因に対応する対策（「左右をよく見る」「廊下は走らない」など）をあげる。日ごろの安全指導の"成果"とはいえ，予想通りの回答である。

　ここで授業は意外な展開をみせることになる。起承転結の「転」である。

　T：学校の中では，今みんなが見てきた場所以外でも，たくさん事故が起こっています。この写真（現在の「朝礼台」の写真。実際に，環境を改善してから，けがなくなった場所である）を見てください。

2. 魅力ある保健の授業像

> この写真の場所で，どんな事故が起きたかグループで予想してください。

T：じつは，この場所は以前は今とは少し違っていました。
　ある事故が起こったので，先生たちがあることをして，2度と事故が起こらないようにしたからです。それからは，実際にここでは2度と事故が起こらなくなりました（以下，事例解説…省略）。

> 先生たちは，どんな対策を講じたでしょう。

「環境の改善」が事故の再発を防止するうえで有効である，ということを知らせた後，教師は，第2回目の「現場検証」を子どもたちに指示している。

> いまから休み時間をはさんで，次の時間が始まるまでに，個人個人で"現場"へ出かけて，確かめてきてください。チャイムがなったら教室に集合。

"現場"というのは，事故現場ではなく，「学校内（教室を含む）で，みんながけがをしないように工夫してある場所」のことである。「環境の改善」の仕方にもいろいろあることを気づかせようという意図がそこに込められている。
　そして，第3回目の「現場検証」が提起されることになる。

> いま見てきたようなところを参考にして，もう一度，最初に「現場検証」を行った場所にグループ単位ででかけます。
> 同じような事故が起きないようにするための工夫として，現場をどう改善したらよいか，意見をまとめてきてください。
> 制限時間は20分。教室にもどったらすぐに，リーダーは黒板に意見を

> 記入してください。

　ところで，実地調査と一口で言っても，そのねらいによって当然，課題も異なってくる。問題発見のための調査もあれば，確認のためにだけ行うものもある。

　この授業には，同一現場での2度の実地調査（「現場検証」）を含む，計3回の実地調査（「現場検証」）が組み込まれている。"教室→現場→教室→現場→教室→現場"というように学習の場所が移っていくたびに，現場を検証する視点も変化し，子どもたちの認識が深化している点に注目したい。

　さらには，実地調査を通して気づいたことや考えたことを"出力"させるだけでなく，学習集団の中で交流・吟味・評価されることで，認識をより確かなものとしていくプロセスが随所に組み込まれている点も見落とせない。実地調査を行わせ，調べたことをレポートや模造紙にまとめて発表させるだけでは，子どもの主体性を引き出したことにはならないのである。

　以上，グループに分かれての実地調査のあり方を，事例に即して検討してきた。こうした形態の授業であっても，ねらいに沿った綿密な指導プランと教材・教具の周到な準備が，教師に求められるのである。

③ ロールプレイング，実験・調査，ディスカッション

　例えば，「喫煙と健康」の授業をつくるとしよう[2]。
　前回改訂の学習指導要領では，中学校保健分野の「健康な生活と疾病」単元に，次のような記述が登場する。

> （喫煙，飲酒，薬物乱用などの）行為には，個人の心理状態や人間関係，社会環境が影響することから，それらに適切に対応する必要があること。

　「解説書」では，これに対応して，喫煙，飲酒，薬物乱用などの行為を助長させる要因として，①好奇心，なげやりな気持ち，過度のストレスなどの

2. 魅力ある保健の授業像

心理状態，②周囲の人々の影響や人間関係の中で生ずる断りにくい心理，③宣伝・広告や入手のしやすさなどの社会環境，の3つをあげている。これら3要因に「適切に対処する」必要があることを理解させよ，というのである。

どのような授業をすれば，そのねらいが達成できるのだろう。

これまで私が見聞きしてきた授業実践例のほとんどは，「喫煙の害」という〈知識〉を知らせるために，①疫学的な調査データ，②ミミズの実験，③たばこ人形を用いた実験，といった教具レベルの工夫に力を注いだものであった。そして，「ホラ，こんなに健康に害があるのだから，吸わないようにしようね」とまとめるのである。

「これだけでは喫煙は防止できない」というのが前回改訂の学習指導要領の見解であり，上記の記述（「適切に対処」）が登場したというわけである。

従来の「伝達・知識注入型」授業観からすれば，行為を助長させる3つの要因をあげることができれば，それで事足りた。だが，前回改訂の学習指導要領が求めたのは，〈実際の生活〉に生かされるように〈知識〉を身に付けさせる授業だったのである。

そこで浮上してくるのが，ロールプレイングという学習方法である。

これは，「行為を助長させる要因」のうち「周囲の人々の影響や人間関係の中で生ずる断りにくい心理」に着目し，誘惑から自分の身を守るための力を高めることを目的とするもので，『中学校保健体育教科書』（学習研究社，2002年）は1頁全部をこれに割き，ロールプレイングの具体的な手順を以下のように解説している[3]。

◎勧められたときどうするか
①次のなかから，問題状況を一つ選びましょう。
・友だちから次のような言葉で，たばこを勧められた。
　「1本くらい平気だよ。」「みんな吸ってるよ。」
　「たばこも吸えないなんて，子どもだな。」
　「やせることができるよ。」
　（以下，酒，薬物について）…省略

> ②さそいを断るのが難しいのはなぜか，話し合ってみましょう。
> ③自分の気持ちや考えを伝えるためにどんな工夫ができるか，話し合ってみましょう。
> ④先生に勧める役になってもらい，断る役を演じてみましょう。
> 　・演じて，どんなことを感じましたか？
> 　・見ていた人は，うまくできたところを発表しましょう。
> ⑤自分の考えを相手にうまく伝えるためにできることについて，まとめてみましょう。
> ●断り方の例
> 　・とりあえず断る。
> 　・理由を言って断る。
> 　・自分のとまどいや不安，やめてほしい気持ちなどを率直にいう。
> 　・手ぶり，身ぶりを使って断る。
> 　　　　　　　　　　　　　　　　　　　　　　　　　　　　(115頁)

　ロールプレイングの効果を高めるためには，何よりも当事者である子どもたちに「喫煙したくない。誘惑から自分を守る力をつけたい」という構えが備わっていることが大切である。同様に，教師の意識の中に「喫煙なんて，たいした問題ではない」という考えが少しでも残っていると，単なるゲームで終わってしまうに違いない。肝心なのは，ロールプレイングの学習に入るまでの授業の中身なのだ。

　そこで考案したのが，喫煙行動の〈観察〉である。あらかじめチェックポイントを決めておき，前もって予想を立てさせておいてから"実験"に臨ませるのである。

> ア）一服に要する時間（秒）
> イ）次の一服までの間隔（秒）
> ウ）1本吸い終わるまでに何服するか？
> エ）イ）の時間中の，たばこの先端部から立ち昇る煙の行方は？

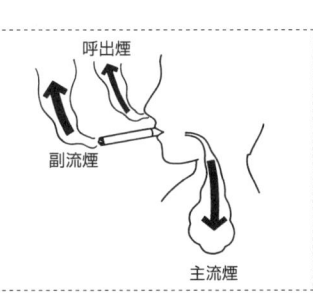

2. 魅力ある保健の授業像

　休み時間の教員室という格好の"実験室"を活用しない手はない。「教員室は全面禁煙」であれば，もちろん宿題にしてもよい。
　実験・調査を終えたら，データを整理する。喫煙に要した時間の大半は，実際には「吸っていない」時間であり，その間も，絶えず煙がたばこの先端部分から立ち昇っていることに気付く。喫煙行動の観察は，子どもたちに新鮮な感動をもたらすにちがいない。そして，こう問いかけてみるのだ。

> 喫煙者は何のためにたばこを吸っているのだろう？

　喫煙者は，部屋（周囲の空気）を煙で汚し，同じ部屋（傍ら）にいる他人に有無を言わさず煙を吸わせるために吸っているのかもしれない。「健康を損なおうが，そんなことはオレの勝手だ！」という理屈はみごとに粉砕される。非喫煙世代のうちに，喫煙者を見つめる他者（弱者）の目を育てておくことで，自他の喫煙行動をコントロールする力を培っていくのである。
　いよいよ，教科書に収載されている疫学的データの出番である。主流煙と副流煙の害の比較にポイントを絞って〈知識〉を知らせるのだ。
　ここでディスカッションを導入するのである。
　テーマは，「非喫煙者のいる場所での喫煙は許されるか？」。
　結論は明白である。「たばこを吸いたければ，他人が吸っている空気を汚さないよう最大級の配慮をすべきである。非喫煙者（未成年）が出入りすることが予想される教員室のような場所は，全面禁煙にすべきである」。
　学習は新たな段階へと進む。
　「禁煙マーク」を子どもたちに配布する。街で見かける，進入禁止の標識によく似たマークである。こんな指示をする。

> 　「こんな場所にぜひ貼りたい」というところを，できるだけ具体的に禁煙マークの下に記入してください。
> 　禁煙マークの"おかわり"が欲しい人は，前に取りにきてください。

　子どもたちが記入してくれた禁煙マークは，多くの人の目に触れる場所に

掲示する。子どもの「たばこ問題」は、じつは、「大人の問題」であって、大人のモラルが試されているのである[4]。

④ 課題解決的な学習

『3・4年から始める小学校保健学習のプラン』(財・日本学校保健会発行、2001年、19頁)によれば、課題解決的な学習とは、「児童が自ら課題を発見し、解決の方法を主体的に考え、課題を追求し、学び得たものを情報発信していくといった学習方法」であると解説されている。

その意味では、筆者らが開発した授業プラン「"交通事故のない街"を創る」(小5)は、「課題解決的な学習」に位置づくものと考えられる[5]。

ちなみに、「交通事故とその防止」の学習内容について、前回改訂の学習指導要領では、「通学路や地域の安全施設の改善などの例から、さまざまな安全施設や適切な規制が必要であることにも触れる」(『小学校学習指導要領解説体育編』85頁)としており、保健学習全般にわたる学習方法上の留意点として、「主体的に健康問題に取り組み、解決する力を育てる観点から課題を解決していくような学習を積極的におこなうこと」(前掲書、97頁)を求めている。

すなわち、交通にかかわる環境要因が「わかる」だけでなく、問題があるとすればどうしたら改善できるかが「わかる」こと、そうした力を育てる保健授業を、前回改訂の学習指導要領は期待していたのである。

授業プラン「"交通事故のない街"を創る」(小5)は、「交通弱者である歩行者の立場に立って、その目の高さから交通環境を見つめさせることで、交通事故にかかわる環境要因に気づかせ、それを除去する方法原理を学ぶことで、交通事故が起こらない社会を展望させる」ことをねらっている。

単元構成(全3時間)とその概要は以下の通りである。
①第1時　交通事故の"現場検証"を踏まえて、2度と同じような事故が起こらない方策を追求させ、車のスピードを制御することの有効性と、そのためのアイテムの存在に気づかせる。さらに、仮想の街(地図)で、アイテム

2. 魅力ある保健の授業像

の効果的な活用法を学ばせる。
②第2時　校区の地図を用いて，歩行者の立場で「交通事故のない街」づくりに挑戦させる。（第1時の応用問題）
③第3時　既製のアイテムだけでなく，斬新な方法も積極的に考案・採用させ，グループ対抗で「交通事故のない街」づくりのアイディアを競わせる。（「演説会」と「投票」というイベントを導入）

　この授業プランの特徴は，授業というものを〈知識を身に付けさせる場〉であるとともに〈知識を活用させる場〉として積極的に位置づけようとしているところにある。
　例えば，ア）現場検証（生活体験の中で培われてきた知識の"出力"），イ）アイテムの仮想活用体験，ウ）現実の街での活用体験，エ）新しいアイテムの開発を含んだ街づくりへの再挑戦，などの活動がそれに該当する。
　ところで，課題解決的な学習という点からみれば，第2時，第3時での学習がその中心的な位置を占めることは言うまでもない。だが，後でみるように，第1時での学習がたいへん重要な意味をもっているのである。なぜなら，第2時，第3時の授業が「知識」を〈活用する〉機会であるとすれば，その「知識」を〈身に付けさせる〉機会となるのが第1時の学習だからである。
　以下，第1時の授業展開（前半）を〈シナリオ〉から抜粋する。

　　T：〔子どもを黒板の前に集め，花の写真(略)を貼る〕何か知ってる？
　　C：交通事故で亡くなった人のところにある花です。
　　T：そうですね。これは死亡事故現場にあった花です〔死亡事故現場の看板を含んだ写真を貼る〕。その時の事故の新聞記事があるので読んでみます。

　9月15日火曜日午後5時30分頃，K子さん（10歳）が車にはねられて死亡しました。車の運転手は，「突然自転車が出てきてブレーキを踏んだけど間に合わなかった」と話しています。

---

3. "生きて働く"学力の形成と保健授業づくり

T：ここが，事故の起こった場所です〔現場の写真を見せた後，黒板に貼る〕。

> この場所で，K子さんがどのように事故に遭ったのか，推理してみましょう。

C：〔ひやっとした体験のある子どもたちの"予想"発表〕
T：どうしたら，K子さんは事故に遭わなくてもすんだろう？
C：左右の確認をしていればよかったと思います。
C：きちっと止まっていればよかったと思います。
T：今からグループに戻って考えてもらいます。
　班長は「現場写真」（グループに１枚用意する）を持っていってください。考える時間は，２分間です。ヒント。この道路は，みんなも知っているように，小さな子どもやおじいさんおばあさんも通ります。

> この場所で２度と，同じような事故が起こらないようにするには，どうすればよいでしょう？

C：信号があるといいです。
C：看板（「死亡事故発生現場」）があるといいと思います。

> 信号や看板があれば，この場所で２度と事故は起こらないかな？
> ２度と起こらないようにするには，どうしたらいいかな？

T：〔歩道橋の模型を提示する〕
C：それがあれば，車とは絶対ぶつからない！
T：〔地図を黒板に貼る〕ここがK子さんが事故に遭った場所です。〔歩道橋の模型を貼る〕他の場所にも，歩道橋があったらどうでしょう。

> あなたがこの町の町長さんになって，この町で２度と交通事故を起こさ

77

> ないために歩道橋を作ろうと思います。どこに作りますか？
>   班長さんは，地図と歩道橋の模型を取りに来てください。グループでアイディアを出し合ってください。

　ここまでが前半部分である。
　全部で5つの発問（実線の囲み部分）をしている。子どもたちの回答からもわかるように，まず交通事故を起こす人的要因に気付かせ，しだいに環境要因にも目を向けさせていくような発問構成となっている。そして，「歩道橋」の模型の登場となるのである。
　こうして，仮想の街（地図）を「交通事故のない町」にするための挑戦が始まるのだが，またしても子どもたちは，難問にぶつかることになる。なんと，「歩道橋」ばかりが目立つ街になってしまったのだ。
　そこで，教師は，「人と車が交差していても自動車のスピードを制御することで衝突を未然に防ぐことができる」ことを知らせ，そうした目的のためのすでに実用化されている5つのアイテムを提案する。植木，鉄柱，ハンプ，車止め，交通指導員がそれである。
　後半の授業では，5つのアイテムの効用を"実演"した後，それらのアイテムを用いて（各グループに模型を配布），再び，仮想の街（地図）を「交通事故のない町」にする作業に取り組ませている。
　次なるテーマは，自分たちの町を「交通事故のない町」にすることである。自動車のスピードを制御することで事故を防ぐことができることは理解できた。そのためのアイテムの活用法も会得した。準備は整った。
　最後に，「自分の通学路や家の近くで，5つのアイテムを使いたい場所を見つけておいてください」という宿題を伝えて，第1時は終了する。
　それから1週間，子どもたちは，それまで見過ごしていた通学路や家の近くの交通事情を，一つのテーマをもって見つめることになるのである。
　第2時。校区の地図を黒板に貼るところから授業はスタートする。
　危険な箇所を見つけるための手がかりとして，通学時間帯の車の交通量調査（8箇所）のデータを紹介する。子どもたちが日ごろ感じていることとつき合わせながら，校区の交通事情（規制が必要な箇所）が明らかになってき

たところで，いよいよ作業開始。次のような指示が伝えられる。

> 5つのアイテムを1つずつ用いて，交通事故のない町にしましょう。グループごとにどこに置くか，相談して決めてください。時間は10分。

発表は，アイテムごとに置いた場所を各グループにたずねるやり方で進行するが，与えられたアイテムだけでは解決できない問題があることに子どもたちは気付き始める。

そこで，新たな課題の提示となる。

> 次の時間は，5つのアイテム以外の方法も使って，今日作った町よりももっと安全な町を考えてみよう。グループで考えてもらいます。自分たちのグループが1番いいよ，という町を考えてね。作ってくれた町のよさをグループの代表に演説してもらいます。

この時間内に，演説する人を各グループ1名決めさせ，クラス全員で確認した後，次のような言葉で授業を終えている。

 T：この6人に決まりました。グループみんなで協力して，安全な町づくりをしてくださいね。
 演説時間は2分にします。演説の後，質問の時間を作ります。質問されたら答えられるようによく考えてきてください。
 来週の最後には，どのグループの演説がよかったか投票をするからね。
 "ベスト1"に選ばれるのをめざして，交通事故のない，安全な町づくりを考えてきてください。

1週間の準備期間をおいて，第3時では，グループ対抗で「交通事故のない町」づくりのアイディアを競い合い（プレゼンテーション），その後，全員で投票を行うことになるのである。

こうした"真剣勝負"の場をくぐり抜け，子どもたちはまた新たな学習課

2. 魅力ある保健の授業像

題を発見し，動き始める。情報量を増やすことに傾斜しがちな「調べ学習」と，「課題解決的な学習」とは明確に区別されるべきである[6]。

(注)
1) 授業シナリオの全文は，近藤真庸『〈シナリオ〉形式による保健の授業』（大修館書店，2000年，65-70頁）に掲載されているので参照されたい。
2) 高校生向けに開発した授業プランとしては，「〈シナリオ〉分煙社会の主人公を育てる」「〈シナリオ〉"喫煙促進"社会をどう生きるか」がある。いずれも，近藤真庸『保健授業づくり実践論』（大修館書店，1997年）に収載されている。
3) そこに描かれているのは，「たばこに手を染めてしまった未成年が，同じく未成年の自分にたばこを勧める」という構図である。確かにそうした現実があることは事実である。しかし，そうした状況への「適切な対処」が，「誘いに乗らないように，うまく断るスキルを身に付けること」だけでよいのだろうか。それでは，キャッチセールス（悪徳商法）への対処法と同じではないか，という疑念をぬぐい去れないでいるのは筆者だけだろうか。
4) 『中日新聞』（2001年11月21日付，朝刊）によれば，和歌山県教育委員会では，2002年4月より県内のすべての公立学校の敷地内は全面禁煙とする方針を決定した，という。記事によれば，教師を含む信頼する大人の喫煙が，子どもの喫煙行動を誘発している事実を踏まえての決断であり，教員の禁煙を支援する方策もあわせて実施する計画もあるようだ。
5) 授業シナリオ（1時間）の全文は，近藤真庸『〈シナリオ〉形式による保健の授業』（大修館書店，2000年，71-84頁）に掲載されているので参照されたい。
6) 『3・4年から始める小学校保健学習のプラン』（財・日本学校保健会発行，2001年）も，「けがの防止」単元（全5時間）の4時間分を「課題解決的な学習」に充てており，「主な学習内容と方法」として「学習カード作成，けがの経験に関するアンケート，交通事故，学校生活の事故，水の事故に関する事例収集」を列挙している。しかし，具体的な授業展開例は示されていない。
また，「病気の予防」単元（全8時間）でも，「結核，インフルエンザ，歯周病，むし歯，心臓病，脳そっちゅう，がん」のそれぞれの病気の起こり方と予防法について，「グループで課題を解決する」活動に3時間をあてている。ちなみに，用意するものとして列挙しているのは，「病気の経験に関するアンケート，学習カード，インターネットができるパソコン，病気に関する本」であり，こうした記述をみるかぎり，「けがの防止」単元と同様，「課題解決的な学習」を標榜してはいるが，「主体的に健康問題に取り組み，解決する力を育てる観点」（小学校「解説書」85頁）が欠落しており，各グループが分担されたテーマについての情報を収集・発表する「調べ学習」の域を出ていない。
なお，「課題学習」の進め方については，本書の第Ⅳ章第3節(5)で具体例を紹介しながら詳述している。参照されたい。

（近藤真庸）

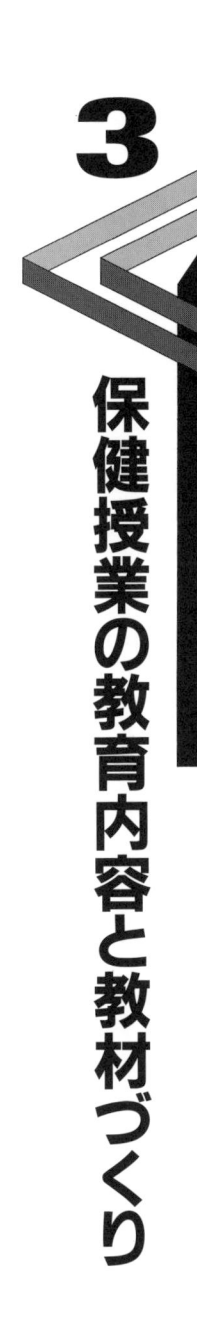

3 保健授業の教育内容と教材づくり

3. 保健授業の教育内容と教材づくり

① 保健科の学力[1]と教育内容

〈要約〉——学習指導要領を中心にした第二次世界大戦後の日本の保健教育は，実用主義的学力観と健康の個人責任原理に基づく保健観に支えられた身辺処理的保健教育が一貫した特徴であるが，今後はそれらの一定の成果を批判的に継承しつつも，健康維持の個人的過程と社会的過程を体系的に整理した「保健の科学」に基づいて目標と内容が構想される必要がある。

1 学習指導要領の学力観と教育内容

❶学習指導要領の学力観

　保健科の学習指導要領が，どのような学力観を有しているかを析出することは容易なことではない。学習指導要領とその解説の文面を追うだけではおそらくつかみきれない。現行のものは，当然これまで（少なくとも第二次世界大戦後）の蓄積をふまえて作成されているものであるから，そこに流れている（連続しているないしは継承されている）学力観をとらえる必要がある。それでもなお，不十分であろう。そのときどきの学習指導要領は，それなりにその時代状況や実践・理論動向を多少とも反映して作成されるわけであるから，そうした反映も読み取る必要がある。さらには，第二次世界大戦前から流れている教育観（学力観）や保健観（保健思想）にも何らかの影響を受けているはずである。

　こうした分析は，これまでほとんどなされていない。ここでの検討も必ずしも十分なものではないが，若干の論及を試みることにする。

A. 伝統的に希薄な学力観

　第二次世界大戦後の保健科の学習指導要領に示された目標と内容，あるい

はその解説のために書かれた文書を追ってみると，学力よりも行動力（実践力）や徳性（しかも学力と切り離された行動力や徳性）を重視する保健教育観が根強く底流をなしてきていることがわかる。というよりも，むしろ，戦後の保健科教育は知識よりも行動（習慣）や徳性を重視した保健教育観をベースにして出発したものであるだけに，認識の形成を中心軸に置いた学力観が希薄なことが戦後の保健科の特徴であるということができる。

　この点をもう少し後づけてみよう。第二次世界大戦後，文部省は学校の保健教育（学校保健といったほうが正確）に関する教師用手引書（学習指導要領に相当するもの）として『学校保健計画実施要領』（中等学校版1949年，小学校版1951年，以下これらを『実施要領』と略す）を公刊する。これらは学校における保健活動全般について書かれたものであるが，その中に健康教育の章を設けて，その進め方についてまとめている。そこに示された内容が，その後の保健教育観の基礎をつくったとみられるものである[2]。

　それには「健康教育の目標」が次のように書かれている。

　「健康教育の目標は，健康のために必要な習慣，知識・態度を修得させ，個人，家庭，および社会において最大の幸福と奉仕の基礎となる健康を確保することにおかれなければならない」。

　『実施要領』のいう健康教育とは，他教科の保健に関連する内容や保健指導なども含めた広い範囲のものを指しているため，これを保健科の目標として文面通りに受け取ることはできないが，少なくとも保健科も共有すべき目標として明示されていたことは確かである。

　この目標は，要するに，健康に必要な習慣・知識・態度を習得させることと，それを通して健康を確保することをめざしている。ことに重点は，健康的な習慣や態度を身につけさせることに置かれ，知識はその手段として第二義的な意味をもつものとしてとらえられている。例えば，当時の解説書は，この目標を解説して「健康教育においては，態度，行動は知識よりもはるかに重要である」[3]とか，「それにもまして大切なことは，学徒をして衛生道徳の実践者たらしめることであろう」[4]としているように，主要なねらいを健康的な行動や習慣を身につけさせ，それによって健康を獲得させること自体に置いていた。

このような，行動や習慣をしつけることを第一義的に重んじ，結果としての健康の保持増進を強調する目標観は，研究者や教師をして，いきおい，「私たちが欲するのは健康そのものであって，健康の知識ではない」[5]とか，「だから，極端にいうならば，なぜか原因や理由は判らなくとも健康が保持増進できればよい」[6]といわしめたりもしたのである。

　このように，行動や習慣，そしてその行為の結果としての健康の確保を重視するあまり，知識を与えることが子どもの発達に果たす固有の役割を軽視し，知識と行動を媒介する認識の形成過程を見落としているところに，この目標観の大きな弱点があった。この目標観はその後の保健科の学習指導要領にずっと継承されていくが，こんにちにおいてもなお，一部に，「知識ばかり与えても実践されなければ意味がない」と行動化や習慣化を強調するあまり，教科固有の役割である学力形成を正当に評価しない向きがなくもない。

　また，前出の『実施要領』の解説書は，「それにもまして大切なことは学徒をして衛生道徳の実践者たらしめることであろう」とした後，「……自己の不健康が……いわば不道徳の行為をしたのと選ぶところがないことを自覚して欲しいのである」と，儒教的ともいえる衛生道徳を説いている。こうした徳育主義的な教育観も，わが国の保健教育の伝統であるといってよい。従来の保健科の教科書に，「……することが大切です」とか，「すすんで……するようにしよう」といった徳目的記述が随所にみられたのは，その名残りといえなくもない。

B. 認識と実践能力の機械的分離

　学習指導要領が保健科の内容を小・中・高の学校にわたって整備したのは，学習指導要領の拘束化が決定的となった1956～58（昭和31～33）年にかけての改訂によってである。その後，何度かの改訂を経てこんにちに至っているが，そこにうたわれている保健科の目標は，改訂のたびに表現が多少修正され，一部書き換えられてはいるものの，その骨格部分は変わっていない。

　例えば，1958（昭和33）年の中学校の学習指導要領には，保健科の目標が次のように書かれている。

　「個人生活や社会生活における健康・安全について理解させ，自己や他人

を病気や傷害から守り，心身ともに健康な生活を営む態度や能力を養う」。

　この目標の骨格をなしているものは，「健康・安全についての理解」と，「健康な生活を営む能力や態度」である。この骨格は，小・中・高校を問わず，こんにちまでずっと引き継がれてきている。ちなみに，現行学習指導要領（小・中学校 2008 年，高等学校 2009 年）の目標は次の通りであるが，小・中の目標は前回のものとほとんど変わらない。

〈小学校の目標〉
- （第 3・4 学年）――健康な生活及び体の発育・発達について理解できるようにし，身近な生活において健康で安全な生活を営む資質や能力を育てる。
- （第 5・6 学年）――心の健康，けがの防止及び病気の予防について理解できるようにし，健康で安全な生活を営む資質や能力を育てる。

〈中学校の目標〉
　個人生活における健康・安全に関する理解を通して，生涯を通じて自らの健康を適切に管理し，改善していく資質や能力を育てる。

〈高校の目標〉
　個人及び社会生活における健康・安全について理解を深めるようにし，生涯を通じて自らの健康を適切に管理し，改善していく資質や能力を育てる。

　ところで，これらの目標記述に共通していることは，前段で「……について理解させ」とし，後段で「……できる資質や能力を育てる」としている点にある。ここから次の二つの特徴を指摘することができる。
　一つは，学習指導要領は目標を「理解」「能力」「資質」の 3 要素でとらえているということである（1989 年改訂のものまではずっと「態度」として

いたが，前回の改訂で初めて「資質」という語に置き換えられた。しかし，その意味の違いや「資質」という語意についての説明はない）。「理解」は"知的理解"のことであり，一応認識のレベルに目標を置いていることがわかる。「能力と態度」あるいは「資質や能力」は文脈からもわかるように，「生活を営む資質や能力」，「改善していく資質や能力」であって，あわせて"実践能力"と呼んでよいものである。

　もう一つは，知識レベルの「理解」と実践能力のレベルの「資質や能力」とを段階的に分けてとらえていることである。認識のレベルと実践能力のレベルの違いを考えれば，これはうなずけることである。

　ただ，ここで問題にしなければならないことは，前者の「理解（認識）」と後者の「資質や能力（実践能力）」がどのような関連にあるのかが判然としないことである。この両者の関連については，これまで，学習指導要領もその解説も，また文部省関係者も十分な説明をしてきていない。

　この関連が判然としない（というより，内的関連をあまり問題にしてこなかった）理由は，知識（知的理解）と実践能力とを不連続なものとして（あるいは両者を分離して）とらえてきたことにあると思われる。それは，先に紹介したように，「知識ばかり与えても行動化（習慣化）しなければ意味がない」という伝統的な保健教育観に端的に示されている。知識と行動を機械的に分離し，知識を身につけることによる子どもの認識の形成や発達が，子どもが賢明に行動を選択できるようになる土台（学力）であることを見落としている。これは恐らく，知識と行動を媒介する認識の形成（発達）ということが保健科教育の目標として明確に位置づけられて（認識されて）こなかったためと思われる。それは，結局，知識（知的理解）と実践能力の二元論的理解からくるものということができる。

　1978（昭和53）年の学習指導要領改訂時には，この点の欠落に気づいたのか，文部省の解説書『中学校指導書保健体育科編』（1978年）において，この「理解」の解釈について，次のように両者の連続性を意識した説明を加えている。すなわち，「健康に関する知識の理解とは，単に知識として，また記憶としてとどめることではなく」，生活行動上の「意欲をひきだす知的過程」であり，健康問題に対して「科学的思考と正しい判断によって適切に

対処できるようにすること」であると説明している（傍点筆者）。要するに，「理解」が「意欲をひきだす知的過程」となることによって，「能力と態度」につながって（発展して）いくことを示唆しているのである。「意欲」を媒介にして両者の連続性をとらえようとするのは一つの着眼である。また，後段で「科学的思考と正しい判断」という言葉で言い換えている点も評価できる。

　また，「態度」という語をやめて「資質」に置き換えたのには，「理解」と「実践能力」との分離を補おうという意図が働いているのかも知れない。なぜなら，筆者の理解では，「資質」とは単なる「理解」に止まらず，「能力」のベイシックな部分を構成するものを指していると理解するからである。しかし，これは筆者の推測にすぎないのであって，「資質」の意味内容や「資質」と「理解」との関連について何の説明もなされていない現段階では，これ以上の検討はできない。

C. 実用主義的学力観

　前回の学習指導要領改訂は，学校週5日制に向けての授業時間数の削減に対応して，内容を縮減することが強く意図された改訂であったが，文部省の解説では，保健の内容の「厳選」は次のような観点から行ったと説明している。すなわち，小学校では「身近な生活における健康・安全に関する理解を図ることを重視して」内容の改善を行い，中学校では「主として個人生活における健康・安全に関する事項を健康の保持増進のための実践力の育成に必要な基礎的事項に厳選し」たという（傍点筆者）。いずれも「内容改善」や「厳選」の視点として，「身近な生活における」とか「個人生活における」といった限定をかけている。これは今次改訂も踏襲された。

　じつは，この視点は近年打ち出されたものではなく，第二次世界大戦後の学習指導要領が一貫して持ち続けてきたものである。例えば，1989年の改訂では，小学校では「身近な生活における健康の保持増進に必要な基礎的な知識の習得に重点をおいて」，中学校では「個人生活における健康・安全に関する事項に重点をおいて」内容改善を図ったとしていたし，その前の1977年〜78年の改訂でも，「身近な生活における」（小学校）と「生活を営むために必要な」（中学校）が内容選択の視点に据えられていた。さらにさ

3. 保健授業の教育内容と教材づくり

かのぼって，第二次世界大戦後初期に出された前出の二つの『実施要領』に示された「健康教育の目標」には，「健康生活に必要な」「生活を実践できる」（小学校版）とか，「生活をするために必要な」（中等学校版）習慣や態度の育成がうたわれ，そのための「教材選択の基準」として「健康生活上望ましい習慣・態度・知識・技能を発達させるのに適した教材であること」や「安全生活に役立つ教材であること」などがあげられていた。この視点は，その後の学習指導要領の内容選択の基準として継承され，先にみたように現行までずっと受け継がれてきているものである。

このように，第二次世界大戦後の保健科教育が一貫してもち続けてきたのは，日常生活上の個人的必要に供する知識や技能の習得（＝身辺処理的学力の形成）という，きわめて実用主義的な学力観であるということができる。

D. 社会科学的認識を軽視した学力観

こうした伝統的な身辺処理的・実用主義的学力観は，保健科の内容を「子どもたちにとって身近なもの」という基準で選択させるため，子どもたちにとってあまり身近でない社会的な問題（内容）は，極力避けるという傾向を生んだ。それが保健科の教科書に簡易医学版的な知識が盛られるという伝統を生んだといってよい。また，それは結果として，健康についての社会科学的認識を育てるという視点の欠落（ないしは意識的に避ける）という保健科教育の伝統的な体質を生み出したともいえる。

例えば，現実の日本の社会で起こっている健康問題の中で，社会との関わりで学習しなければ十分理解できない内容――交通事故，環境問題，労働災害，医療問題など――については，その内容の扱いを問題の現象や実態の自然科学的なレベルに限定して，その問題の社会的側面や問題発生の社会的メカニズムについては，極力，学習の対象からはずしてきた。

また，1977～78（昭和52～53）年の学習指導要領改訂では，先に紹介したような内容選択の視点に基づいて編成されたため，小学校では子どもたちの身辺上の問題に限られ，あまり身近でない「社会と健康」といった内容は中学校へ移され，中学校では日常の環境や生活に関わる内容が大部分を占め，「公害と健康」「職業病」「国民の健康（の大部分）」といった社会的な問題は高校へ移され，それが前回と今回の改訂に引き継がれてきている。しか

も現行では，先に引用したように「個人生活における健康・安全に関する事項」の中からさらに「実践力の育成に必要な基礎的事項に厳選」したというから，いっそうその特徴を強めたということができる。

このように，健康についての社会科学的認識を軽視した「保健科の学力」観も，学習指導要領の伝統であるということができる。

❷学習指導要領の内容構成

学習指導要領のこのような学力観は，当然その教育内容の編成に表れる。ここでは，こうした学力観に基づいて編成されている保健科の内容（構成）を検討することにしたい。それは，学習指導要領が保健科の学力の内実をどうとらえているかを分析することであり，同時に学習指導要領の保健観（保健教養観）を問うことでもある。

A. 内容構成の変遷

保健科の学習指導要領の領域構成の変遷は，表3-1の通りである。第二次世界大戦後の学習指導要領の変遷の過程で，こんにちの保健科の領域構成の「原型がほぼできあがった」[7]とみられる1956（昭和31）年の改訂時のものから，改訂ごとの領域構成の変遷をみると，若干の項目の統合や整理を経ながら，しだいに基本的な骨格がつくられてきていることがわかる。

1977〜78（昭和52〜53）年の改訂では，「ゆとりと充実」の旗印のもとに，大幅な精選が行われたこともあって，小・中・高校における内容の重複を極端に避けて，項目がずいぶん整理された。次の1989（平成元）年改訂でも小・中学校の内容構成がほぼ踏襲され，この段階までの小・中・高校の項目をあわせて整理すると，次のような項目が洗いだされる。

①心身の機能と発達　　④傷害の防止　　⑦集団の健康
②健康と環境　　　　　⑤疾病の予防
③健康と生活　　　　　⑥職業と健康

（全体を7項目にしたことと，その配列の順序は，筆者なりの解釈による）

学習指導要領の領域構成の変遷につなげてこの構成をみると，第二次世界

3. 保健授業の教育内容と教材づくり

表3-1　第二次世界大戦後の学習指導要領における保健科の内容変遷

	学校体育指導要綱 1947（S22）年	小学校保健計画実施要領 1951（S26）年		小学校学習指導要領 1958年
小学校	・身体の清潔 ・衣食住の衛生 ・休養・睡眠 ・皮膚の摩擦 ・姿勢 ・身体の測定 ・病気の予防 ・傷害の防止 ・看護法及び救急処置 　（4,5,6年）	・身体の成長および発達 ・食物と健康 ・日光と新鮮な空気 ・清潔 ・休養・睡眠 ・運動 ・歯・目・耳の衛生 ・姿勢 ・安全と救急処置 ・病気の予防 ・肺臓・心臓・胃腸の機能 ・社会の健康 ・精神衛生		第5学年 ・健康な生活 ・身体の発育状態や健康状態 第6学年 ・病気の予防 ・傷害の防止
	学校体育指導要綱 1947（S22）年	中等学校保健計画実施要領 1949（S24）年	初・中等教育局長通達 1956（S31）年	中学校学習指導要領 1958年
中学校	・衣食住の衛生 ・皮膚の摩擦 ・姿勢 ・身体の測定 ・病気の予防 ・社会生活の衛生 ・看護法及び救急処置 ・精神衛生	・健康とその重要性 ・生活体 ・特殊感覚器官とその衛生 ・骨かくとその衛生 ・筋肉とその衛生 ・呼吸、循環、内分泌とその衛生 ・神経系統と精神衛生 ・食物と健康	・中学校生徒の生活と健康 ・中学校生徒の保健活動 ・心身の発達 ・安全な生活 ・病気とその予防 ・健康と学習や仕事 ・健康な身体や精神と生活 ・国民の健康	・傷害の防止 ・環境の衛生 ・心身の発達と栄養 ・疲労と作業の能率 ・病気の予防 ・精神衛生 ・国民の健康
	学校体育指導要綱 1947（S22）年	・容姿と健康 ・成熟期への到達 ・救急処置と安全 ・健康と社会 ・健康と職業	高等学校学習指導要領 1956（S31）年	1960年改訂
高等学校	・衣食住の衛生 ・姿勢 ・身体の測定 ・病気の予防 ・社会生活の衛生 ・精神衛生 ・性教育		・高等学校生徒の生活と健康 ・高等学校生徒の生活と健康障害 ・精神とその衛生 ・疾病・傷害・中毒とその治療および予防 ・健康と生活活動 ・公衆衛生 ・労働と健康 ・国民生活と国民保健 ・健康の本質	・人体の生理 ・人体の病理 ・精神衛生 ・労働と健康・安全 ・公衆衛生

1. 保健科の学力と教育内容

小学校学習指導要領 1968年改訂	1977年改訂	1989年改訂	1998年改訂	2008年改訂
第5学年 ・心身についての理解 ・健康な生活 ・目・耳・歯の障害と予防 第6学年 ・かかりやすい病気と予防 ・けがの種類と防止 ・学校生活と健康	第5学年 ・体の発育 ・けがの防止 第6学年 ・病気の予防 ・健康な生活	第5, 6学年 ・体の発育と心の発達 ・けがの防止 ・病気の予防 ・健康な生活	第3, 4学年 ・健康によい生活 ・体の発育・発達 第5, 6学年 ・けがの防止 ・心の健康 ・病気の予防	第3, 4学年 ・健康によい生活 ・体の発育・発達 第5, 6学年 ・心の健康 ・けがの防止 ・病気の予防
中学校学習指導要領 1969年改訂	1977年改訂	1989年改訂	1998年改訂	2008年改訂
・健康と身体の発達 ・環境の衛生 ・生活の安全 ・健康な生活の設計と栄養 ・病気とその予防 ・精神の健康 ・国民の健康	・心身の発達 ・健康と環境 ・傷害の防止と疾病の予防 ・健康と生活	・心身の機能の発達と心の健康 ・健康と環境 ・傷害の防止 ・疾病の予防 ・健康と生活	・心身の機能の発達と心の健康 ・健康と環境 ・傷害の防止 ・健康な生活と疾病の予防	・心身の機能の発達と心の健康 ・健康と環境 ・傷害の防止 ・健康な生活と疾病の予防
高等学校学習指導要領 1970年改訂	1978年改訂	1989年改訂	1999年改訂	2009年改訂
・健康と身体の機能 ・精神の健康 ・疾病とその予防 ・事故災害とその防止 ・生活と健康 ・国民の健康	・心身の機能 ・健康と環境 ・職業と健康 ・集団の健康	・現代社会と健康 ・環境と健康 ・生涯を通じる健康 ・集団の健康	・現代社会と健康 ・生涯を通じる健康 ・社会生活と健康	・現代社会と健康 ・生涯を通じる健康 ・社会生活と健康

3. 保健授業の教育内容と教材づくり

大戦後,試行錯誤しながら教科内容を模索し,徐々にではあるが洗練させてきた,それなりの到達点であるということができる。ただし,高校の学習指導要領は,1989年の改訂以来,「現代社会と健康」「生涯を通じる健康」「社会生活と健康」といった新たな領域カテゴリーをつくり出しており,領域構成の原理に変化の兆しがみえている(というより,模索が始まっていると言ったほうがふさわしい)。この点については,後ほど検討する。

B. 内容構成の原理

さて,それではこの内容構成は,どのような考え方で構成されているのであろうか。その考え方の原理(内容構成の原理)をみることにしたい。

じつは,この7領域は,次の二つの原理の組み合わせによって構成されているとみることができる。すなわちそれは,健康成立の3要因(主体・環境・行動)に基づく項目立てと,個人の生活空間の同心円的拡大(個人→家庭・学校→職場・社会)による配列によって構成されているのである。

1968~70(昭和43~45)年の改訂の折に,文部省の保健科の教科調査官をしていた植村肇は,改訂された学習指導要領の中学校の内容構成について,図3-1のような構成図を示しながら,次のように説明している[8]。「内容上の系統についていろいろな考え方がある。…中略…しかし,保健学習では前述の目標の考え方から,個人→集団という系統と,さらに個人については,主体→環境→生活行動といった系統を考えている」。

また,同時期(1970年)に改訂された高校の内容構成の説明にあたって,当時教科調査官をしていた能見光房が用いた図も,ほぼ同じような考え方に基づいている(図3-2)。

この考え方は,1989(平成元)年改訂以降の高校を除いて,小・中学校の今次改訂のものまで,基本的な骨組みは変わっておらず,構成の原理は踏襲されているとみてよい。それは,教科調査官の吉田瑩一郎が1977(昭和52)年改訂の小学校の内容構成を説明した図3-3を見てもうなづける。

じつは,この原理は,最近の内容構成に初めてでてきたものではない。個人→社会という同心円的拡大による配列は,1947(昭和22)年の『学校体育指導要綱』以来,一貫して学習指導要領の系統性の原理となっている。また,主体・環境・行動の3要因に基づく項目立ては,『実施要領』の内容構

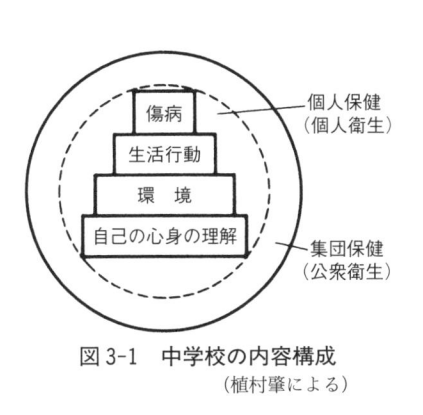

1. 保健科の学力と教育内容

図 3-1　中学校の内容構成
(植村肇による)

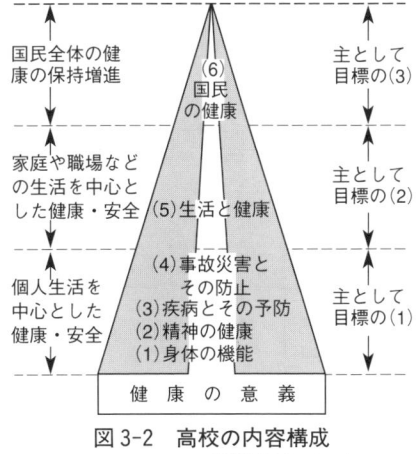

図 3-2　高校の内容構成
(能美光房による)

図 3-3　小学校の内容構成
(吉田瑩一郎『健康と体力』
1978年2月号より)

成に対する考え方の基本にあったものである[9]。このように，学習指導要領の改訂のたびに項目が整理されてくる過程で，しだいにこの構成原理に収斂されてきたということができる。

C. 学習指導要領の保健観

以上，学習指導要領の内容構成とその構成原理をみてきたが，これらに，学習指導要領のもつ保健観がそれなりに示されているように思われる。表3-2は，学習指導要領に示された小・中・高校にわたる保健科の内容を，前出の7領域に収めたものである。いわばこの全体が学習指導要領なりの「保健の認識の体系」であり，その全体を構成する原理となっている主体・環境・行動の3要因による健康成立のとらえ方は，その認識の体系を支える「健康把握の方法」ということになろう。

保健の認識の体系は，ほぼ次のような構成になっている。すなわち，①〜③領域では，健康成立の3要因（主体・環境・行動）のそれぞれについての認識が整理され，④⑤領域でその要素のからまり合いで生じる傷害や疾病についての認識，⑥⑦領域で労働過程と集団（社会的）過程における健康維

3. 保健授業の教育内容と教材づくり

表 3-2　学習指導要領の内容構成　　　　(小・中 2008 年，高 2009 年)

	小　学　校	中　学　校	高 等 学 校
① 心身の機能 と発達	(4年) ・体の発育・発達 　(体の発育，二次性徴， 　異性への関心) (5年) ・心の健康 　(心の発達，心と体の関 　係，不安や悩み)	1) 心身の機能の発達と 心の健康 (身体機能の発達,生殖 機能の成熟,精神機能 の発達,欲求・ストレ スへの対処)	1) 現代社会と健康 (精神の健康)
② 環境と健康	(3年) ・健康によい生活 　(明るさや換気)	2) 健康と環境 (適応能力，温度・湿 度・明るさ，水・空気， 廃棄物の処理)	3) 社会生活と健康 (環境と健康,環境と食 品の保健)
③ 生活と健康	(3年) ・健康によい生活 　(食事・運動・休養・睡 　眠，体の清潔)	4) 健康な生活 (健康の成立，食事・運 動・休養・睡眠，喫煙・ 飲酒・薬物)	1) 現代社会と健康 (喫煙，飲酒，薬物) 2) 生涯を通じる健康 (生涯における健康)
④ 傷害の防止	(5年) ・けがの防止 　(交通事故,学校生活の 　事故，けがの手当)	3) 傷害の防止 (傷害の発生要因とそ の防止，応急手当)	1) 現代社会と健康 (交通安全，応急手当)
⑤ 疾病の予防	(6年) ・病気の予防 　(病気の起こり方,感染 　症，生活習慣病，飲 　酒・喫煙・薬物乱用)	4) 疾病の予防 (感染症の原因と予防， 生活習慣病の予防)	1) 現代社会と健康 (生活習慣病の予防,感 染症の予防)
⑥ 職業と健康			3) 社会生活と健康 (労働と健康)
⑦ 集団の健康	(6年) ・地域の保健活動	4) 健康な生活 (集団の健康，保健・医 療機関の利用，医薬 品)	2) 生涯を通じる健康 (保健・医療制度，医薬 品，様々な保健活動や 対策)

持(保障)のあり方についての認識がまとめられている。要するに，この体系は，健康の成立，健康の破綻，健康の保障の三つの枠組みで構成されているとみることができる。

このような解釈があてはまるとすれば，こんにちの学習指導要領の内容構成については，少なくとも基本的枠組みは支持できる。しかし，枠組みを支持しても，その中に盛り込まれている個々の内容の扱い方とその背後(根

底）にある保健観までも支持するものではない。むしろ，ここで問題にすべきはその保健観であろう。

　例をあげれば，①〜③領域において，その柱立ての根拠になっている健康成立の条件を主体・環境・行動の3要因でとらえる方法は基本的には妥当であると考えるが，ただそれだけで健康が成立していると考えるのは不十分である。健康は，直接的にはこの3要因のからまり合いで成立しているとしても，さらにそれら全体のありようを根底で規定しているのが社会である。したがって，3要因それぞれのありようと社会との関連がとらえられないと，健康の成立条件を構造的にとらえたことにはならない。

　健康の成立をこの3要因のみでとらえる保健観は，結局，健康の個人責任原理に基づく保健観の域を出ず，教科内容もいきおい身辺処理的な個人衛生知識を盛り込むことになる。先にみたように，学習指導要領が第二次世界大戦後一貫して「身近な生活における」とか「生活に必要な」を内容選択の基準にしてきたのは，こうした保健観に支えられてきたからにほかならない。後に少し立ち入って検討するが，現行の学習指導要領ではこの傾向をいっそう強く打ち出した感があり，今後この傾向が強まれば，矮小化した健康観を醸成する，狭小な保健教育に先細りしていきかねないことを恐れる。

　こうした傾向を改めるには，それぞれの領域で扱われる内容を改善・工夫する必要がある。例えば，①の領域で体を扱う場合には，人類史的な観点からの体の理解が盛り込まれてしかるべきであるし，心身の発達についても，単に生理学的・心理学的知見だけでなく，社会変化との関わりで人間の発達をとらえた内容が必要である。また，②の「健康と環境」領域については，自然環境の汚染による健康被害とその防止といった自然科学的側面に限定するのではなく，健康破壊の社会的過程（社会科学的側面）も扱うべきである。同様なことは，③領域の「健康と生活」においてもいえる。運動・栄養・休養などについて，従来の運動生理学や栄養学の知見のみに基づくのではなく，現代社会におけるそれらの意味を問う内容が必要である。

　ちなみに，④⑤領域の傷害や疾病についても，その発生や蔓延の自然科学的プロセスだけでなく，そのプロセスを準備（規定）する社会科学的メカニズムをもあわせて教育内容とすべきである。

こうした内容をきちっと位置づけることによって初めて，保健科の内容は，健康についての自然科学的認識と社会科学的認識を統一した科学的保健観の形成に寄与することができるといえよう。

❸現行学習指導要領の特徴と問題点
A. 小学校体育科における保健

周知のように，小学校では前回の改訂で，それまで第5・6学年の体育の中に保健の内容が配置されていたものが，第3・4学年にも広げられたことが大きな変化であった。今回もこれが踏襲され，第3〜6学年まで保健の授業がなされる。時間配当も，第3〜6学年を合わせて24単位時間と変化はない。前回は体育に限らず軒並み時間が削減される中で，保健だけがわずかに増加したのであった。これは後にみるように，「心の健康」と「健康的な生活行動（基本的生活習慣）」の内容を増やしたためで，中教審答申と教課審答申における「心の教育」重視と「基本的生活習慣の指導」重視を反映したものであり，今回もそれが引き継がれているとみることができる。

前回の改訂で，第3・4学年に第5・6学年で扱われていた内容の一部（「健康によい生活の仕方」「体の発育・発達」など）を下ろし，第5・6学年に「けがの手当て」「心と体の相関」「不安や悩みへの対処」「喫煙・飲酒・薬物乱用の防止」などが追加された（図3-4参照）。しかし，これにはいくつかの問題があった。

一つは，「体は，思春期になると次第に大人の体に近づき，体つきが変わったり，初経，精通などが起こったりすること。また，異性への関心が芽生えること」の扱いである。これは明らかに二次性徴の内容であるが，指導要領はこれを4学年に当てている。しかし，4年生ではほとんどの子どもたちにとって実感できない内容であり，指導困難が目に見えている。「異性への関心が芽生えること」などになると，いっそうピンと来ない子が多いに違いない。むしろ4年生では，「体の発育・発達と食事・運動・睡眠」と5年生で扱うことになっている「けがの防止」のほうが適切であろう。

いま一つの問題は，6学年で扱うことになっている「病気の予防」の中の生活習慣病のところに「喫煙，飲酒，薬物乱用」を位置づけて扱っている点

1. 保健科の学力と教育内容

1989年改訂	1998年改訂	2008年改訂
	（第3，4学年） (1) 健康によい生活の仕方 　・食事，運動，休養・睡眠 　・清潔，環境 (2) 体の発育・発達 　・体の発育・発達 　・思春期の体の変化，異性への関心の芽生え	（第3，4学年） (1) 健康の大切さ，健康によい生活 　・健康の要因 　・調和のとれた生活，清潔 　・環境 (2) 体の発育・発達 　・体の発育・発達 　・思春期の体の変化，異性への関心の芽生え 　・食事，運動，休養・睡眠
（第5，6学年） (1) 体の発育と心の発達 　・体の発育 　・心の発達 (2) けがの防止 　・安全な行動 　・安全な環境の整備 (3) 病気の予防 　・感染症の予防 　・生活行動・環境が要因となって起こる病気 (4) 健康な生活 　・運動，休養，睡眠，食事 　・水・空気・日光 　・個人の健康と集団の健康	（第5，6学年） (1) けがの防止 　・交通事故，学校生活の事故 　・けがの手当て（新設） (2) 心の健康 　・心の発達 　・心と体（新設） 　・不安や悩みへの対処（新設） (3) 病気の予防 　・病気の起こりかた 　・感染症の予防 　・生活習慣病の予防，飲酒・喫煙・薬物乱用の防止（新設） ――――――（削除）――――――	（第5，6学年） (1) 心の健康 　・心の発達 　・心と体 　・不安や悩みへの対処 (2) けがの防止 　・交通事故，身の回りの事故 　・けがの手当て (3) 病気の予防 　・病気の起こりかた 　・感染症の予防 　・生活習慣病の予防 　・喫煙，飲酒，薬物乱用 　・地域の保健活動（新設）

図 3-4　小学校学習指導要領・体育科保健分野の内容構成の変化(1989 年→ 2008 年)

である。喫煙，飲酒などは確かに生活習慣病の要因となるが，これら三つは「生活習慣病」の学習内容とはかなり異なる性格と問題の背景をもっており，むしろ「生活と健康」といった領域に位置づけた方が論理的には座りがよいし，学習としてのまとまりがある。

　ところで今回復活した部分がある。それは，前回，「健康の保持増進には，個人の努力とともに，家庭，学校などの努力も必要であること」という内容が削られて，健康についての社会的内容が小学校の保健から完全に消失してしまったのであるが，今回，「地域では保健にかかわる様々な活動が行われていること」という内容が付加された。

　以上の改訂内容をみると，保健を第 3 学年まで広げて配当したことは改善といえるが，内容の配列が必ずしも発達段階や内容の論理的体系性の点でや

や難点を抱えているといえる。また，選択された内容が，基本的な生活習慣，悩み・不安への対処の仕方，喫煙・飲酒・薬物乱用などの追加にみられるように，個人の生活のしかた・行動のしかたに重点が置かれ，一部で社会的内容が回復したものの，全体が健康の個人責任を強調する内容に偏っているといわざるを得ない。

B. 中学校保健体育科における保健分野

　中学校では，保健分野への時間配当は，前回改訂で３年間でそれまでの55時間から48時間に削減され，今回もそのままである。

　保健の目標では，「個人生活における健康・安全に関する理解」（傍点筆者）と扱う内容の範囲を限定し，「自らの健康を適切に管理し，改善していく資質や能力を育てる」として，相変わらず健康の自己管理能力の形成に目標を限定している。この目標限定は，少なくとも前回の改訂まではみられなかったものであり，前回から中学校の保健科の性格（小学校と同じように健康の個人責任を強調する保健教育観）をより鮮明に打ち出したものであった。もちろん，この目標は後にみるように内容編成を強く規定している。

　内容構成では，前回は時間数の削減に対応するため，いたるところでそれまでの内容項目どうしを結合して一つにまとめているのが特徴であった（図3-5参照）。結合されたものの中には合理的なものもあるが，小学校と同様にかなり無理な結合も含まれている。例えば，「(4)疾病の予防」と「(5)健康と生活」をあわせて「(4)健康な生活と疾病の予防」としたが，その内容構成にはかなり無理がある。「健康と生活」で扱う内容と「疾病の予防」で扱う内容は，学習内容としてかなり性格を異にする。前者は，健康は生活の中でどのように維持・増進されるのかを認識し，その方法を学ぶ内容で構成されるが，後者は，疾病がどのようにして起こり，また予防できるのかについて学習することが主要な内容となる。両者は認識すべき内容の原理が全く異なっているのである。

　前回の無理な結合は，現行の学習指導要領で若干修正（小項目間での修正）されたが，依然として次のような問題をもっている。「健康な生活と疾病の予防」領域では，次のような記述がある。

1. 保健科の学力と教育内容

1989年改訂	1998年改訂	2008年改訂
(1) 心身の機能の発達と心の健康 ・身体機能の発達と二次性徴 ・精神機能の発達 ・心の健康	(1) 心身の機能の発達と心の健康 ・身体の機能の発達 ・生殖機能の成熟 ・精神機能の発達 ・心の健康	(1) 心身の機能の発達と心の健康 ・身体の機能の発達 ・生殖機能の成熟 ・精神機能の発達 ・心の健康 ・心身の相関
(2) 健康と環境 ・適応能力 ・至適範囲,許容濃度 ・水の浄化と確保 ・廃棄物の処理	(2) 健康と環境 ・適応能力,至適範囲 ・飲料水と空気の衛生管理 ・廃棄物の処理	(2) 健康と環境 ・適応能力,至適範囲 ・飲料水と空気の衛生管理 ・廃棄物の処理
(3) 傷害の防止 ・傷害の要因と防止 ・交通事故の防止 ・疾病の悪化防止（応急処置）	(3) 傷害の防止 ・自然災害や交通事故 ・応急手当	(3) 傷害の防止 ・交通事故や自然災害 ・交通事故の防止 ・応急手当
(4) 疾病の予防 ・疾病の要因と予防 ・喫煙・飲酒・薬物乱用の防止 ・疾病の悪化防止　　（削除）	(4) 健康な生活と疾病の予防 ・健康の成立要因と疾病の発生要因 ・食事・運動・休養・睡眠,生活習慣の乱れと健康阻害 ・喫煙・飲酒・薬物乱用の防止 ・感染症の予防　　（新設） ・個人の健康と集団の健康	(4) 健康な生活と疾病の予防 ・健康の成立要因と疾病の発生要因 ・食事・運動・休養・睡眠,生活習慣の乱れと健康阻害 ・喫煙・飲酒・薬物乱用の防止 ・感染症の予防 ・保健医療機関や医薬品 ・健康維持のための社会の取組
(5) 健康と生活 ・健康と運動 ・健康と栄養 ・疲労と休養　　（一部削除） ・個人の健康と集団の健康		

図 3-5　中学校学習指導要領・体育科保健分野の内容構成の変化(1989年→2008年)

「ア　健康は，主体と環境の相互作用の下に成り立っていること。また，疾病は主体の要因と環境の要因がかかわりあって発生すること」(傍点筆者)。

　前者は健康成立の最も基本的な原理を説明しており，後者は疾病発生の要因構造を説明した概念である。この二つは，いずれも保健の内容を支える最も基本的な概念であるが，両者はそれぞれ異なる科学的内容（学習されるべき内容）を包摂するものであり，「また」という一語でさらりとつなげられるようなものではない。

　また次の項目も，性格を異にする内容が「また」という語でつなぎ合わされ，あたかも一つのまとまりをもった内容であるかのように表現されている。

3. 保健授業の教育内容と教材づくり

「イ　健康の保持増進には，年齢，生活環境等に応じた食事，運動，休養及び睡眠の調和のとれた生活が必要なこと。また，食事の質や量の偏り，運動不足，休養や睡眠の不足などの生活習慣の乱れは，健康を損なう原因となること。」

前半は従来の「健康と生活」で扱われていた内容であり，後半は「疾病の予防」の中の生活習慣病の予防で扱われる内容である。両者はこのようにつないで表現されると，一見同じような内容が扱われるように思われるが，到達されるべき概念とその内実としての認識内容にはかなりの開きと違いがある。前者では健康的な生活のしかたの原理とその具体的な方法が学習され，後者では生活習慣病と呼ばれる主要な疾病についての認識と予防の方法について学習される必要がある。これを，共通項があるからといって安易につないで一つにまとめると，その内容構成はかなり難しくなる。

そればかりではない，この第4領域は先の2項目に加えてあと4項目示されているが，その6項目が全体として何ら体系性をもっていない点も理解に苦しむ。6項目の内容を要約的に表現して並べると次の通りである。

　ア　健康の成立要因と疾病の発生要因
　イ　食事・運動・休養・睡眠，生活習慣の乱れと健康破綻
　ウ　喫煙・飲酒・薬物乱用の防止
　エ　感染症の予防
　オ　保健医療機関・医薬品の利用
　カ　健康維持のための社会の取組

これが「健康な生活と疾病の予防」領域の項目構成ということになるが，なんら体系性をもっていないことは一目瞭然である。

最後に，中学校も小学校と同様に，生活習慣，喫煙・飲酒・薬物乱用，ストレスへの対処などの扱いに重点を置いて，個人の生活行動の重視の内容に傾斜した編成になっている。しかも他方で，現行にあった「集団の健康」に関わる保健・医療活動などの社会的内容を削除し，「保健・医療施設の利用の仕方」といった消費者保健的内容に置き換えている点も問題である。

1. 保健科の学力と教育内容

1989年改訂	1999年改訂	2009年改訂
(1)現代社会と健康 ・健康の考え方 ・生活行動と健康 ・精神の健康 ・交通安全 ・応急処置 (2)環境と健康 ・環境の汚染と健康 ・環境の調和と健康 (3)生涯を通じる健康 ・家庭生活と健康 ・職業と健康 (4)集団の健康 ・疾病の予防活動 ・環境衛生活動と食品衛生活動 ・保健・医療の制度	(1)現代社会と健康 ・健康の考え方 ・健康の保持増進と疾病の予防 ・精神の健康 ・交通安全 ・応急手当 (2)生涯を通じる健康 ・生涯の各段階における健康 ・保健・医療制度及び地域の保健・医療機関 (3)社会生活と健康 ・環境と健康 ・環境と食品の健康 ・労働と健康	(1)現代社会と健康 ・健康の考え方 ・健康の保持増進と疾病の予防 ・精神の健康 ・交通安全 ・応急手当 (2)生涯を通じる健康 ・生涯の各段階における健康 ・保健・医療制度及び地域の保健・医療機関 ・様々な保健活動や対策 (3)社会生活と健康 ・環境と健康 ・環境と食品の保健 ・労働と健康

図3-6　高等学校学習指導要領・体育科保健分野の内容構成の変化(1989年→2009年)

以上のように，中学校でも，提示された目標と内容が個人生活に関わる内容に限定されており，健康の問題を社会的な観点から考える内容がきわめて貧弱である。その意味で，「健康の個人責任論」的な保健観に支えられた保健教育像をよりいっそう明瞭にしつつあるといえよう。

C. 高等学校の保健科

高校の改訂では，保健の目標表記に変更はなく，内容構成も，一部の内容移動（後述）と数箇所の説明付加を除いて大きな変更はない。

前回の改訂では内容構成がかなり変化した。それまでの「環境と健康」領域と「集団の健康」領域が結合されて「社会生活と健康」という領域名に変わり，全体の領域構成が4領域から3領域に統合再編された（図3-6参照）。前回の改訂時に，筆者は，この3領域構成（①現代社会と健康，②生涯を通じる健康，③社会生活と健康）は高校の保健科の内容として，はなはだ体系性に欠けると指摘したが，今回もこの構成が踏襲された。この3つはそれぞれ次元の異なるアスペクトから現代社会における健康の問題をとらえようとする概念であり，しかもそれぞれの範疇が曖昧なため，何でも入れられる容器のようなもので，領域区分の名称としてははなはだ不適切なものである。

3. 保健授業の教育内容と教材づくり

その証拠に，それまでは「生涯を通じる健康」領域に位置づけられていた「職業と健康」項目が，前回の改訂以来，「労働と健康」として「①社会生活と健康」領域に組み入れられている。他方，「生涯を通じる健康」領域に組み入れられている「保健・医療制度及び地域の保健・医療機関」の項目は，もともと「集団の健康」領域に位置づけられていたもので，本来ならば「③社会生活と健康」領域に位置づけられてもおかしくない（むしろその方が自然な）ものである。

さらに現行学習指導要領は，前回「①現代社会と健康」領域で扱われることになっていた「医薬品の正しい使用」と「様々な保健活動や対策」が，いずれも「②生涯を通じる健康」領域に移された。前回の位置では据わりが悪いということでの変更であろうが，もともとこの3領域のそれぞれの範疇が曖昧なため，内容のとらえ方によってどこにでも位置づけられることになる。このように，明らかに範疇の混乱がみられるのは，学習指導要領の内容構成に体系性の論理がないことを自ら証明している。

「①現代社会と健康」領域に示されている5項目も（これは1989年の改訂で立てられた項目であるが），何ゆえこれらが「現代社会と健康」という概念でくくれるのか（換言すれば，「現代社会と健康」領域の内容構成となりうるのか）理解に苦しむ。現代社会と健康のかかわりがこの5つで的確にとらえているとはおよそいえないし，だいいち，5つの概念の抽象度のレベルが（最も抽象度の高い「ア　健康の考え方」からきわめて具体的で局部的な「オ　応急手当」まで）じつにバラバラであり，一定の学習内容の範囲を示す概念としてはあまりにも適格性を欠いている。しかも，この領域のねらいを現行学習指導要領は「…ヘルスプロモーションの考え方を生かし，人々が自らの健康を適切に管理すること及び環境を改善していくことが重要であることを理解できるようにする」としているが，この主旨からいっても，この5項目でははなはだ不十分といわざるを得ない。

なお，領域内の項目において，説明が新たに付加されたところが何箇所か（正確には，付加7箇所，付加的言い換え2箇所）あるが，その中には，「個人や社会環境への対策が必要であること」，「個人的及び社会的な対策を行うことが必要であること」，「周囲の支援や環境づくりがかかわっていること」

などというように，環境づくりや社会的対策の必要性が追記された箇所が数箇所あり，この点については改善されたといえる。

しかしながら，高校の保健科の内容は，部分的な修正はなされたものの，内容構成論の立場からみると依然として内容体系の論理が破綻しているといわざるを得ない。

D. 改訂の全体的特徴と問題点

以上の小・中・高等学校の改訂にみられる共通の特徴とその問題点をまとめると，次のような指摘ができる。

一つは，前回改訂の絶対的要請であった学校週五日制の完全実施に向けての時間数削減に対応するために，どの教科も内容の「縮減」が求められたが，保健もその例外ではなく，内容削減に四苦八苦した様子があちこちにうかがわれる。その結果，なかにはかなり無理な結合や統合がみられ，内容構成が論理性と体系性に欠けることになった。また，他方で，時間数を減らした割には内容量が減っていないばかりか，従来の内容を削減された時間の中に詰め込む結果になっており，かえって矛盾を抱えているといった印象を受ける。その結果恐れるのは，詰め込んだ分，一つひとつの扱いが概括的になり，深く突っ込んだ学習ができなくなることである。現行学習指導要領でもこの問題は解消されていない。

二つめは，扱う内容を健康に関する個人生活上の行動や生活のしかたに重点を極端に傾斜させていることである。それが小・中学校においてとくに顕著であり，ほとんどが行動主義的で身辺処理的な内容で占められている。生活習慣病などと呼ばれるようになった慢性の非感染性疾患が主要死因をなすこんにちの日本社会の疾病構造からすれば，生活のしかたや生活行動の大事さが強調されることはそれなりに意味はあるが，それがいきおい，保健教育全体を行動主義的・身辺処理的内容に傾け，結果として「健康の個人責任原理」に基づく偏った健康観を植えつけるものとなっている。

三つめは，二つめの特徴と裏腹に，健康を社会的視点からとらえる内容がきわめて貧弱なことである。今回，小学校で社会的な保健活動を扱う内容が少しばかり復活し，中学校でも社会的な取組が復活したものの保健機関などの扱いは，個々人がそれを単に利用する対象として消費者保健的な扱いにと

どめている。高校では，人々の健康や環境を維持する社会的な対策を扱うことにはなっているが，その多くは中学と同じように消費や利用の対象として扱っている。このような健康の社会的側面を軽視する傾向は，先の二つめの個々人の生活行動と健康の個人責任を強調する保健教育と符合するもののように思われるが，このような保健教育観は，保健教育の将来をますます視野のせまい偏狭なものにしていくことを恐れる。

最後に，内容構成論の立場から総括的な問題指摘をしておきたい。それは内容構成が論理性と体系性に欠けることはすでに指摘したが，この点を含め，それまで学習指導要領なりに内容体系を模索し，それなりに形作ってきた体系を，1989年の改訂から現行にかけてなし崩し的に壊し始めているという印象をもつ。しかも乱暴なことに，従来の体系に対する「批判」もなく，また新たな構成理論も示さずに没論理的に崩し始めていることに強い疑問を感じるのである。今回，内容の系統性と体系性を重視したと記しているが，根本的な改善がなされたとは到底いえない。

②小倉6領域案の学力観と内容構成

❶小倉にみる内容体系研究の足どり

小倉学は，1962（昭和37）年8月の教育科学研究会の研究集会で，保健科の内容体系案（5領域試案）を提案して以来，一貫して保健科の内容体系の確立に向けて研究的努力を続けてきた。おそらくこの分野では，内容体系を一貫して追究してきた唯一の研究者であるといってよい。

氏の内容体系研究の足どりは，概ね次のようにとらえることができる。

まず，先述のように，1962年8月に教育科学研究会の研究集会で「5領域試案」を提案する。その提案内容[10]とその後の研究経過からみて，これによって氏なりの内容体系案の骨格と体系編成の原理が定立したとみてよい（この点については後に検討する）。この案は，氏自身の説明によれば，その数年前から進めてきていた「保健認識の発達に関する研究[11]」を進める必要から生み出されたものである。

その後，この5領域構成に基づいて，各領域ごとの基本教材や教材構造を

1. 保健科の学力と教育内容

明らかにするための研究が，主として共同作業の形で進められる[12]。この間は，いわば定立された内容体系の骨格と編成原理に基づいて，各領域の基本教材と編成視点が追究された時期ということができる。

ついで1974（昭和49）年11月に，5領域案を6領域に修正した（根本的・原理的変化はない）内容案を提示する[13]。ここでは各領域に盛られるべき内容を概念化して押さえ，各領域の内容構成をさらに具体化している。このころから氏は，この6領域案をもとにして，山梨県の小・中学校の教師たちとの共同で，授業を通した教材化の作業を進めていく。これらの成果は，小学校版と中学校版にそれぞれまとめられて1980年前後に公表されている[14]。これらはいわば，小・中学校保健教育課程案の実践的編成ということができ，小倉の内容体系案の小・中学校段階における一つの完成形をなしている。

❷小倉にみる保健科の学力観

ところで，小倉の保健科教育研究への貢献は，もちろん内容研究のみにあるのではない。保健科教育論全体の理論的深化に果たした役割は決して小さくない。ことに，1950年代末から70年代にかけての氏の理論的研究が，「保健科教育は子どもに何を育てるべきか」という目標観の形成に重要な貢献をしたということができる。

1958（昭和33）年6月，氏は，『教育』誌上の論文「健康教育への提案」で，当時の健康教育の低調とその理論的研究の貧困を指摘し，保健教育の内容に関わって，「生命尊重に関する歴史的認識」を確かにする内容，「集団の健康に対する社会科学的認識」を育てる内容，現実の日本の「国民保健の課題」に沿った内容を盛り込むことの必要を提起した。この提案は，恐らく保健教育史上で，健康についての科学的認識を育てるという目標観を明瞭にした最初のものであろう。しかも，このときすでに，その育てるべき認識の中身として，上述のように「健康についての社会科学的認識」を明確に提起していたのである。

続いて1962（昭和37）年，岩波の現代教育学講座第14巻『身体と教育』において，より精緻に保健教育論を説く。そこで氏は，保健科は「自然科学

と社会科学との統一的認識を発達させる教科としての性格をもつ」ことを明言し，保健教育の目標を「保健科の科学的認識を発達させ……実践的能力（別の箇所で問題解決的実践能力ともいう）を身につけさせることをめざす」ものであるとしている。なお，氏はこの目標を必ずしも教科保健に限定していないようにも思われるが，文脈からは保健科を対象にして論じていることは明らかである。さらに注目すべきことは，「保健教育は健康生活のための教育である。したがって，たとえどんなに保健的知識があっても，それが実生活において活用されなければその教育は無意味である」と，あえてそれまでの経験主義的な保健教育論と同じ表現をとりながら，それを「だから態度や行動のしつけや習慣形成を」というところに短絡させないで，目標論をさらに深めることによって，学力形成の課題としてひきとろうとしていることである。

先の引用文に続けて，氏は次のようにいう。

「しかし，客観的に裏づけられない主観的・経験的行動によっては真の問題解決は望めない。……中略……保健の問題解決能力は保健の法則や概念を駆使して判断し実践する能力であって，客観的知識の系統的習得に伴って発達するものである。もちろん，知識の教授においても生活に活用すべき原理を教え，また活用できるように配慮して教えることが必要となる」。

また，氏は「保健教育は生活に適応するだけでなく，科学と国民生活の落差ないし断層を埋める生活変革の役割をおびている」とも言っている。要するに，氏は，保健科は単に生活に適応するためだけの学力でなく，生活変革の学力を育てるものでなければならないこと，そしてそのためにこそ，保健の科学的（自然科学的・社会科学的）認識と現実の健康問題に立ち向かえるような実践的能力を育てることが必要である，と説いているのである。

このように，小倉は，1960年前後より，すでに明確な学力形成の課題をもった保健教育論を論じていたのであった。なお，ここに打ち出された目標観（学力観）は1970年代以降も基本的には変わっていない。例えば，1974年に出された『現代教科教育学大系第8巻・健康と運動』，および1981年の

『中学校保健教育の計画と実践』などにおいても、「適応能力や実践的能力を認識に含めるならば、保健の主たる目標は『保健の科学的認識の発達』であるといってもよい」としている。

❸内容構成

小倉の「5領域試案」は、次のような構成をとっている。

①人体の構造と機能
②環境と健康
③疾病・傷害の予防
④労働と健康
⑤集団の健康（公衆衛生）
（1970年代以降は、第3領域を「疾病予防」と「安全（災害防止）」とに分けて、6領域構成となっている）

　この体系案は、これまで触れてきたことで十分察せられるように、また氏自身も述べているように、「保健の科学を教える」という基本的立場に立って構想されたものである。
　氏はこの点を次のように説明している。
　「この試案は、保健教育の内容は医学に負うところが大きいけれども、疾病の診断・治療の医学とは観点を異にし、疾病予防、健康の保持増進を主眼とする保健の科学ないし保健学ともいうべき科学の成果を基本とすべきだという立場から構成が試みられた[15]」
　「保健の科学」とは、上記の引用からもわかるように、医学（ことに臨床医学）との区別を意識して用いられており、それまでの疾病の診断と治療を中心にした医学の内容に基づくのではなく、むしろ予防医学や保健学の思考の枠組み（方法と内容）に基づいて構想しようとしていることがわかる。その体系構想の理論的基礎となっているのは、これも周知のことであるが、「健康の成立要因　逆にいえば疾病の発生・流行の要因に関する疫学理論[16]」である。すなわち、健康の成立要因を主体と病因と環境の3要因でと

らえ，その3要因間の均衡が保たれることによって健康が維持されるという疫学理論に基づいて，領域の柱立てが構想されたものであるという。
　これを氏の説明を借りながら，5領域案に即して解説すると次のようになる[17]。

　①人体の構造と機能──3要因の中の宿主としての人間について学ばせる。
　②環境と健康──環境の衛生と安全について学ばせる。環境と人間の相互作用の統一的な把握が基本となる。
　③疾病・傷害の予防──宿主・病因・環境あるいは宿主と環境の平衡失調として起こる疾病・傷害の予防について学ばせる。
　④労働と健康──①〜③領域を前提として，④領域が設定される。人間の生活は生産労働を離れては考えられない。
　⑤集団の健康──健康成立の3要因構造を基礎として，集団の健康とそれを規定する自然的・社会文化的・政治的経済的条件の関係を学ばせる。①〜④の諸領域の総合的領域である。集団ないし社会の健康という視覚が貫かれ自然科学と社会科学の統合が図れる。

　なお，氏は，①〜③はどちらかといえば基礎的な教材，④⑤は応用的・総合的な教材という説明も加えている。

③ その他の体系案にみる内容編成

　先に検討した小倉の体系案以降，こんにちまでに公表された体系案がいくつかあるが，中でも内容を一応体系的に提示されているものを取り上げ，その内容構成を検討してみたい。ただし，これらは先の2点（学習指導要領，小倉6領域案）に比して，体系案の論拠についての説明が不足していたり，対象の学校段階が限られているなど，若干の不十分さをもっているので，内容案の紹介と簡単な検討に止める。

❶日教組・中央教育課程検討委員会の試案

この委員会は，1974（昭和49）年から2年間にわたって教育課程案の検討を重ね，1976（昭和51）年に試案を報告している。その中で保健体育の保健分野の内容として，次の案を提示している[18]。

第一階梯（小学1，2年）
  (イ)たべものの流れとそのはたらき　(ニ)睡眠
  (ロ)正しい姿勢　(ホ)からだのようす
  (ハ)皮膚を丈夫にする　(ヘ)かんたんなきずの手当て

第二階梯（小学3，4，5，6年）
  (イ)自分の健康状態　(ト)呼吸器，循環器のしくみとはたらき
  (ロ)自然環境とからだ
  (ハ)運動とからだ　(チ)脳，神経のしくみとはたらき
  (ニ)消化器のしくみとはたらき　(リ)感覚器のしくみとはたらき
  (ホ)骨，筋肉，関節のはたらき　(ヌ)応急処置
  (ヘ)発達とホルモン　(ル)病気や事故の3要因

第三階梯（中学校）
  (イ)人間の生命と身体　(ハ)病気や災害の予防および応急処置
  (ロ)環境と人間　(ニ)国民の健康と社会

第四階梯（高等学校）
  (イ)健康獲得の歴史　(ニ)精神衛生
  (ロ)公衆衛生　(ホ)性教育
  (ハ)労働衛生

以上にみるように，小学校低学年から，比較的身近な体と生活に関する内容を配置し，中・高学年では，体の仕組みと働きを軸にして組まれている。中学校では小倉5領域案に近いが，なぜか「労働と健康」領域が落とされている。高校では，やや脈略と体系性がわかりにくい5項目が示されている。
小学校低学年から学習内容を提示している点，中学と高校で歴史的・社会

的視点をもった内容が扱われている点は積極的であるが，各段階の内容構成の論拠が十分に示されていないし，全体としての体系性にも欠ける。階梯間の内容上の関連や系統性も十分に考慮されているとはいいがたい。

❷森の内容案

　森昭三も，ほぼ小倉の保健認識を育てるとする目標論を支持しながら，小学校（5・6年生）と中学校の内容を提案している[19]。

　小学校では，「小学校段階では，子ども自身のもっている現在の価値基準，関心，興味というものを出発点にして，健康に関する現象，事実を子どもの感覚を通して，リアルにとらえさせること。このことを通して，生命・健康を自ら守り育てていくという保健認識の土台をゆたかに育てたい」として，次のような項目をあげている。

　　㈤からだのしくみとはたらき
　　㈹運動，疲労，休養（睡眠）の関係と健康
　　㈧食事と健康
　　㈺からだの変調や病的症状の原因とその見つけ方
　　㈥病気の3要因とその予防
　　㈻交通事故の原因とその防止および救急処置のしかた

　中学校では，とくに「生命尊重に対する歴史的認識（正しい身体観，健康観）を育てる」こと，「健康に対する社会科学的認識を育てる」こと，「学び方を学ばせる」ことなどを正しく位置づけるべきであるとして，次のような内容を提案する。

　　㈤人間の生命と身体
　　　①人間の生命の起源と歴史
　　　②心身の相関
　　㈹環境と健康
　　　①からだの適応のしくみとその限界

②環境汚染の原因とその対策

(ハ)疾病や災害の予防および救急処置

①病気の3要因とその予防

②災害発生要因とその予防

③応急処置の理論とその実習

(ニ)労働と健康

①作業環境・条件の変化と労働者の健康

②労働者の健康を守る法や制度

(ホ)国民の健康と社会

①人類と病気のたたかいの歴史

②社会における健康を守るしくみ

森の内容案の特徴は，①小学校では，比較的身近な体や生活に関することや，病気・事故などを素材に取り上げて子どもが直観でき，実感できるところから出発して，認識を深めていこうとしていること，②中学校では，領域構成は小倉5領域に即しながら，健康についての歴史的認識・社会的認識を重視した内容を盛り込んでいること，③個々の教材は，教材要素を細分化するのではなく，それを統合する方向で教材化し，「範例ないしは典型」教材として示していること，などにある。内容構成についての詳細な説明はなされていないが，学習指導要領や小倉の内容案を視野に入れながら，森なりの内容構成の考え方に基づいて出されていることがうかがえる。

❸内海の3部6領域案

内海和雄は，1974（昭和49）年に高校での授業実践を経て編成をした，高校の内容案を提示している。それは，次のような構成になっている[20]。

Ⅰ　私たちの身体・精神の形成される過程

(1)身体・精神の進化（自然界の発展段階）

(2)人間の出産と成長（出産とそのしくみ，身体の発育・発達）

(3)人体のしくみと働き

(4)精神の発達（第二反抗期とは何か，ことばと思考）
　Ⅱ　私たちの身体・精神の破壊過程
　　(5)疾病の要因と構造
　　　①疫学の考え方　　　　　②原因の考え方
　　　③労働災害を例として　　④交通事故を例として
　Ⅲ　私たちの身体・精神の健康を守る力
　　(6)歴史のなかで
　　　①歴史の発展のなかで　②資本主義社会の例
（一部細部を省略して引用）

　この内容案の主要な特徴は，内容全体を健康の形成過程・破壊過程・守る（回復）過程の3部構成にしていること，人間の健康についての社会科学的（歴史的・社会的）認識を重く扱っていることである。なかでも，注目すべきは，この3部構成の考え方が，健康を成立・破壊・回復の3過程でとらえるという健康把握の方法に基づいている点である。これはいわば，保健科の内容体系を支える原理（内容編成の原理）を提案しているという意味で示唆的である。

❹家田らの内容体系案

　1998〜1999（平成10〜11）年にかけて『学校保健研究』において公表された家田重晴らによる日本学校保健学会の共同研究「学校健康教育の内容体系に関する検討」は，3部9系列の内容体系を提案している[21]。これは，1970年代に保健科の内容体系に関する研究が主になされて以来あまり蓄積がなかったところに最近の研究成果として公表されたことと，これまでの国内と外国（英・米）における内容体系案をレビューしたうえでそれらに対する対案として提示されている点で，注目し得るものである。ただし，この体系案は保健科教育に限定せずに学校における健康教育全体を視野に入れて構想されたものであり，これまでの体系案と対象範囲が異なっていることを念頭においてとらえる必要がある。

　3部9系列の内容体系は，次の通りである。

1. 保健科の学力と教育内容

Ⅰ 保健行動と健康
 1. 生活行動
  1)生活行動と健康問題　2)生活リズム　3)食事　4)清潔　5)運動
  6)たばこ，酒，薬物乱用，ギャンブル
 2. 心と体の健康
  1)体と心の調整　2)体と病気　3)自己や他者の尊重　4)心の悩み
 3. 健康の自己管理
  1)体の部位と器官　2)体や心の自己管理　3)生活行動の点検　4)行動の自己管理
 4. 保健医療サービス
  1)学校保健サービスの利用　2)地域保健医療サービスの利用
  3)サービス利用上の注意点　4)健康・医療情報の利用と分析
Ⅱ 健康を支える領域
 5. 環境
  1)健康に影響する環境要因　2)身近な環境の整備　3)環境問題
  4)地域環境の点検　5)生産・消費と環境保護
 6. 安全
  1)事故への対処　2)重大事故の発生と防止　3)交通事故の発生と防止
  4)災害，暴力・犯罪　5)危険・安全の評価　6)安全行動の練習
 7. 消費者
  1)製品の安全　2)意思決定の手順　3)消費関連機関・情報の利用
  5)消費者の権利と責任　6)契約とトラブル，悪質商法
 8. 社会と健康
  1)市民や市民団体の責任と活動　2)企業や国などの責任と市民の監視
  3)職業生活における健康の保障　4)社会福祉政策の評価
Ⅲ 発育・老化にかかわる領域
 9. 発育・老化と健康
  1)人の一生と命の尊さ　2)性と健康　3)発育・発達と健康問題
  4)老化と健康問題

著者らの説明によれば，この体系案は「行動科学の考え方を基本と」し，「構成の原理と教育内容の両方に，行動科学の知見を活か」して構想されたものであるという。著者らのいう行動科学とは何かの説明やその考え方に基づいて内容体系を構想すると何故この3部構成になるのかの論理的説明がないので，行動科学がこの内容体系案の構成原理となっていることの論理性が十分に伝わって来ないが，内容を一瞥すると，個々人の生活行動への影響を重視し，行動科学の成果を内容として盛り込むことを強く意識されている点は読みとれる。

　しかし，次の点を指摘しておきたい。一つは，行動科学の成果を保健教育に積極的に取り入れて健康行動自体を科学的にとらえさせようとする意図は理解できるし，重要であるが，行動科学の考え方だけで保健教育内容全体を構想するのには無理がある。なぜなら，健康と健康維持についての諸科学の成果は行動科学だけではないからであり，また，ねらいを健康行動に焦点化することによって保健教育自体を狭隘なものにしかねないからである。二つは，この3部9系列の構成自体が没論理的に提示されていることである。先に触れたように，ⅠⅡⅢの領域設定がなぜこうなるのかの論理的説明（論拠）がないし，領域ごとに立てられている各系列もカテゴリーとしての次元がマチマチで（そのためそれらを内容に具体化するとかなりの部分で重複が出てきそうである），立て方の原理が理解できない。[22]

4 保健の学力形成を保障する教育内容の編成

　これまで検討してきた学力観や内容構成の考え方を批判的に継承しつつ，保健科で育てるべき学力とそれを保障する教育内容について，若干の提案をすることにしたい[23]。

❶保健科で育てるべき能力と学力
A. こんにち求められている保健的教養
　ここでまず，こんにちの日本社会の健康現状（問題）や保健文化・制度の

現状,ならびにこれまでの保健教育の実績(目標や内容の考え方)に基づきながら,現代社会が人々に求めている保健的教養について整理しておきたい。なお,保健科で育てるべき保健的教養の基礎については,すでにⅠ-2-(2)で考察したので,それをもとに要約的に述べることにしたい。

　まず,第一に求められる保健的教養は,自分の体の状態がわかるという能力である。換言すれば,自分の体の微妙な変化や異常に気付くことができ,その状態(変化や異常)の意味がわかるということである。こうした能力は,こんにちの日本社会の疾病構造や健康問題の特徴(生活のしかた自体が健康破綻の要因を蓄積する)からすれば,ますます重要な位置を占めるようになると考えられる。そのためには,体の構造や機能だけでなく,体にみられるさまざまな現象の意味,その変化の様子,変化を感じ取る感覚(身体感覚)などについての認識や実感が育てられる必要がある。

　第二に,健康がどのように維持・破綻・回復されるかがわかるということである。すなわち,健康はどのような要因によって成立し,どのような条件のもとで維持されるか,また,それが破綻をきたすのはどのようなときか,さらに健康を回復するためにはどのような条件が整えられなければならないか,などについての認識である。この健康の3過程には,いずれも自然的条件と社会的条件の両方が関与している。したがって,ここでは健康の維持・破綻・回復に関わる自然科学と社会科学の諸知識が盛り込まれる必要がある。これが保健科の中心的な(主要な)内容をなすものである。

　第三に,健康を維持したり,回復する方法がわかり,その方法が必要に応じて使える能力である。健康を維持したり,病気を予防するうえで必要な生活のすべ,あるいは日常の傷害の処置や身体不調の回復方法などについての技術を身につけることである。これらを学校教育のなかに教材としてどれだけ取り込めるかは,これからの実践的工夫や研究に待つところが大きいが,あらためて,きちっと位置づける必要があると考える。ちなみに,ここには,健康維持・回復の方法や技術だけでなく,最近,保健教育において強調されるところの健康的な行動選択や意思決定を強めるライフスキルの形成も含まれる。先に「…必要な生活のすべ」と表現したが,これには方法や技術の他,それを駆使する主体の心理的な技能(メンタルスキル)を含んでそう

3. 保健授業の教育内容と教材づくり

呼んでいる。

　第四に，自分や集団の健康を維持したり，回復していくために必要な社会的行動がとれる能力である。そのためには，第二で述べた健康の3過程についての社会科学的認識をもっていることが前提となるが，さらにいかなる人も，またいかなる場合においても，人命と健康が守られなければならないという生命の尊厳と健康の権利を尊重する意識が醸成される必要がある。加えて，そのために必要な社会的行動をとろうとする意識の醸成も必要である。

B. 保健的能力と学力

　ところで，こうした能力は必ずしもすべて学力として保障されるものではない。そこで，保健的能力と保健の学力との関連について若干の整理をして，学力保障の範囲をはっきりさせておこう。

　保健的能力を最も抽象的に表現すれば，健康の維持ないし獲得のために発揮されるべき人間の諸能力の総体である。したがって，これを端的に"健康に生きる力"と言い換えてもよい。この能力は，次の3つのレベルに整理することができる。

　1つは生物的なレベルの能力である。すなわち，体がもっている生理的な機能としての健康維持能力である。2つめは文化的能力。健康と健康維持についての認識や認識能力および技能である。これが保健的能力の中心的な位置を占める。3つめは社会的能力である。これを保健の自治能力と呼んでもよい。健康を社会的に守っていくための自治意識や権利意識，必要に応じての行動能力などを含んでいる。

　ところで，人間の能力をこのように整理して理解しても，能力自体は実態のはっきりしないものであり，それは言動に表出された"できばえ"でしかとらえることができない（ただし，意思でコントロールできない生理的機能を除く）。能力をこのできばえ（できるというレベル）でとらえると，能力は次の4つのレベルに整理される。保健的能力もこの4つのレベルにまたがっている。

　　ⅰ）生理的機能のレベル
　　　　抵抗力，環境適応能力，感覚機能など

ⅱ）技術・技能のレベル
　　　文化を内在化させた身体的能力
　ⅲ）認識・操作のレベル
　　　認識・判断能力，概念・記号操作の能力
　ⅳ）行動のレベル

　文化的能力に加えて，意欲・感情・信念・意志・価値観などが関与する。これらの能力のうち，分かち伝えることのできるものの学習によって身についた能力が学力であるから，保健の学力は文化的能力が中心となる。そして，生物的能力や社会的能力は，認識の対象として学力内容（教育内容）に組み込まれることになる。また，先にふれたライフスキルは，意志や行動選択を強化するメンタルスキルであるから，ⅳの行動のレベルを支えるものとして位置づく。
　これらをもとにして，保健の能力・学力・実践能力の関係を図式化すると図3-7のような概念モデルになる。ちなみに，'90年代中ごろからいわれ始めた「生きる力」とは，この学力モデルでいうと，身体的・生理的能力レベルから，認識や意志を含んだ精神的能力レベル，さらには，対人関係や社会参加などの社会的能力レベルまでを含んだ幅広い概念であり，いわばこの能力モデルの総体が「生きる力」を構成しているということができる。

c. 内容的学力と方法的学力

　'90年代に入って間もなく文部省（当時）が打ち出した「新学力観」は，知識や技術よりも「関心・意欲・態度」や「学び方」を身につけることを強調した。「関心・意欲・態度」を学力概念に含めるか否かについては議論の余地があるが（少なくとも本稿では，脚注の冒頭で触れているように，また図3-7の概念モデルからもわかるように，学力概念の範疇には含めていない），「学び方」については学習スキルとして身につけさせることのできる学力としてとらえる必要がある。いわば，健康と健康維持についての諸科学の成果（「保健の科学」）を学習内容にして身につけた（知的理解や認識を要素とする）ものを内容的学力と呼び，それらを学び取る際に子どもたちがいろいろな学習方法（調査，比較，分析，討論といった方法）を駆使し，その方

3. 保健授業の教育内容と教材づくり

```
（生理的レベル）    生理的機能 ─┐
                              ├─ 身体的能力 ─┐
（学力レベル）      保健的技能 ─┤             │
                              ├─ 認識能力 ───┤   実
                   保健の科学的認識 ─┘        │   践
                                            ├─ 保健観 ──────┤   能
                                              │   力
（人格レベル）      健康の価値意識 ─┐         │   ・
                              ├─ 意志・信念 ─┘   行
                   意欲・感情 ──┘                 動
                                                 能
                                                 力
```

図3-7　保健の能力・学力モデル

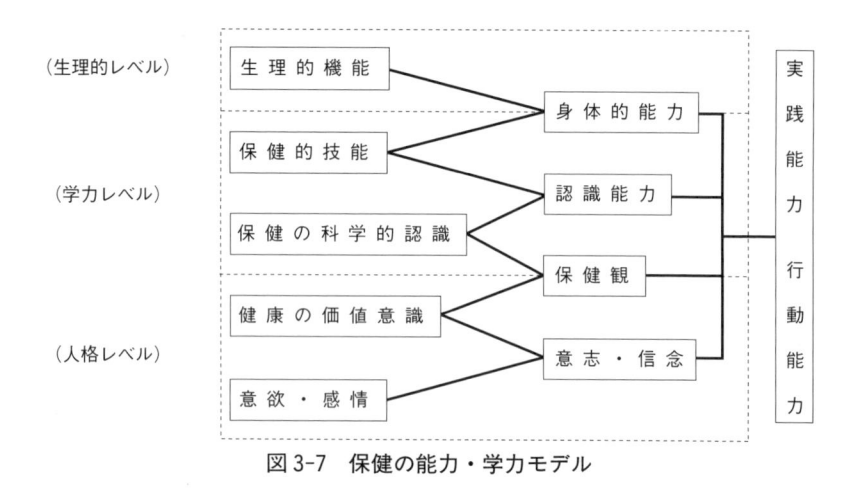

法にも習熟していく場合を方法的学力と呼ぶとすると，その両方を身につけさせることを学力保障の目標とすべきである。

内容的学力と方法的学力の意味内容をこのように整理すると，内容的学力は保健科独自の科学・技術や文化をその内容とするが，方法的学力は保健科独自のものではなく，他の教科や前回新たに設けられた「総合的学習の時間」などでも同じように追求される目標であることがわかる。保健科でも，「調べ学習」「観察学習」「討論学習」「課題学習」などといった多様な学習形態を取り入れて，そこで駆使される思考操作や探求方法を子どもたちが体験し，学習スキルとして身につくような学習活動を追求する必要がある。

❷学力保障のための保健科の内容

次に保健科で育てるべき能力と学力を保障するための教育内容について，その基本的構想を提示することにしたい。

まず，前項でとらえた保健的能力から，保健科で育てるべき能力要素を取り出し，それらに対応してその形成に寄与する学力と教育内容を示すと表3-3のようになる。

これらの内容を含み込んだ保健科の内容体系をどのように構想するか。これまでの内容体系研究の成果をふまえつつ，その基本的な構想を提案するこ

1. 保健科の学力と教育内容

表 3-3　保健科の学力とそれに対応する教育内容

能力	対応する学力	そのための教育内容
身体的能力	身体感覚や実感の伴った身体認識	身体機能についての知識
保健的技能	保健の技術認識と技能	健康維持の方法と技術
保健的認識	保健の科学的認識と認識能力	健康の事実・法則・原理
科学的保健観	「保健の科学」の体系的認識	「保健の科学」の方法と内容
健康意志・意欲	（対応する特定の学力はない）	（対応する教育内容はない）

とにしたい。

　健康についての科学の体系（健康についての科学的事実と健康維持の方法や技術の体系，すなわち「保健の科学」の体系）を整理する場合，次の二つの概念を基本にして構想する必要がある。

　一つは，健康維持あるいは達成の必要十分条件は，個人的側面（努力）と社会的側面（努力）の統一にある，という概念である。これが健康維持の最も普遍的な原理であり，この原理に基づいて認識が整理される必要がある。すなわち，健康維持のための個人的過程と社会的過程という次元の異なる両過程についての教育内容が整理される必要がある。

　もう一つは，健康は成立・破綻・回復の3過程からなるということである。すなわち，①健康が成立する過程における諸事実とそのメカニズム，およびそれに基づく健康維持の方法，②健康が破綻をきたす過程における諸事実とそのメカニズム，および破綻防止の方法，③健康を回復させる過程における諸事実とその方法，などについての知識や技術が整理される必要がある。

　以上，二つの基本概念をもとに，健康についての認識を整理すれば，次のような体系が構想される。

A. 健康の個人的過程
(1)健康の成立とその維持
　①（主体）人間の健康とからだ
　②（環境）健康と環境
　③（行動）健康と基本的生活

B. 健康の社会的過程
(3)健康の保障（社会的保護）
　⑥（家庭）家庭と健康
　⑦（労働）労働と健康
　⑧（社会）社会と健康

3. 保健授業の教育内容と教材づくり

表 3-4　保健科の内容体系案

I 健康の成立とその維持	1. 人間のからだと健康	・人間のからだと健康の歴史 　人間の健康, 文明の発展とからだ・健康 ・からだの構造と機能 　身体の構造, 身体の機能, 精神の機能, 心身相関・ストレス ・心身の発育・発達 　身体の発育, 身体機能の発達, 精神機能の発達, （含性的発達）
	2. 健康と環境	・自然環境と健康 　自然と人間, 健康に不可欠な自然環境 ・環境適応と健康 　環境適応能力とその発達, 適応の限界 ・環境の調節 　環境の調節とからだ, 採光・照明, 清浄な空気・安全な水の確保 ・自然環境保全 　自然環境の汚染と破壊の防止, 人類の持続と自然環境の保全
	3. 生活行動と健康	・食事と健康 　栄養のバランスと食事, 生活リズムと食事 ・運動と栄養 　運動と生活, 運動とからだ, 運動と病気 ・生活リズムと休養・睡眠 　生活のリズムと生活リズム, 疲労と休養・睡眠 ・喫煙・飲酒・薬物乱用と健康 　喫煙の害, 飲酒の害, 薬物乱用の危険性 ・生活様式の変化と健康維持 　ライフスタイルと健康, 社会の生活様式の変化と健康問題
II 健康の破綻とその防止	4. 傷害の防止と応急処置	・けがの防止と応急処置 　傷害とその防止, 応急処置 ・交通事故とその防止 　交通事故の原因, 交通事故の防止 ・労働における事故とその防止 　労働事故の原因, 労働事故の防止
	5. 疾病の予防と治療	・病気とその原因 　病気とその種類, 文明と病気, 病気の原因 ・感染症とその予防 　呼吸器系, 消化器系, 性感染症, その他 ・生活習慣病とその予防 　循環器系, 癌, 肝臓・腎臓病, その他 ・病気の早期発見と治療 　早期発見, プライマリーケア, 治療と治癒, 医療の利用（医者のかかり方, 病院の利用, インフォームドコンセント）
III 健康の保障	6. 家庭と健康	・家庭生活と健康 　妊娠・出産と受胎調節, 保育・家庭看護 ・消費者保健 　安全な食品選択, 医薬品の利用 ・高齢者保健 　老化と健康, 高齢者介護, 高齢社会における健康と福祉
	7. 労働と健康	・労働と健康・安全 　労働条件と健康（過労死・労働とストレス）, 労働者の生活と健康 ・リハビリテーション 　機能回復訓練, 社会復帰・職業復帰, 障害者の就労保障
	8. 社会と健康	・集団の健康を守る保健活動 　学校, 地域, 企業, 国や自治体の活動 ・医療制度と活動 　日本の医療制度, 地域の医療活動, 医療技術の発展と医療事故の防止 ・国際保健活動 　WHO の活動, NGO・NPO の活動, 発展途上国の食糧・医療問題の解決

1. 保健科の学力と教育内容

(2)健康の破綻とその防止
　④（傷害）傷害の防止
　⑤（疾病）疾病の予防

　なお，念のため付記しておくが，上の体系案は保健科の内容を健康の個人的過程と社会的過程に分けているからといって，健康の個人的過程で扱われる内容が，個々人の生活行動上の問題（身辺処理的内容）に限定されて社会科学的な内容を含まない，ということを意味しない。健康の個人的過程にも社会科学的な法則が貫徹していくことを認識することは，保健の科学的認識の重要な中身であるから，表3-4に見るように，それぞれに関連する項目の中できちんと扱われる必要がある。

(注および引用・参考文献)
1) ここでは，保健科で育てるべき学力とは何かを，それを保障するための教育内容の検討を通して追究することを試みる。いわば，保健の学力論への内容論的接近である。また「学力」概念は，次のような意味内容で用いている。すなわち，学力概念の対象を「学習して身につけた能力のうち，誰にでも分かち伝えることができる部分」とし，具体的には認識や技能を指し，態度や意欲は含めていない。といって，態度や意欲を教育目標（教科の目標）にしないという意味ではない（成果が計測不可能なものであっても教科の目標になり得るし，目標のすべてについて成果を計測＝数値化する必要はない）。また，態度や意欲を学力に含めないからといって，学力形成とそれらを切り離したり，学力形成の問題から捨象してしまうことをも意味しない。学力が形成される（能力として内面化される）ときには，その人（子）の目的意識や意欲，感情との結びつき方が決定的に重要だからである。
2) 藤田和也「学校保健計画実施要領」『体育科教育』1978年7月号
3) 斉藤一男「健康教育」新制教育研究会，1950年
4) 岩原拓『健康教育の解説』第一出版，1950年
5) 村上賢三「新しい健康教育に就いて」『健康教室』1952年2月号
6) 青木中学校『学校保健・健康教育の研究』七星閣，1952年
7) 藤田和也「学習指導要領の変遷と内容構成」『学校保健研究』1979年12月号
8) 植村肇「中学校の保健教育」『学校保健総合事典』1976年
9) 前掲書7)
10) 正木健雄・坂本玄子「保健・体育科では何を教えるのか」『教育』1962年12月増刊号
11) 小倉学ほか「保健認識の発達に関する研究」『東京大学教育学部紀要』1960年
12) ①小倉学ほか「保健教育内容の構造化に関する授業研究」『学校保健研究』1965年11月，66年9月，67年8月，68年7月号

3．保健授業の教育内容と教材づくり

　　　②小倉学ほか「続保健教育講座」『体育科教育』1968年1月〜12月号
　　　③小倉学ほか『保健体育科教育法』学文社，1969年
13）小倉学ほか『現代教科教育学大系8・健康と連動』第一法規，1974年
14）①小倉学編著『小学校保健教育の計画と実践』ぎょうせい，1977年
　　　②小倉学編著『中学校保健教育の計画と実践』ぎょうせい，1981年
15）小倉学「保健教材論」『教育』1970年11月号
16）前掲書15）
17）①小倉学「保健の教材構造」『学校体育』1967年2月号
　　　②小倉学「保健教材化の試み」『体育科教育』1968年1月号
　　　③前掲書15）
18）日教組・中央教育課程検討委員会「教育課程改革試案」『教育評論』1976年5・6月合併号
19）森昭三「教育の理論と実際」『保健科教育法』東山書房，1979年
20）内海和雄「保健教育の課題と保健の科学」『体育科教育』1974年8月号
21）家田重晴他「学校健康教育の内容体系化に関する研究(1)，(2)，(3)」『学校保健研究』39，40，41，1998年2月号，1998年4月号，1999年8月号
22）この体系案に対する詳細な検討は，次の論稿を参照されたい。藤田和也「日本学校保健学会共同研究『学校健康教育の内容体系化に関する研究』を検討する」『日本教育保健研究会年報』第8号，2001年3月。
23）この提案の基本的枠組みは初版で提示したものと変わらないが，その後の日本社会の健康課題の変化と保健教育をめぐる議論をふまえて訂正，加筆している。

　　　　　　　　　　　　　　　　　　　　　　　　　　　　　　　　　　　（藤田和也）

2 保健の教科内容と教材

〈要約〉——教育内容と教材とには違いがあり，それを意識的に区別して使うことの教授学的な意味を明らかにした。次いで，授業における教材の重要性を指摘し，教材づくりと教材解釈の必要性，教材づくりの方法について述べた。最後に，とくに高等学校の保健教科書教材の問題点についても検討した。

1 教科内容と教材の違い

❶内容の精選と教材

1998（平成10）年7月の教育課程審議会答申『幼稚園，小学校，中学校，高等学校，盲学校，聾学校及び養護学校の教育課程の基準の改善について』で強調されたことの一つは，「教育内容の厳選と基礎・基本の徹底」であった。

次のように述べられている。

「『ゆとり』の中で『生きる力』を育成するためには，学力を単なる知識の量ととらえる学力観を転換し，教える内容をその後の学習や生活に必要な最小限の基礎的・基本的内容に厳選する一方，その厳選された基礎的・基本的内容ついては，子どもたちの以後の学習を支障なく進めるためにも繰り返し学習させるなどして，確実に習得させなければならないと考えた。」

そして，「思い切って教育内容を厳選し，もっぱら覚えることに追われていると指摘されるような状況をなくして，子どもたちがゆとりの中で繰り返

し学習したり，作業的・体験的な活動，問題解決的な学習や自分の興味・関心等に応じた学習にじっくりと創意工夫しながら取り組めるようにすることに努めた」と述べている。

このようなことは今回が始めてのことではなく，学習指導要領の改訂のたびに強調されてきたことである。ただ，これまでは「精選」という用語が使われていたが，今回は「厳選」というより厳しい用語が使われていることが特徴的である。

ここでも述べられているように，教育内容を真に基礎的・基本的なものに厳選するならば，一つひとつの内容に学習時間をたっぷりと取り，いろいろな興味ある教材を使って，わかりやすく内容を説明したり，深い多面的な追求が可能となるのである。

ところで1963年に，ブルーナーの『教育の過程』が翻訳出版され「教科の構造」という言葉が紹介されたが，この考えをわが国にいちはやく取り入れた広岡亮蔵は「教材の構造」といい，保健科教育の世界でも小倉学などが中心となって「教材の構造化」ということが主張された[1]。

つまり当時は，教育内容と教材の区別が明確でなかった。

しかしこんにちでは，先の文章からもわかるように教育内容と教材が明確に区別されるようになった。区別することが重要と考えられるようになったのである。なぜなら，それによって，その教材で何をこそ教えるかということが明確にできるし，教育内容をより正確に反映した教材の開発や，教材と離れたところでの教育内容の独自研究が可能となるからである[2]。

❷教育内容と教材の区別

結核を教材として，ある教師は呼吸器系感染症の特性を学ばせよう（教育内容）とし，他の教師は疾病と貧困との関係を学ばせよう（教育内容）とする場合がある。つまり，同じ結核（教材）についての学習であってもさまざまな教育内容を習得させることができる。この場合，結核は教材というよりも素材といった方が適切であろう。この結核という「素材」が教師の手によって加工されたとき，「教材」となるのである。

一方，呼吸器系感染症の特性を学ばせる（教育内容）ために，ある教師は

結核を教材（素材）とする場合があるし，他の教師はインフルエンザを教材（素材）とする場合がある。

このように同一教材の学習を通してさまざまな内容が習得されたり，逆に同一内容がさまざまな異なる教材によって学習されるという事実を知るならば，教育内容と教材との区別が明らかであること，そして両者を区別しなければならないことがわかるであろう。

現行の中学校の『学習指導要領』によれば，「健康な生活と疾病の予防」領域の「内容」として，「感染症は，病原体が主な要因となって発生すること」があげられている。これは，子どもが学習を通して習得する教育内容である。したがって教科書では，結核やインフルエンザが教材として登場していた。しかし以前の『学習指導要領』では，「病気の予防」領域の内容として感染症の予防に結核が取り上げられていたことがある。この場合，結核は教えるべき内容なのである。しかしながら当時は，内容と教材が意識的に区別されておらず，混同されていたことを考えて解釈しなければならないだろう。『学習指導要領』は教材レベルまでも基準を示すことは望ましいことではない。

ところで，子どもが「感染症は，病原体が主な要因となって発生すること」ということがわかった，ということは，この文章を「言葉」や「文字」でもって再生（表現）できるということではない。「わかった」ということが，言葉や文字で再生できるということであれば，教師が何回も繰り返し表現することによって小学校1年生にでも記憶させ，再生させることは可能なことである。

保健体育審議会答申（1998年）において，健康教育がめざすことは「単に知識を習得するためだけに行われるものでなく」と指摘した，「単に知識」とは，こうした言葉や文字を再生することのみを意味してのことであろう。

❸教材をわかる，ということ

「わかる」授業という場合の「わかる」主体は，子どもである。教師は子どもたちが「わかる」ようにするために，「わからせる」指導をしなければならない。

では、子どもたちにとって「わかる」とか「わかった」とは、どのようなことをいうのであろうか。

それは、いままで知らなかったことを知るようになったり、これまで感覚的にしかとらえていなかったことを理論的にとらえるようになったりすることであり、部分的にしか把握していなかったことをより全体的な把握に到達することでもある。また、自分で獲得した認識を他人にもわかるように整えたり、納得可能な形につくりかえたりすることであり、一般的なことを特殊な場面に適用し、中身を充実したり、抽象的なものを具象化したりすることでもある。

これらのことを一言でいうと、認識がより確かなものになっていくということである。この認識の発展のあり方としては、まず大きく二つに区分することができる。一つは、一般的な認識を形づくっていく面であり、もう一つは、具象化していく面である。

つまり、認識の発展とは具体化と一般化の能力を増大させることであり、それの素朴なあり方が、「例えば」と「つまり」に代表される思考運動であるから、それの運用が可能となるといえる[3]。

この「わかる」を可能とするものの主要なものの一つが、「教材」に他ならない。「教えねばならないもの」をいかにして「子どもたちの学びたいもの」に転化していくのか。ここに授業の「わかりやすさ」を表現する鍵があるといわれる[4]が、転化できるかどうかは教材にかかっているのである。

2 授業における教材の重みと教材の成立

❶保健の授業における不振の原因

ある中学校の保健の授業研究会に参加したところ、保健の授業がなぜ不振かが話題の焦点となった。そのときの話題の結論をいうならば、不振の原因は担当教師であり子どもである、ということであった。

授業は、教師と子どもが共同して教材をもとに学習に取り組む活動である。したがって、授業を構成する基本的要素としては、教師と子どもの活動の他に必ずそこに教授―学習活動の対象となる「教材」があげられることに

なる。つまり授業は、これら三者の相互関係の中で成立するのである。そのうちのどれに問題があっても、授業はうまくいかないことになるのである。

したがって、保健の授業研究において、うまくいかなかった原因や改善すべきところを探すならば、先の研究会でのように教師や子どもに焦点が向けられたとしてもおかしくない。しかし、授業を構成する要素の一つである教材の問題がまったくといってよいほど話題とならなかったことは不思議なことである。

授業がうまくいかないことの原因の一つが、「教材にある」と指摘されることが少ないのはなぜであろうか。

保健の教科書の内容を所与のものと考え、それをいかに教える（覚え込ませる）かが授業の勝負であると考えている教師にとって、そのことがうまくいっていないとすれば、その原因が教師の教え方が下手であるとしたり、子どもが関心・意欲を示さないことに原因を求めたとしても不思議なことではない。断っておくが、子どもが保健の授業に関心・意欲を示さないとすれば、その原因は授業に求めなければならない。

確かに、教科書は「教科課程の構成に応じて配列された教科の主たる教材」（「教科書の発行に関する臨時措置法第2条」1984年）であるといわれる。だからといって、その教科書教材が教材たり得ているかというと、それは別の問題のことである。後で問題とするが、現行の保健教科書にもられている文章は、大部分が抽象的・概括的記述に終始しており、教材らしい教材はほとんどみられないのである。

加川勝人が、次のようにある校内研究会の席上で、すばらしい授業を展開した教師の発言が感動的なものであったと紹介している[5]。

「こつなんてものは特別にはありません。いい授業ができるかどうかは教材の内容のよしあしによってきまるのであって、いい教材でさえあれば、誰でもいい授業ができるはずのものです。よくない教材では、どんな工夫を凝らしても、よい授業はできるものではないし、こつなどといったものがあるとしても、通用するものではないのではないでしょうか。もし、こんにちの私の授業がよかったとするなら、それは、私自身に多くの原因があるのでは

なく，教材の内容の良否に多くの原因があったと考えます」。

　適切で具体的な教材が用意されれば，教師が力説しなくても，子どもはいろいろなことを考えてくれるものである。
　保健の授業の不振の多くは，教材に求めることができる。よい教材が開発されるならば，保健の授業の不振が克服され，あちこちですぐれた保健の授業が展開されるようになると考える。

❷「教材になる」ということ

　栄養があるが，おいしくない保健の授業が多いと思う。
　柴田義松によれば，教材とは「授業の中で教師と子どもによる学習活動（知覚・思考・記憶・運動など）の直接的対象となるもの」であり，教科内容とは「教材の教授—学習を通して子どもに習得されることが期待される知識・技能」である[6]。つまり，「栄養がある」とは教科内容に相当し，「おいしくない」とは授業の中で教師と子どもによる学習活動の直接的対象となる教材に相当するが，この教材に問題があるというのである。子どもの思考体制をゆさぶり（対立・矛盾・分化），変容をもたらすものでなくては教材たり得ないのである。
　吉本均は，「みえやすい」教材を通して「みえにくい」教科内容を学習するのが授業であると，「みえやすい」と「みえにくい」という表現で教材と教科内容とを説明する[7]。教科内容としての概念，法則，関連，構造，イメージなどは直接子どもたちには伝わらない。この「みえない」内容を「みえるもの」にする具体的な素材である教材によって，内容は初めて「教材」となるのである。つまり，教えたいこと（教科内容）はそのまま提示しても「みえない」のである。「問題」などの教材の形に転換しなければならない。そうすることによって初めて，「みえるもの」になっていくのである。
　他教科の例であるが，小学校の社会科のすぐれた授業実践の一つに，佐久間勝彦の新聞記事の見出しによる「自由について」の授業がある[8]。
　この授業は，1968年12月10日白昼，東京都府中市内で起こった「3億円事件」（すでに時効）に関する新聞記事を素材にして，容疑者として2日間

警察に取り調べられて，アリバイが成立して釈放された一人の運転手Kさん（当時26歳）をめぐって起こった出来事を教材化して実施された。

　授業の冒頭で，子どもたちに二つの質問がなされた。一つは，「人間にとってもっとも大切なものは何だろう」という質問であり，もう一つは，「いまから1年前の〇月〇日9時過ぎ，君はどこで何をしていたか」という質問である。

　これ以降は，Kさんをめぐって報道された新聞記事の一部や見出しがOHPを使って紹介されていく。つまり，詳細な報道は提供されるが，それ以外はほとんど教えていないのである。

　この授業を通して子どもたちはいろいろなことを考える。

　授業は最後に，冒頭に提出された主題にもどる。「いま考えてみて，自分にとってもっとも大切なものは何だろうか」という質問である。

　この授業を実践した佐久間が，子どもたちに教えたかったことは，3億円事件がどのような事件であり，どうなったか，ということではない。「自由とは何か」であり，「人権とは何か」ということなのである。佐久間にとって，教材はあくまで目標達成のための手段であり材料である。つまり，教材は子どもを追求させる媒体であって，それを覚えさせるものではない。

　「自由」や「人権」という学習内容を引き寄せる可能性をもつ素材として3億円事件の新聞記事が選ばれ，それを徹底的に分析することによって教材化が試みられているのである。

　先に述べたように，教師が教えたい「自由」や「人権」をそのまま提示しても，子どもにとっては「みえない」，つまり「わからない」のである。しかし，子どもたちは3億円事件という「みえるもの」としての報道記事（教材）を媒体として「自由」や「人権」ということを「みること」ができ，真に「わかった」のである。

　藤岡はいう。「一般に，教師が子どもに与える情報は，いわば2枚のスクリーンをそなえたのぞきからくりのようなものとして提示される。子どもに直接"みえる"のは，子どもに近いほうの第一のスクリーンに写る像だけであるが，教師としては，子どもが第一のスクリーンの像を読み取ることを通して，その奥にある第二のスクリーンの上にも子どもの頭の中で像を結ぶよ

うになってほしいのである」[9]。

　藤岡は，子どもの側の第一のスクリーンが「教材」の位置であり，その奥の第二のスクリーンが「教育内容」の位置である，という。ということは，吉本のいう「みえるもの」が第一のスクリーンに相当し，「みえないもの」が第二のスクリーンに相当するといえるのである。

　以上のことからいえることは，保健の教科書というものは，教科内容を抽象的に叙述したものであって教材ではない。したがって，教科書があるから授業ができるというものではない。教材づくりと教材解釈は，授業をする教師の課題として残されているのである。なお，教材づくりとは教科内容を担うのにふさわしい教材を開発していくことであり，教材解釈とは教材の存在を前提としてそこから出発し教科内容の明確化へと進行することである。

　ともあれ，一人ひとりの教師が教材を開発したり，教科書を熟読吟味して自分流につくり換えたりして，「私の保健教科書」をもって授業に臨まないと，本物の保健の授業はできるものではない。

❸教材と教材化の四つの形式

　Aという情報があって，(1)その情報を与えることによって，学習者が具体的な事実や事象に接することができ，(2)しかもそれによって，一定の概念や知識を獲得でき，またある事柄の意義が理解できるようになっているとき，そのAを「教材」という。そして，その教材を通して習得されることがめざされる概念や知識を「教育内容」と呼ぶことができるだろう。

　このように定義することができる教材は，次のような性質をもつ。

　第一に，一定の目標を実現する学習内容と子どもを「結びつける」媒体のはたらきをもった学習材料である。

　第二に，教師が子どもの思考を働かせるという意図をもって用意（主体的に選択決定）した学習材料である。

　第三に，先に述べた加川が紹介している教師の発言にみられる「いい教材でさえあれば，誰でも一定以上の成果を保証できるように組織されたものである。[11]」

　この第三の条件があるからこそ，教材や教材づくりということが意味をも

つのである。本書でも取り上げる教材づくりとしての「授業書」は，まさに誰が用いても一定以上の成果を保証できる，ということを意図しているものである。

ところで，教材について考えるとき参考となるのが，藤岡信勝の「教材化の四つの形式」である。

藤岡は，成功した教材づくりの事例を分析し，その教材が，次の四つの形式のどれかの形で素材が組織されていたことを明らかにしている。

(A)子どもが，自分の頭で考えたくなるような問題の形をとっているもの。
(B)印象深い文章の形をとっているもの。
(C)視聴覚教具や実物教具の形をとっているもの。
(D)子ども自身の活発な活動を組織する何らかの学習形態の中で，結果的に目標とすることが学習されるようになっているもの。

つまり，(A)「問題」，(B)「文章」，(C)「教具」，(D)「学習形態」が，教材の四つの代表的な存在形式であるという。

したがって，教材づくりの際に，この四つの形式のどれを選んで教材化するかを考えると，作業が進めやすいものである。

「問題」教材は，後述される「授業書」における「問題」がこれに相当する。例えば，次のような「問題」がある。

> 〈問題〉長い宇宙旅行を終えて帰ってきたときの宇宙飛行士の心拍数は，立つ前とくらべてどうなっていると思いますか？　その理由も考えましょう。
> 〈予想〉ア．心拍数は増えている　　　イ．心拍数は減っている
> 　　　　ウ．同じである

これは，単位教材といわれる。単位教材とは，一定の効果をおさめることのできるひとまとまりの教材で，それ以上小さい部分に分割すると，もはや教材としてのまとまりや働きを失ってしまうのである。

3. 保健授業の教育内容と教材づくり

　「文章」教材についていえば，題材「結核の予防」の授業で「女工哀史の一節」が使われたり，題材「医薬品と健康」の授業でサリドマイド児を産んだ「母親の手記」が使われたりと，その例は多くあげることができる。先に紹介した3億円事件についての新聞報道（記事）は「文章」教材による授業である。

　「教具」教材についていえば，題材「歯と健康」の授業で子ども一人ひとりの「歯型」が使われたり，題材「食べ物の旅」の授業で口から肛門までの通路をつくった「パネル」などがある。

　「学習形態」教材というと，一斉学習，グループ学習，個別学習などのように学習する集団のサイズを指すものが一般的である。藤岡は，そうした集団の組織の問題も含みながら，個々の教材に即して子ども中心になって活動するような特定の働きのしかたを指すものとして使いたいという。つまり，教材と切り離さずに，子どもが主体となって活動できる組織形態が見つかったとき，それを学習形態として分類するのである。こんにち，さかんに採用されている課題解決学習やロールプレイング，そしてディベートなどもこの形式に相当する。

　これら四つの形式は，必ずしも相互排除的な形式ではない。例えば，題材「人工呼吸法」の授業で「ダミーを使って実習する」というのがある。ここでは，「ダミー」という教具と，「グループ実習」という学習形態という二つの形式にまたがって実現される。このように，いくつかの形式にまたがるのがふつうであるが，多くの場合，四つの形式のどれかを核にして組織されている。

③「保健教科書」教材の検討

❶保健教科書と保健の授業

　保健教科書（中・高校では保健体育教科書の保健の部分を指す）が，保健の授業のなかで果たしている役割とその地位はきわめて高い。それは，主要には教師の教科書に書かれていることを間違いなく教えればよいのだという教科書中心の解説・伝達型の授業観によるものである。第二次世界大戦前の

国定教科書時代に教師および一般国民のあいだに植えつけられた伝統的な教科書神聖視のなごりともいえる。

このような教科書神聖視は，戦後の教育改革の中で厳しく批判されたはずである。にもかかわらず，それが依然として学校に根強く残っているのは，「教科書が，教育課程の構成に応じて配列された教科の主たる教材」（前掲）として位置づけられていることや，検定教科書という性格づけがなされていることと無関係ではない。また，多忙な教師にとっては，教材研究ができず，教科書とその教師用指導書に依存し解説型の保健の授業をせざるを得ないのかもしれない。

ところで，教師の保健の授業観が教科書の保健の授業で果たす役割とその地位を規定している一方，教科書によって教師の授業観が規定されていることも否定できない事実である。現在，保健教科書にとってその内容を忠実に解説しながら展開する授業が横行しているが，それは保健教科書の内容が「事項解説型」に記述されているためとも考えられる。つまり，教科書内容に沿って展開するならば，子どもたちに評判の悪い解説型の授業になるのも必然なのである。

結論を先取りすれば，現行の保健教科書の多くは教師のためのものであり，教師の教材研究・教材づくりを経て初めて教材としての価値を担うものとなるといえる。つまり，保健教科書教材は教師の教材づくりの手がかりを与えるものとなっており，教材研究・教材づくりは教師の課題として残されているのである。

❷保健教科書の機能からみた問題点

教科書というものは，「情報機能」「構造化機能」「学習法機能」といったさまざまな機能を有しているものである[12]。

しかしながら，大部分の保健教科書をみればわかるように，教科書のページ数が制約されていることから，豊かな情報を提供しているというにはほど遠いものとなっている。また，各単元の最後などに「研究」や「問題」を設けるなどしてはいるが，学習法機能を十分に果たしているものにはなっていない。いうならば，とくに高等学校の保健教科書は構造化機能に比重を置い

ており，教師の解説・説明の筋・骨格だけを示した無味乾燥な筋書式の教科書となっているのである。

　筋書式の保健教科書の文章や文体は，子どもの認識成立の条件という視点から教授―学習過程に関連づけて検討したとき，次のような二つの問題点が浮かび上がってくる。

　一つは，語尾の「言語表現」の問題であり，もう一つは，「あいまい語」の問題である。

　前者について述べると，語尾の言語表現として「～必要である」や「～大切である」などが頻繁に使用されていることの問題である。参考までに類似語をあげると，「心がける」「気をつける」「注意する」「望ましい」「努める」などがある。授業の成果とは，子どもが「必要である」とか「大切である」という言葉を使うようになることではない。教師の側からみて，その言葉に対応する認識内容を獲得したかどうかである。「必要である」や「大切である」からといって，それらの言葉を教科書に頻繁に記述したならば，「必要である」や「大切である」という認識に一歩でも近づいたということになるわけではない。

　子どもが，今までの日常生活のレベルでは近づくことのなかった，例えば，体の仕組みや働きのすばらしさを発見したとき，あるいは，いろいろの健康問題が起こる関連構造や因果関係を知ったとき，その子どもの状態をある観点からまとめると，「必要」や「大切」がわかった，ということができるのである。

　言葉として平易であっても，むしろこれらは，教師の側の目標を認識するための言葉であるとみたほうがよい。その意味ではむしろ，教科書にはあえて「必要」とか「大切」という言葉を使わないという配慮が必要なのである。

　後者の「あいまい語」についていえば，子どもにはよくわからないあいまいな表現，例えば，「ふさわしい運動」「適度な運動」「適切な運動」「十分な運動」といった形容語が頻繁に使われていることの問題である。

　例えば，ある中学校の保健教科書のなかに，次のような文章がある。

　「日常生活の中で，適切な運動を行い，調和のとれた栄養をとり，十分な

休養をとることが大切である。」

　子どもが，このようなわかったようでわからない言葉で記述された教科書を，その論理通りに学習したとしたら，最も憂慮されることは，よくわからない言葉で説明してしまう能力を身につけてしまうことである。

　言語表現であっても，豊かなイメージを描かせることができるような具体的な言語表現であれば，映像的認識のうえに言語的認識が発達するものである。その意味で，教科書文章はできるだけ実感のもてる具体的なものであることが必要とされるのである。

❸保健教科書がもつ，もう一つの問題

　保健教科書の記述様式を対象にして分析してみると，「事項網羅型」「事例研究型」「原因解明型」の三つのタイプがあることがわかる[13]。

　現行の保健教科書（高等学校）の大多数は，この三つのタイプの中の「事項網羅型」の記述をしているものであり，ついで「原因解明型」がみられるが，「事例研究型」というべき記述様式を取り入れている教科書はきわめて少ない。

　「事項網羅型」の文章を読んで，その記述されていることを暗記することは可能である。しかし，その記述されていることの意味を深くわかるようになるということは不可能に近いことである。

　たとえば，中学校の保健教科書のなかに，次のような文章がある。

　　免疫のはたらき
　　皮膚や粘膜がきずつけられたりすると，そこから病原体が侵入するが，抵抗力の強い人は感染しなかったり，感染しても発病しなかったりする。それは，わたしたちのからだには病原体とたたかう次のようなしくみがあるためである。
　　血液中には殺菌作用のある物質や病原体を食べてしまう細胞があって，感染をくい止めようとする。また，侵入してきた病原体とたたかうために抗体という物質が血液中でつくられる。さらに，病原体が細胞内に入ってしまった場合は，白血球の一種がその細胞ごと破壊する。

3. 保健授業の教育内容と教材づくり

　　このような，病原体からからだを守るはたらきを免疫という。

　この記述は，免疫という言葉の意味と，それがどのような働きをしているかを示している。しかし，なぜ抵抗力の「強い人」と「弱い人」がいるのか，強くなるためにはどうすればよいのかなどという，そのもとにある事実はなんら具体的には記述されていない。そのもとにある事実や現象に接することができたとき，学習者は教科書に記述されている文章を読んで，よく「わかる」状態になるものである。

　保健の授業論の立場で考えるならば，授業の何よりの出発点は子どもにとって興味・関心のある，自分の頭を使って考えざるをえないような事実の提供にあるといってよい。つまり，子どもの思考をゆさぶり活性化する事実の提供，ついで因果的遡及，さらに原因についての多面的知識が広がるにつれて問題解決の対策がみえる，といった展開が保健の授業には必要なのである。ともあれ，教えるべき教科内容を，学習者の認識プロセスを直接想定することなく列挙して教科書を編成すると，「事項網羅型」の内容構成ができるのである。この場合，教科内容が主役となって学習の順序が決まり，教材は教科内容に応じて断片的にコマギレとして取り上げられてしまう。こうなると，教科書があるから授業ができるというわけにはいかない。まさに，教科書は教師の教材づくりの手がかりになるにすぎない。

　最後に，多く取り上げられるようになった健康問題についての問題点について指摘しておきたい。

　それは，健康問題の当事者あるいは関係者でない場合，傍観者的な立場に立ってしまうことである。子どもたちは，そのような健康問題を過去のこと，他人のことと受けとめてしまい，授業に意欲を示さない，集中しないという問題である。

　この対策として考えられることは，「記述の具体化」への要請である。つまり，健康問題の渦中に学習者がいたとすれば何を知覚したかという，その知覚内容を示す情報（具体的な事実や事象）が提出されなければならない。知覚レベルの情報を盛り込んだ文章にまで到達し，「共感・実感から分析へ」という認識の発展の基本的な筋道を用意した教材を組織していくことへの要

請である。ここでいう「記述の具体化」とは，このことである。

　残念ながら保健の教科書は，「記述の具体化」ではなく，抽象度の高い言葉を使いながら情報量を増やすという「記述の微細化」が進められている。「記述の具体化」の一つの方法は，典型教材の導入である。例えば，「肥満」を典型教材として位置づけたならば，発育・運動・栄養・生活・性格など多面的に多くの教科内容と関連させて教材づくり（構成）を考えることができる。

　典型教材は，子どもが知識を印象深く学び，さらにそれを自ら深めていくことに適している。この場合，教科書教材のうちで触れることができずに残される事項がどうしてもでてくるものである。しかし，典型教材の導入は，こうした欠点や弱点を凌駕する長所があるといわれる[14]。

（引用・参考文献）
1) 小倉学『小学校保健教育の計画と実践―教育内容の科学化を目指して』ぎょうせい，1977年
2) 吉本均『授業をつくる教授学キーワード』明治図書，1986年，152頁
3) 庄司和晃『仮説実験授業と認識の理論』季節社，1976年，155頁
4) 有田和正『子どもの生きる社会科授業の創造』明治図書，1982年，90頁
5) 加川勝人「仮説実験授業実践ものがたり」板倉聖宣編『はじめての仮説実験授業』所収，国土社，1974年，8頁
6) 柴田義松『教科教育論』第一法規，1981年，141頁
7) 吉本均編『「わかる」授業のドラマ的展開』明治図書，1984年，77頁
8) 佐久間勝彦『社会科の授業をつくる―社会に目を開く教材の発掘』明治図書，1985年，42-79頁
9) 藤岡信勝「実践社会科授業論(1)」『現代社会』No.7，1982年
10) 前掲書9)
11) 藤岡信勝「教材づくりとはどういうことか」『社会科教育』No.215，1985年
12) 柴田義松編『教科書』有斐閣，1983年，16頁
13) 森昭三「保健教科書の教授学的検討」『筑波大学体育科学系紀要』Vol.8，1984年
14) 森昭三「保健教材づくりに関する研究―典型教材の選択と創造」『筑波大学体育科学系紀要』Vol.5，1982年，173-183頁

（森　昭三）

3 保健の教材づくりとそのあり方

〈要約〉——ここでは，保健の教材づくりの原則について，教科のねらいの観点からの考え方と具体的なわかる授業をつくる観点での押さえ方について提起する。どんな教材に価値があり栄養があるのか，それを子どもたちに美味しく食べてもらうためにはどんな料理の仕方が大事なのか，教材と授業構想づくりの原則的あり方を考える。

1 保健の教材づくりに込めるもの

　学習指導要領があるからそれを教えるのではない。教科書があり，それを子どもに持たせているからその内容を教えなければならない，のでもない。むろん，それらを無視してよいといっているのではない。教育のプロであるなら，その教科のねらいと関わって教えたいこと，教えねばならないことを，自らのうちに蓄える努力をしなければならない，ということである。保健という教科を教える教師一人ひとりが，目の前の子どもたちを念頭に入れて，心より教えたいこと，教えないではいられない教材をつくりだす努力が基本にあり，その目でたえず教科書の内容をも吟味する必要がある，といいたいのである。

　子どもが授業を通して変わっていくという場合，それは教師を介してではあるけれども，基本的にはその教材に力（変えていく力）があったからである。教師の話し方が巧みであるとか魅力的であるというようなことは，それなりに一つの必要条件ではあるが，子どもの質が変わっていくのはあくまでも「学ぶ中身とその学び方」によってである。「教師を介する」ということでは，価値のある教材を選定し，それをしっかり自分のものにし，子どもた

ちが大事なものとして学びとれるように仕組める教師の力量が要求される，ということでもある。

❶授業におけるすぐれた内容・教材とその考え方

　授業が教育として意味をもつこと，言い換えれば「授業が成立する」とは，林竹二が言ったように，子どもの中に何がしかの人間的な価値ある変化が生じること，といってよいであろう。そうした授業の成立にとって決定的に重要なのが教材の善し悪しである。では何がすぐれた教材なのであろうか。

　食事の問題でそのことを考えてみよう。まず，人間が食事をするというのは，基本的に生きるために栄養を摂ることである。その時，その食材となる食品にどのような栄養素が含まれているか，ということが問題となる（教育の問題でいうと，授業はその食事にあたり，人間を人間にたらしめるためのさまざまな栄養を摂ることに相当するであろう）。その意味で，まずそれらの食品に何がしかの栄養が含まれていることが前提である。そういう食品の素材を選ぶことが要求される。しかし，いくら栄養いっぱいの食品でも子どもがしっかり食べてくれ，消化吸収がしっかりできて人体への肥やしにならなければ意味がない。生のままの食品であったり，できあいのインスタント物であったりしては食欲がわかないであろう。おいしく食べられるような調理がなされ，食べる人の事を考えた愛情いっぱいの手作りの味が込められ，しかもしっかり時間をかけて嚙み，みんなで味わう満足感の伴う食事であることが必要であろう。

　こうした発想はすぐれた授業づくりにもすっかり当てはまるだろう。子どもたちの人間的成長の糧（栄養）になる学ぶ素材（内容）を取り上げ，それをしっかり教材研究と教材化（調理）をして，楽しく（おいしく），しかもしっかり考えたり納得してわかる学び方（味わって滋養になるような食べ方）を追求する努力や工夫が重要なのである。

❷保健のねらいと関わった内容・教材の考え方

　教材にさまざまな栄養が含まれていることは前提になるが，授業のねらい

3. 保健授業の教育内容と教材づくり

にはいくつかの考え方があり，そのねらいと関わって栄養の取り方にも違いが生じることになる。例えば，体育の場合を考えてみると，そのねらいを体力づくりに置く場合とスポーツ技術を身につけることに置く場合とでは，教材化の視点や重点の置き方が違ってくるし，授業のあり方にも大きな違いがでてくるであろう。同様に，保健の場合にもどういう目標を教師が掲げるかによって，重点教材の設定や教材化の視点が違ってくるといえるだろう。

保健という教科の目標を生活化とか行動化といった行動主義ないし実用主義に置く場合と，しっかりとした保健認識（わかる）の形成に置く場合とでは教材研究も授業の構想も違ってくるであろう。例えば，行動主義的なねらいを授業の目標とした場合，重点教材は生活習慣病とか喫煙，飲酒，ドラッグといった個人衛生的問題を予防したり，防止する内容が主になるだろうし，いかにすれば生活や行動が改善させられるか，といった行動や態度の変容を意図した教材化や授業の工夫に焦点化されるであろう。前回改訂から現行の学習指導要領にかなりそういったねらいが強く打ち出されてきている。

ただ，認識形成に目標を置くという場合にも，理科教育が自然科学の内容を学年の発達段階において教材化し系統的に教えるというのと同じく，保健の科学的内容を順を追って系統的に教える，ということになるのかどうかという点では，少々疑問がある。つまり，「保健の科学」がそれほど教科のバックグラウンドに明確に位置する程の十分な体系性や内容が確立されていないからである。私は基本的に，教科の教材を支える背景には，すぐれた科学や文化，芸術といった学ぶべきものが存在し，その内実に触発され，自らの人格や意志，考え方，生き方，行動といったものを変え，発達させていくものだと考えている。先にあげたような健康の行動変容を意図するという場合にも，その行動を自己目的にするというのではなく，そのことの重要性や意義がわかり，原理を納得したうえで，自らの意志で自らの行動を変えていくという「人間変化の結果としての行動変容」であるべきだと思うのである。

教科教育のねらいとしては，基本的に「認識形成」にあると考えるが，教材化の視点としては，科学の体系から引き出してくるには無理のある現状では，健康問題の現状および将来的な課題の視点から，これからを生きる子どもたちに何を教えるべきかという教材化の発想を重視するべきであろう。現

実課題を見据えながら，それにできるだけ課題解決の展望を与える科学の視点と内実で照射を浴びせるべきであろう。

❸こんにち的な保健現実とそこからの教材化の視点

　教材の善し悪しや価値という場合，栄養の観点とおいしいという料理の観点があることを先に述べたが，栄養つまり現実的健康課題をふまえての「学びの必然性（教育価値）」の観点から，どういう教材化が重要であるかの概要を述べてみたい。

　まず第一に，大人の場合でも子どもにとっても指摘できることであるが，現代社会におけるわが国の国民一般の抱える非健康的生活の問題がある。かつては中高年者に多い成人病といわれていた疾患が，近年その対策的課題を意識して生活習慣病といわれるようになったが，これらもここ数十年間における近代化社会における急激な生活変貌がその背景となっている。生命や健康を左右する食生活，身体活動（運動），睡眠（生活リズム）といった基本的な生活の変化が，どのように現代人の健康問題に関わっているかということをきちっと押さえることが必要であろう。ただ，こうした生活関連の教材も，個人的に自分の生活の中で実行する必要性やそのライフスキルを強調して行動変容に迫るというのではなく，まずはその必要性の根拠になる原理を納得できる形で認識しうるような授業過程を準備することでなければならない。意義や必要性を実感的に認識することをふまえてこそ，主体的に生活に生かしていく力として蓄えられていくと考えられるからである。

　食生活と健康に関する内容では，食物と体の関係認識を軸にして，食の量的・質的バランスの問題，食生活のリズムの問題を扱い，それが健康とどう関わるかという認識の形成が重要であろう。また，その応用問題としての過食や少食の問題，特定の栄養の過多や過少の問題（偏食）を食の選択能力の問題として押さえる必要があろう。生活習慣病の問題と関わった食生活の問題についても，脂質や糖質の過剰摂取が人体のどこにどのように作用し，それが健康問題にどう影響するのか，また夜食を摂るとか朝食を抜くといったことがどのように生体の健康状態に影響するのか，といった認識をきちっと育てるということが重要であろう。

3. 保健授業の教育内容と教材づくり

　運動と健康に関する内容についても同様で，その必要性の強調でなく，運動が健康，つまり身体の諸器官・諸臓器の健康の保持増進や発達・老化防止に影響することの根拠の強調であるべきであろう。睡眠や生活リズムと健康に関連する内容についても，「疲労の回復に役立つ」程度の扱いでなく，その根拠や科学に迫るべきである。睡眠中の成長ホルモンの分泌や脳内血流量の変化，免疫系の働き等，最新の生理学的・医学的知見に学びながら，睡眠の意義やあり方を改めて問い直すような教材研究が必要であろう。排便の意義やあり方に関する内容も，わが国では養護教諭たちの実践によって広がった教材である。食べることと排せつすることを一体として，新陳代謝している生体の営みを理解させ，消化吸収と排せつ（うんこの旅）を学ばせ，排便の必要性と意義に結びつける教材づくりである。

　第二に，こんにちの社会は精神的なストレスに満ちており，心身症とか心因性の疾患や不調がきわめて多いのが特徴である。子どもの不登校や心因性の問題（荒れや閉じこもりなど）が社会問題になっているが，大人のストレスに起因する問題も多い。こうした現実の中で，心身相関の科学，とりわけ大脳と自律神経，ホルモンがどう心身を結びつけているのか，身体諸臓器を支配しているのか，ということをわかりやすく教材化し理解することが重要になっていると思われる。小学校段階では難しいとしても，中学校，高校段階ではストレス解消法だけでなく，その原理をきちっと理解させる教材化が必要であろう。根拠を理解することで，ストレスを避けたり，いい意味で開き直りができたり，要因を取り除く方向での向き合い方が可能になるからである。学習指導要領では対処法や解消法が強調されているが，まずはその原理を納得する形で理解できるようにすべきであろう。

　第三に，生命の誕生から発育・発達および老化という人間の一生の変化に関する教材も重要になってきていると考えられる。乳幼児期における心身の発達上の問題や思春期から青年期にかけての性や心の問題など，それぞれにおける発達上の特徴や発達課題があること，周りとの関係でそれが歪みになることがあることなどについて理解することは意味があるだろう。また，こうした教材化は，高齢社会を迎え，高齢者理解という意味や誰もがいずれ迎える老化という現象に対する理解という意味でも重要になってきているとい

えよう。生命の誕生（胎児の成長も含む）や幼少期から思春期・青年期にかけての心身の発達とその時期その時期の特徴と課題に関する教材は，小学校，中学校，高校それぞれに重要な教材になり得るし，老化の問題も高齢者理解という意味でも高校を出るまでには教材化したいものである。

　第四に，生活環境や労働環境，あるいは自然環境も含めて今日的な環境諸条件と私たちの健康との関わりについての内容も現代的課題である。こんにちのわが国のように著しく近代化・文明化した社会における生活環境をみてみると，便利さや快適さを求め，それにどっぷりつかった現代人の心身にはさまざまな課題が健康状態として反映してきている。適応力の低下による不調やさまざまなアレルギー反応，ストレスによる心身症，生活の歪みによる生活習慣病などは，まさにそれである。また，労働環境も大きく変化してきている。機械化からコンピュータ化の時代になり，そこに人間関係等も絡まってストレスの多い職場環境になっている。さらに，身近な生活環境の問題も，広がっている化学物質，生活空間を汚染する排ガス等の有害物質，河川や大気の自然環境を汚染する物質等，現代人は真剣に見直さなければならないであろう。学習指導要領では前回改訂以降こうした問題は主要には高校からとされ，小・中学校段階では個人の健康問題に限定するという方向になっているが，できるだけ早い時期から，環境に対して健康の視点からも見つめ直すことが重要であろう。そういう教材化が求められていると思う。

　現代社会における健康課題という現代化の視点からの教材化の必要について述べてきたが，保健という教科の独自性から求められる基本的視点からの教材化についても述べておこう。それは，この20年程の間に主に養護教諭たちが「からだの学習」という形で取り組んできた内容の意義である。人間の「生きている体」の営みをリアルに，しかもすばらしい働きをしている尊いもの，だからしっかり守り育てなければならない，というメッセージが込められた教材化とそうした指導の重要性である。人間の脳，目のしくみ，歯のしくみ，肝臓の働き，腎臓とオシッコ，体温，ウンチ，心臓と脈，人間の背骨，土踏まず，といった教材である。また，近年では小学校の一般教師たちからも「かぜとたたかう体」といった免疫の仕組みを感動的に教える教材化がなされたり，「かぜをひくと熱が上がるわけ」を日常体験とからめなが

ら納得的にわかる指導のあり方が追求されたりしてきている。そうした指導は，単なる認識でなく，観（症状観，病気観，身体観）をゆさぶり，変える取り組みにまで発展している。こうした保健教材の基本的内容を地道に教材化・授業化する取り組みが求められている。また，性に関する指導なども実践的にかなり蓄積されてきており，こうした教材についてきちっと整理することも必要になっているといえるであろう。

❹小・中・高校の発達段階における保健教材の考え方

現代社会における健康課題からどんな教材が重要かを検討することを横軸に意識するとすれば，もう一方で小・中・高校という発達段階における縦軸での教材化を意識してみる必要があるだろう。

保健という教材は，現在および将来を生きる子どもたちにとって，ある意味での実用性が必要であるがゆえに，「後では取りかえしがつかない（今まさに教えなければ価値をもたない）教材」と「やがて必要になってくる（将来を展望したとき価値をもってくる）教材」とがあると考えられる。主に，小学生期および中学生期の前半は前者の視点が重要であるし，中学生期の後半から高校生期にかけては，いま必要というだけでなく生涯にも役立つ後者の視点がより重要になってくるであろう。

具体的な教材で考えてみよう。虫歯や近視など不治性（一度悪化すると回復や復元が困難なこと）の強い疾病は，予防こそが重要であり，なってしまってからでは学習効果がうすい（かつて中学3年の教科書教材に「う歯や近視の予防」があったことがある）。二次性徴（月経や射精など）の教材や心の発達なども，まさにタイムリーな扱う時期というのがあるであろう。時期を逸してしまって遅いのも問題であるが，事前にやるにしてもあまり早く扱うのではピンとこないという問題もある。前回の学習指導要領改訂より，小学校の3・4年生段階から保健が位置づいたのは一歩前進ではあるが，これまで5年生での扱いだった二次性徴（初経や精通）教材を4年生で扱うようになったのは少々時期尚早といえよう。私は初経（月経）が5年生，精通（射精）が6年生での扱いがふさわしいと考えている。小学校の3年生に健康生活の基本である食事，睡眠，運動，排便等やそれらの生活リズムを学ば

せることになったのはそれなりに評価できよう。そうした教材の原理（食事等と体・健康との関連）に関しては，さらに高学年でも繰り返し扱われる必要があるが，この低学年段階でもそれらの基本を学んでおくことは意味があろう。ただ，生活習慣病（従来の成人病）がこんにち的にたいへん重大な健康問題であるということで，小学校段階から「病気の予防」教材で扱うようになっているが，病気の問題（脳卒中や心筋梗塞，糖尿病等）として扱うのは時期尚早の感があるし，説明されてもピンとこないであろう。私は，生活習慣病の原理（食生活の問題や運動不足がどうして血管を悪くするか，などについて）をきちっと扱うのは中学・高校生期でよいと考えている。

　また私は，これまでの学習指導要領で保健教材としては扱われていないが，小学校段階では，人間らしい体に成長・発達していくことを自覚させるための教材として，「人間の脳」や「人間の背骨」「人間の手足」「人間の血のめぐり」といった直立姿勢をとることによってできあがった体の特徴を学習させたいと思っている。さらに，保健教材の基本としての病気とは，体がどういう状態になることか，そのときに現れる症状の意味すること，そしてそうした状態が治っていくというのはどういう作用があるからなのか，といった保健の基礎的理解として，「風邪」などの素材を扱うことでぜひ理解させておきたいものだとも考えている。

　中学校段階で重要な教材は，心身の発達に関する内容であり，いまの自分たちがどういう発達段階にあり，どういう発達課題があるのかを明確に理解することである。とりわけ，思春期の生理学的特徴（心肺臓器や筋肉の発達など）や生殖に関わる器官，そしてまた心理的な発達としての「第二の誕生」，すなわち自分の心を相対化するもう一人の自分を発達させる時期であることなどをしっかりつかませることである。

　高校生期の学習課題としては，生涯保健の観点に立って，成人期に向かう発達課題から老化までと，成人期に多い健康課題（生活習慣病的問題），親としての子育てに関わる課題（結婚，妊娠，出産，育児という一連の課題）や性に関わる避妊や妊娠中絶の問題，などをしっかり学ばせたい。また，この時期には間もなく職業に就くという観点から，近年の労働と健康の問題を扱うことや高齢社会を支えていくということから，高齢者理解や福祉社会の

3. 保健授業の教育内容と教材づくり

あり方に関する理解，さらに現代的な環境問題にきちっとした構えを身につけさせていくような環境教育を保健の観点からも扱う必要があろう。

❺「教材づくり」といういい方に込めるもの

これまで，保健ではどんな教材が重要かという点について，これまでの学習指導要領に基づく教育内容もある程度意識しながら，私の考えを述べてきた。それは，現代の健康課題を押さえること，これまでのすぐれた実践の蓄積をふまえること，子どもにきちっとした健康認識を育てる授業過程を準備できるかということ，小・中・高校の発達段階における課題をふまえること，といった観点からであった。「教材づくり」という場合，そういった何がしかの観点から，教材を教師自らの意図のもとに「つくる」，つまり創造していく姿勢を指している。もちろん，生徒に教科書を持たせているのに，それを無視してたいした考慮もなく，勝手に何を教えてもよいということではない。現代社会の課題から将来を生きる子どもたちにどんな力をつけておく必要があるかを十分熟考したうえでの創造であるべきである。現行教材を所与のものとして一歩も出ないというのでは教材づくりにはならない。それでは授業方法の工夫のみにすぎない。「教材づくり」とあえて使うのは，教科書の内容がそのまま教材でないということをふまえ，まったくつくり換えてはならないものと押さえるのではなく，教材は教師によって選定・研究され，授業化の構成や工夫もなされて初めて生徒に生きるものになるという意味が込められているのだということである。つまり，「つくる教材」という発想には，内容（何を）と方法（いかに）を統合したレベルでの教材化を，創造的に構築していくものとしてとらえるプロ教師としての果たすべき役割，力量，責務が含意されているのだということを意味する。

この「教材づくり」という発想は，教科としての歴史の浅い保健科にとってはとりわけ重要な意味をもっていると考えられる。保健という教科には，他教科ほどに教材の背景となる内容（科学や文化）が明確でないということが関係している。理科の場合は生物学，化学，物理学等の自然科学が明確に存在する。体育の場合もバレーボール，バスケットボール，サッカー，陸上競技，等々スポーツや運動の文化が明確に存在している。こういう教科の場

合は，その内容を学ばせる意味の検討やそれをどう解釈して教材化するか，どう学ばせるかなどの検討をすればよい。しかし，保健科の場合は保健学というものがもう一つ明確でない。医学は臨床から基礎まで膨大に存在するが，それは雲をつかむようなものに等しい。その中で保健学とは何かといわれると，現段階では十分答えられない。教えるべき内容がないということではないが，一定の論理と根拠に基づいての必須教材を導きだす保健の科学や文化というものが不安定だということである。そういう保健科の現状からすれば，他教科と違って，現実の健康課題や子どもの保健意識の状況から，教師が子どもたちにどのような能力を育てたいと願うかを先行させ，その願いを実現するためにどのような内容をどう教材化するかという自主編成の努力が，個々の教師の創意と工夫によってなされ，確かな教材が授業実践の立場から蓄積されていくことがことさら重要だということである。「教材づくり」をことさら意識的に問題にするのは，そうした教材観と保健科という教科の現状認識があるからである。

❻新しい時代における保健科の存在と教材づくり

　教材というものには教師の創意と工夫が込められるべきであるという意味で，「教材づくり」という表現が使われるのだということを述べたが，それと関わって，そのもとにはやはり思想というか，教科のもともとのところを問い直す価値意識レベルでの主張が含意されているように思うのである。今世紀も保健という教科が存続するか，発展するか，その保障は何もないが，発展させられるならどういう問い直しが必要であろうか。

　20世紀という時代は，わが国では国策も国民意識も一貫して富国を求め，豊かさを追究した時代であったといえよう。前半は富国と結び付いた覇権主義と海外市場の確保の意図から，痛ましい戦争に明け暮れた時代であったが，後半世紀は戦渦からの復興を経て，いっそうの経済開発に拍車をかけ邁進した時代であった。物質文明は急速な発展をとげ，生活は豊かになり，平均寿命も著しく延びた。反面，公害問題の誘発やがん，循環器病（心臓病，脳卒中等）のような成人病（生活習慣病）の多発，ストレスによる精神障害や心身症，過労死といった異常を多様に生み出してきた。また「豊かさ」追

究にのみ一直線に邁進した「乱開発」は，地域的な公害を越えて地球規模での環境汚染にまで拡散させてきた。近年ようやく「地球にやさしい」生産や生活が意識されるようになったが，これは人類の未来とか生命・健康がかけがえのないものと，やっと意識されてきた証であろう。

　21世紀は，人間の生命や健康という絶対価値の立場から，これまでの文化，環境，生活，生き方を吟味し，再構築する時代になるであろう。前述したように，対象化しやすい環境問題に対する見直し意識は芽生えてきたものの，「自分」そのものである身体や心，そして生活や生き方，文化といった「人間としてのあるべき姿」への気づきや問い直し意識はまだまだ弱いように思われる。譬えとして，毎日している私たちの睡眠ということについて考えてみよう。いま，中学生や高校生だけでなく小学生でも「いま最もしたいことは何か」と問うと，たいがい「寝たい」という返答が返ってくる。ことに受験を控えた学年になると，睡眠を削り，運動や遊びを極力制限せざるを得ない現実がある。青白い顔をして朝からアクビをしている児童・生徒がいかに多いことか。子どもばかりではない。朝の通勤バスや電車の中では先ほどまで寝てきたはずの大人のサラリーマンの大半が再び眠りについている。半健康人間の蔓延，過労死の多発等の背景には，睡眠不足と生活リズムの失調，その慢性化と精神的ストレスが最大の要因に違いない。24時間営業のコンビニエンス・ストアのすさまじい勢いでの乱立，それは夜通し起きている人間がいかに増えたかの証明でもある。まだ人工照明が普及しはじめてから90年ほど，テレビが放映されて50年弱である。この一世紀にも満たない間に我々の生活は激変した。何万年という長い人類史の過程で身体に刻んできた太陽系の生活リズムを，わずか一世紀にも満たない短期間に大きく狂わせ，そのことが緩慢な体の異変として現れているのに，それに気づかないどころか夜勤労働や夜更かし生活を「豊かな文明・進歩のたまもの」という感覚でとらえているむきがあるように思われる。

　睡眠を例にあげたが，このままの感覚でいくとこれからいっそうの異変が生じることは間違いない。この感覚と意識に関して，これまでの生活，環境，そしてこんにちの人間の生き方とその背後にある条件を「いのちを生かす（活かす）」ものであるかどうかの観点から問い直す必要があろう。そう

いう問い直しのできる力を，未来を生きる子どもたちに育てていかなければならない。これからの「学校知」に求められるもの，それに保健という教科が答えるべき視点，それを具体的な「教材づくり」によって創造的に追求し続けなければならないと思うのである。

2 「わかる授業」の追求と教材づくりのあり方

前節では教育的価値，つまり現実や未来に生きる子どもたちに何をこそ教えるべきかの観点からの教材づくりの課題について述べたが，ここでは授業展開価値，すなわち子どもたちにおいしく食べてもらうための料理の仕方（教材化の工夫，授業における構想）について検討することにする。

❶「わかる授業」の質を追求することの意味

子どもたちが，授業が「たのしかった」とか「おもしろかった」と表現する場合，それは教師や教材のおもしろさに感覚的に感じる反応であるが，その多くの場合，もう少し深くて意義のある評価を含意してもいると考えられる。知識が豊かになったり，一所懸命考えてわからなかったことがわかったり，何らかの発見があったり，健康や生命の大切さをあらためて実感したり，自分の健康課題と結びついてためになった，というような何らかの内面的で価値的な変化が伴っているものである。"わかる"ということを軸にしたこうした内面の変化には，その深さや広さ，揺れ動きがあり，価値意識の変化にまで及ぶ質的な変化があるのである。子どもたちはそうした追求の質的中身にふれたときに授業に興味を持ち，満足感を覚えるのであるし，同時にそうした追求の過程で真の意味での"健康に生きる力"が身についていくのだといえる。

私たち授業研究の仲間が十分な教材研究をし，さまぎまな授業展開上の工夫をこらして行う実践授業の場合は，必ず子どもたちに授業後の感想を書いてもらうことにしてきた。なぜなら，その感想から授業のよしあし，つまり子どもたちがどのような授業の受けとめ方をしたかという授業の質を検討することを意図しているからであった。これまでに書いてもらった子どもの感

3. 保健授業の教育内容と教材づくり

想を検討すると，そこから次のようなことがわかる。まず共通してみられるのは，「〜がよくわかりました」「これまでいわれていたことがなぜなのかがわかった」「どうして〜するといいのか，大事なのかがわかった」といった知的・論理的なわかり方が基本になっているということである。それと同時に，かなりの子どもにみられるのが，「いままで〜だったが〜なのでおどろいた」「もし〜だったら大変なので，注意したい」「〜はとても大事だということが身にしみてわかった」「今日の勉強はとてもためになった」といった実感的で価値的なわかり方をしていることである。また，ときには「もっと〜について知りたいです」「〜はよくわかったのですが，〜の場合はどうなのですか」といった知的関心が誘発され，発展的な理解を求める子どもが出てくること，そしてさらに「〜がわかったので，〜を大切にしていきたい」「これからは〜のとき，〜をぜったい実行したいと思います」といった実践や自分の課題を意欲するような感想もかなりある。

こうした子どもの感想にみられるわかり方の質を吟味すると，その授業の具体的な授業展開の深さに大きく関わっているといえる。つまり，新たな知識を獲得したり，それまでの断片的な知識が論理的な思考に発展したり，誤った知識が科学的な知見によってくつがえされたりしながら認識形成がなされ，しかもその獲得過程が具体性をもつものであることによって，より実感的で価値的なものに高まり，そのことが実践的意欲とか切実なものとして課題意識を育てていくのだと思われる。

わかりやすい例として，「虫歯の予防」教材で考えてみよう。「虫歯はどうしてできるの？」と子どもに聞くと，たいがいの子は「甘いものを食べるから」とか「歯をみがかないから」と答えるであろう。これは小学生だけでなく中学生でも高校生でもあまり違わないであろう。これらの返答は本質的な理解知でない場合が多く，経験知であったり"しつけられ知（親等からのしつけによって得ただけの知）"にすぎないのである。本来「わかる」ということは「因果関係がわかる」ということであり，甘いものの摂取や歯垢の存在と虫歯の生成の関係が理解されていなければわかったことにはならないのである。糖分摂取の制限や歯磨きの必要性が納得的に実践に移されるためには，そうした根拠がきちっと理解される授業過程が組織される必要がある。

3. 保健の教材づくりとそのあり方

しかし，こうした科学的・本質的理解にわかりやすく子どもたちを導くということは，ある意味では大変な仕事であり，だからこそ1時間あるいはそれ以上の時間をかけてじっくり追求させるのである。因果関係への思考を促す発問の準備，さらに思考に吟味やゆさぶりをかけ，深い理解に導いていくための発問の工夫，さまざまな資料や教具を用いてそうした具体的思考を促し，納得知に導いていくのである。歯垢中に細菌が存在することをスライドやビデオでみせるとか，酸がエナメル質を溶かすということを実験的にみせてわからせる，つまり実感や驚きを伴ってわかるという場合，その認識は感性というか行動への意志というか，そういった心を動かす認識にまで高める必要があるのである。さらに，歯そのものの仕組みや役割の学習と関わって，歯の問題というのは単なる歯の病なのではなくて，人体全体に関わる問題なのだという認識になった場合，健康認識としての歯の理解になるのである。

このように考えてくると，「わかる」ということは，事象を客観的に認識するということだけではなくて，わかることの質的な探まりや広まりの過程で，そのことの意義や価値を認識し，自らのうちに健康への意志や展望を刻み込む過程でもあるのだ，ということである。こうした学び手の側に立って「わかり方」の質を吟味し，それと関わった授業像を描けるということが，教える側がどういう教材づくりを行い，どういう授業化の構想を練るかということと大きく関わっている。

❷「わからせ方」の吟味と授業構想づくりのいくつかの視点

子どものわかり方の検討を手がかりとして，教師の「わからせ方」の吟味，理想的な授業のイメージづくりをしてみる必要があるだろう。これまでの私たちの実践授業とそれに対する子どもの感想から，その「わからせ方」のイメージをいくつか提起してみよう。

1. **子どもたちが「なぜだろう」「どうしてだろう」と精一杯思考を働かせるような問いをぶつけ，「わかった」とか「なるほど」と納得するような授業構想づくり**

   こうした授業を追求するにはとりわけ発問が重要である。子ども自身が自

ら疑問をもち，不思議に思い，関心と知的欲求を募らせていくような問いかけが重要である。子どもに意味ある重要な発問を発することができるためには，日常的に教師自身が保健的事象に関心をもち，常に疑問をもち自らに問いかけをしている姿勢が重要である。「授業書」づくりの発想も基本的にこうした授業構想づくりの考え方からきている。子どもの思考を促す「問題」の工夫と考えた結果に対する納得のある検証過程としての「お話」で，授業構想を紙面上で明確化させるものであるからである。

2. 子どもたちの経験やしつけの中で身につけた保健常識をゆさぶったり，吟味にかけたりしながら，「あっ，そうだったのか」と腑に落としめるような授業構想づくり

この視点も基本的に先の発問を軸とする授業構想と同じである。ただ教材が生活課題に密着したものである場合，その生活経験知が科学知になっていない場合が多く，その問い返し，吟味を意識に置いた授業構想づくりが必要である。先の虫歯のところでも触れたように，子どもたちは日常生活の中ではほとんど"経験知"や"しつけられ知"に基づいて生きているといってよい。しかし，その経験や常識の中に一歩入ると，よくわからないという世界になることが少なくない。「なぜ甘いものを食べると虫歯になるか」，「なぜ近くでテレビを見ると近視になるのか」，「なぜ湯ざめをすると風邪をひくのか」といった類のことである。こういった点にも教師がまず常に問いかけ，科学の視点をあてる姿勢が重要である。そうした視点や姿勢が，発問づくりになり，授業構想づくりに生きてくるからである。そして，そうした授業に触発されて，自分の行動や生活を科学的な目で問い直し，変えていける子どもを育てることになるからである。

3. 体や健康のすばらしさ，大事さを感動や驚きをもって実感でき，いのちや健康の価値に気づいたり，意識できるような授業構想づくり

人間の体や健康のすばらしさ，大切さを教える保健の授業では，教師自身がその教材研究の過程で，そのすばらしさや不思議に満ちた事実に感動したり驚いたりしていることが多い。私たちの研究仲間である小学校教師，千葉保夫はそういった深い教材研究を大切にする一人である。彼は「自分がおもしろいと思わない素材を教材にして教えても，子どもには感動や驚きを与え

ることはできない」,「実感のない授業は進めば進むほど学習が概念的になり, 教師の一人舞台になり, 押し付けの教育になります」と述べている。いのちや健康のすばらしさ, そしてその大切さにふれさせるためには, 教師自身の教材に深くふれようとする努力とその前提にあるいのちや健康への価値意識, 人権感覚をとぎすます意識が重要だといえよう。

4. 自分の体や生活の現実を意識させ, そのことと健康との関係を見つめさせながら, 健康生活への実践的意欲を触発するような授業構想づくり

こんにちの子どもたちの心身の現実や生きざまを考えると, この視点をふまえる授業構想づくりがとりわけ重要になってきていると思われる。そのためには教師がたえず子どもたちの生活現実をリアルにとらえ, その課題性と科学性を結び付ける努力が必要であろう。前回から今次の学習指導要領の改訂にかけて, 生活習慣病の課題が重点化され, 食生活や睡眠, 運動といった生活行動と健康に関連する教材が, 小学校の中学年から位置づけられてきている。こうした中で, 生活と体・健康の関係性を自己体験にからめながら問い直させる授業構想づくりが重要になっている。睡眠不足や夜更かししたときの体, 食生活が乱れ夜食を食べたり朝食抜きのときの体, 栄養が偏ったときの健康状態, 慢性的な運動不足になったときのようすなど, 体験的事実とその問題について考えさせる構想を立てることである。また, 体の事実の観察や生活の点検などによって気づきの過程をふまえさせるような取り組みもあろう。自分の体調と平熱や安静時の脈拍との関係, 生活状態と排便の状態の関係などについてである。

5. 症状観, 病気観, 身体観, 健康観といった観が育っていくような授業構想づくり

生涯教育の観点から保健の授業をとらえると, そこで身につけた認識が生涯にわたって有用な力になるような学びが必要である。たんなる一過性の保健習慣的な実行力ではなく, そこで納得した認識が生涯の健康に生きる力になるような学びになることが重要である。そのためには健康に関連する見方, 考え方として定着していくような学びが重要である。例えば, かぜをひくと発熱が伴うがその症状はどういう意義のある現象なのか, 病気の結果なのか防衛反応なのかといった追究である。その追究の過程で, これまで症状

3. 保健授業の教育内容と教材づくり

（発熱）＝病気＝悪の現象と感じていた見方が「必要熱」とわかり，体が自然治癒のため，自己防衛のため，ウイルスの増殖を押さえ込むために行っているのだと理解したとき，それまでの症状観が変わるだろうし，病気観，身体観まで変わっていくであろう。むやみな薬の服用の考え方にも影響するであろう。

❸教材づくりから授業構想づくりへの進め方

　先に，保健の授業を構想する場合のいくつかの視点について示したが，ここでは教材づくりから授業の一歩手前までのおおよその手順について示すことにする。

　まず第一は，教材の選定と題材の明確化である。先に述べたように「教材づくり」を意識する立場とは，たとえ教科書内容を扱う場合でもそれを所与のものとしないで，教師の主体性のもとに何を子どもにメッセージし，どんな力をつけたいと願うのかを明確にする段階である。そしてそのテーマ設定は，できるだけ授業がイメージできる具体的なものであることが望ましいであろう。例えば「食べ物と消化吸収」「排便」というタイトルより「食べ物の旅」とか「ウンコへの旅」とした方が保健らしいし，興味のわくイメージをつくりやすいし，メッセージが明確になるだろう。

　第二には，教材が決まれば，その教材の背景になっている保健の諸科学に照らしながら，素材になっている問題に，教師のありったけをだして問いかけ，学ぶ教材研究をすることである。子どもを変え，健康に生きる力になるものは，教育内容であり教材の質であるが，それを仲介するのは教師である。教師がどれだけその中身を自分のものとし，子どもに提起し，考えさせ，説得性のある知恵として子どもに提供できるかが問われるのである。

　第三には，そうしたさまざまに教材研究した素材の中から何を選びだし，どのように構成するかを決めなければならない。この段階では，子どもたちの実態や意識，能力なども想定しながら，一定の時間枠の中で教材の組み立てと流れを絞り込むのである。しかし，その場合に教師が一方的に教えたい内容を説明していくのと，主要な発問を子どもに投げかけながら授業を展開していくのとでは時間的にも大きな違いがでてくる。子どもを学習主体にす

3. 保健の教材づくりとそのあり方

るには，タネやシカケを仕組み，しっかり考えさせながら腑に落としめていくような展開を練るのもこの段階である。子どもの経験的な意識や関心なども把握したり，具体的に考えさせるための教具や実験などの工夫を検討したりするのもこの段階である。

第四には，授業前の最後の準備段階としての具体的な授業構想を明確にする段階である。一般には授業案に仕上げていく作業であるが，ここでは授業案にはふれないで，原則的なあり方のみを述べておこう。数時間で構成するならば，その1時間1時間の配分と中身を明確にし，ついで1時間の流れをつくりだすことである。何を導入に使い，何を中核にし，何をまとめにもってくるかを授業の具体的ねらいに即して決定することである。そして授業の青写真を頭の中にイメージできるようにすることである。

この授業構想づくり段階における私たちの取り組みについて，小学校での実践授業をもとに述べてみよう。体に関わる健康問題を扱う教材では，まずその事実を見つめさせ，観察させたり，調べさせたりしつつ，発問をからませながら疑問を誘発させていくのである。歯の教材であれば，手鏡などを持たせ，じっくり自分の歯を観察させる。1時間をかけてじっくりスケッチさせたこともある。歯科検診結果とつき合わせ，どこにどの程度の虫歯があるか，自分の口の中の事実と向き合わせ確認させるのである。目の授業の場合も，外から見える目の事実をじっくり観察させ，機能と関連させながら学習させたり，近視の学習に発展させる場合は，自分の視力がどのように変化してきたか，現状はどのように見えるか，といった事実をやはり確かめることから導入していくのである。「うんこの旅」といった授業でも，授業に入る前に数日間"うんこ点検表（形と色）"をつけさせ，食べたものや体調との関係で観察させることから入っている。そうした事実確認の作業をさせつつ，クラスの子どもたちを授業のテーマの世界に入れ，共通の土俵にのせていくことを仕組むのである。

そして，次の段階では，事実確認の過程ででてきた（触発した）疑問を取り上げたり，意識的に投げかける発問によって思考を促したり，ゆさぶりや吟味にかける問いを発して，討論を引き起こすような展開を仕組むのである。虫歯のような教材の場合だと，「クラスの子の多くがこの歯が蝕まれて

3. 保健授業の教育内容と教材づくり

いるけれどそれはどうしてだろう」と投げかけたり，「おなかが冷えたとき，どうして下痢になったのかな」，「赤いトマトを食べたのにどうして黄色いウンチがでたの」といった迫り方である。

　こうした事実をじっくり確認させ，疑問を誘発し，ゆさぶったり考えさせる授業過程をふまえるからこそ教師の教授活動（教えること）が生きてくるし，子どもたちの学習活動（学びたい知りたいという欲求）が成立するのだということである。体のことや保健的問題には，現象的な事実がいろいろあり，その確認や類推はある程度できても，それらの本質的な理解のためにはきちっとした学びがどうしても必要である。つまり科学的な知見を明確な形で教えられることが必要なのである。それによって初めて納得知が得られ，生きる力に転化し蓄えられていくのである。要は，その主体的学びの準備状態がいかにつくられるかである。

（数見隆生）

4 保健の授業展開

4. 保健の授業展開

1 授業案づくりと授業の展開

〈要約〉——展開のある保健授業をつくり出すためには，対象となる一人ひとりの子どもを思い浮かべつつ，授業展開の青写真を作成しておくことが重要である。導入をどうするか，どう発問し，どのような学習活動を仕組むか，授業のヤマ場をどうつくるかなど，仮説としての授業案が授業の質を決定する。

1 授業案とその作り方

❶授業案とその必要性
A. 仮説としての授業案

"授業案"とは，指導案，時案，学習案などと呼ばれているものであり，より積極的な意味では「子どもを変革する仮説[1]」ないしは「授業展開の青写真[2]」ともいえる。それは，授業を参観する人たちの単なる「案内書」でもない。教師・子ども・教材の相互作用が織りなす授業展開のイメージがわいてくるものをいうのである。そして，授業というフィルターを通して，絶えず修正され，より質の高いものへと発展していくものなのである。

このように，授業案とは「よりすぐれた授業」をめざして，授業についての構想，計画を文章化したものであり，実験でいえば仮説にあたるものである。仮説の検討，すなわち授業案の検討が厳密であるならば，授業後の検討も焦点化され，その授業から問題点を明確につかみ出すことができ，その後の実践に対する方向性も的確に見いだせるであろう。その意味から，授業案の質が，授業のよしあしを決定づけるといっても過言ではない。

1. 授業案づくりと授業の展開

B. 追試可能な授業案

　ある教材の展開過程を想定しながら，授業の流れを綿密に文章化していく作業は，おのずと「授業書」の形式へと発展していくであろう。「授業書」というのは「指導案＋教科書＋ノート」の性格をあわせもった印刷物で，この中には，授業の法則性を取り出し，授業のあり方を科学化するという意識が貫かれている[3]といわれる。そのように綿密に文章化されたもの（テキスト）は，誰にでも追試ができ，なおかつ一定の成果が得られるような仮説として，多数の教師によって確かめられ，よりよいものへ発展させていくことが可能である。すなわち，伝達可能性と追試可能性をあわせもった授業案ということができる。

　さらに，保健科においては，「授業書」を一歩進め，教授行為をも含めたシナリオ形式の授業案も開発されてきている。そこでは「フィクションとしての授業記録」を構想し，追試可能な授業案とするために，次のような要件を備えるべきだとしている[4]。

- 子どもの反応，授業場面での教師の行為（掲示物・板書も含む）がその手順も含め明示されている。
- とくに，骨格となるべき「発問」「指示」は罫線で囲むなど，子どもとのやりとりの中での「教師の発言」と区別できるようにしておく。
- 「発問」「指示」の言葉はもとより，説明についても，実際の授業で子どもに語りかけるそのままの言葉で記述する。

❷よい授業案の構想

　授業案には授業者の教育観，子ども観，授業観といったものが具体的に反映されることになるが，いずれがよい授業案であるかを一律に規定することは困難である。

　かつて，すぐれた実践家であった斎藤喜博[5]は，よい授業案の要素として次の四つの点をあげた。

- 第三者にも解釈できるような授業案であること。すなわち，第三者が読ん

4. 保健の授業展開

　　でも，教材の解釈とか，授業の方向とか，子どもとか，展開プランとかがわかり，第三者にも授業展開の意欲がわいてくるようなものであること。しかし，第三者のために書くものではない。
- 読ませる授業案であること。ひとつの独立した読み物として，その世界に読者を引き込んでいくようなもの。
- 第三者にも豊かなイメージがわいてくるような授業案であること。書いているうちに「先生，わたしは違う意見です」などという子どもの声が聞こえてくる。そういう子どもの声や，教材の方向を考えながら，生きた創造・予想・展開は紙の上でされていく。すなわち，ひとつの作品的創造ができるはずである。
- その人間を感じるような授業案であること。授業者を知らない人にも，その教師の人間とか，教師の指導している子どもとか，学級とかが，生き生きとみえてくるような個性的な授業案でないとおもしろくない。よいにしろわるいにしろ自分をだして授業案を書いたりする教師になることが必要だからである。

　ともあれ，授業を展開していく主体である教師の息吹き，子どもの声，子どもの解釈などが生き生き働いているドラマが具体的にイメージできるような授業案の創造が課題である。

A. どのような保健授業観をもつか

　授業案作成の前提ともいうべき条件として，教師がどのような保健授業観をもっているかが問われるであろう。

　これまで，保健の授業は教科書を中心として進められ，その内容・事項や専門用語を板書し，質問する，知っているものに答えさせ，説明して覚えさせるといった「伝達型」「暗記型」授業が支配的であった。このような授業観のもとでは，「伝え・覚えさせる」授業案[6]にならざるを得ないのである。

　近年，教育界においては，このような詰め込み的，暗記主義的な教育が否定され，自ら学ぶ力を形成するという観点から，授業観の変革が求められている。現行学習指導要領の「保健」では，知識を活用する学習活動を工夫することが要請され，前回改訂の学習指導要領（1998年）においても，「積極

的な実習などを取り入れたり，課題を解決したりしていくような学習[7]」(小学校)，「積極的に実験や実習を取り入れたり，課題学習を行うなど指導方法の工夫[8]」(中学校) が強調されている。このような体験学習や実習，課題学習に対応した授業案が，今後は多数出現してくることが予想される。その際，かつての新教育にみられた問題解決学習のように，「調べさせ・見守る」授業案[9]に偏重しないような配慮が必要であろう。すなわち，「調べさせ・見守る」授業案は，子どもたちの自発的な学習活動を優先するあまり，その「流れ」をただ助言・支援するのが教師の役割であるとする考え方に陥ってしまう傾向を内在しているからである。教師の指導性を後退させてしまう授業観に陥りやすいのである。

　子どもたちが「自ら問うことを学ぶ」力を形成することが求められている現代においてこそ，子どもの既知をゆさぶり，知的関心を呼び起こすような教材・教具を開発し，発問を工夫するなど教師の指導性が求められるのではないだろうか。授業においては，子どもの自主性と同時に教師の主体性，指導性が共に大切にされなければならない。

　授業とは何か。授業が成立するとはどういうことか。吉本均[10]は次のように述べている。

　　「教師は，まなざしで向かい合い，徹底して働きかけ，ことばで呼びかけねばならない，問いかけねばならないのである。(中略) 教師は徹底して，働きかけねばならないのである。これに応えて，子ども・生徒は徹底して能動的に，選び取り，学び取るのでなくてはならない。」

　このような授業観を持つとき，「呼びかけ・学び取る」授業案[11]が構想されるであろう。教師が外側から呼びかけ，子どもが内側から応えるという「教える」と「学び取る」との「呼応のドラマ」を構想し，その筋書きを具体的につづった授業案である。

B. 目標をどのように明確にするか

　授業案に示す目標は，その時間に実現可能なものに限定し，できるだけ具体的に，明確に示すべきであろう。例えば，「う歯の原因」を主題とした本

4. 保健の授業展開

《授業案の例》

○○県○○市立小学校第5学年保健科学習授業案
授業者（学級担任）○○○○教諭
【1. 題材】「う歯の予防」
【2. 配当時間数】 3時間（本時：2時間目，昭和○○年○月○日，○曜日）
【3. 題材の目標】
(1) 学級でむし歯に罹っている子どもが多い。また治療に時間がかかって困っている子ども，むし歯で歯がだめになりうまく発音できなかったり，食物をよくかめないで困っている子どももいる。このような事実を通してむし歯の予防の必要性をとらえさせたい。
(2) 歯をみがいてもむし歯になる人が多いことから，みがき方の問題，またみがくだけでは予防できないことに気づかせたい。
(3) むし歯の予防のし方と，むし歯に罹ったときは早く治療を受けることが経済的にも，また時間的にも有益であることを知らせる。
【4. 題材のとらえ方】
(1) わたくしたちが生きていくうえで，歯はすばらしい役割を果たしている。そのすばらしい役割を果たすことができるよう，歯はすばらしい構造をもっているということをこの題材の基底とする。
(2) 歯は毎日使っているにもかかわらず，あまり自分の歯がどうなっているかについては知らないのではないか。じっくりと歯を観察させることによって，歯にはいろいろな形があること，むし歯はどこにでもできるというよりも，できやすいところがあることを見つけださせたい。
(3) むし歯の多い友だち，まったくむし歯のない友だちがいる事実を知らせ，なぜこのような差があるのかを予想させたい。
【5. 題材の組立て】
(1) 歯のはたらきとそのしくみ
(2) むし歯の原因
(3) むし歯の予防と早期治療の必要性
【6. 本時の学習】「むし歯の原因」
〈ねらい〉 むし歯は歯についている食べ物のカスが歯を溶かすのではなく，口中細菌が食べ物のカスである糖分を酸にかえることによって硬いエナメル質を溶かし，むし歯になることをわからせ，そのようなことが起こりやすいのはどんなところであるかを見つけさせたい。

学習内容	教師のはたらきかけ	予想される子どもの反応	留意事項資料
○むし歯の原因	○こんなに硬く，丈夫にできている歯が何でむし歯になるのだろうか。 ○甘いものを食べるとどうしてむし歯になるの？ 歯をみがかないとどうしてむし歯になるのかな？ ○ダイヤモンドみたいにかたいエナメル質を食べ物のカスが溶かすのかな，本当？ ○むし歯というけど，本当に虫がいるのかな？	○甘いものを食べるから。歯をみがかないから。 ○歯についている食べ物のカスが歯を溶かす。 ○……？ ○虫なんかいない。	

○口中細菌と食べ物のカス	○では,どうしてむし歯っていうの？ 口の中にはね,からだには直接害のない細菌がいっぱいいるんだ。目に見えないけれどもね。この細菌が,食べ物のカスを養分にして生きながら仲間をふやしているんだ。		○感動をもって説明。 ○口中細菌は血液寒天培養をすると目で見える。(衛生試験所にたのむとしてくれる)
○口中の酸化	○そして,この細菌が,食べ物のカスである糖分を酸にかえている。エナメル質は,硬くて強いけれども酸にかかるとメロメロなんですね。少しずつ溶かされる。		
	○このグラフから何がわかりますか。	○甘いものが口に入ると口の中は酸が強くなる。	○口中の酸化のグラフの説明
	○では,どの辺がむし歯にかかりやすいかな。	○食べ物のカスと細菌がいつもいるところ。	○コーラ,ファンタ,カルピス,サイダーなどにつけた抜歯を見せると効果的。
○むし歯にかかりやすいところ。	○それはどの辺かな。健康手帳と鏡をだして,自分のむし歯を確かめてみよう。	○おく歯のみぞ,前歯の歯と歯の間,歯ぐきのところ。	○カラーテスターで実験すると効果的。
○歯によくない食べ物	○では,どういう食べ物がそういうところにくっつきやすいのかな。	○チョコレートとかヨーカンとかガムなどの甘い食べ物。	
	○みんなのおやつ調べをしたのを見てみよう。どういうことがいえる？	○甘いものがいっぱいだ。	○おやつ調べの資料を提示。
	○では,このグラフと合わせて考えて下さい。	○昔は甘いものが少なかったが,いまは甘いものがいっぱいだ。	○むし歯の罹患率と砂糖の消費量の年次相関グラフ。
○まとめ	○今日の授業で,むし歯の原因がわかったかな。むし歯をつくらないためにはどうすればよいかについては次の時間に考えてみよう。	○食べ物のカスと細菌がいつもいるところ。	

(森　昭三による　1984年)

時の目標として、「う歯の原因は、砂糖分の摂りすぎ、口の中のよごれ、栄養などが関係して起こることを知らせる」とした場合と、「細菌と糖分との関係で、身体の中で一番硬いエナメル質が溶け、むし歯が発生することを、砂糖消費量とむし歯の罹患率の相関グラフ、ぶどう糖によるうがいと口腔の酸度との関係グラフ、各種飲料水につけた抜歯の活用などによって確かなものにする[12]」とした場合とでは、どちらが明確で、具体的な授業がイメージできるだろうか。

授業案に示されるその時間のねらいは、その授業で子どもが獲得する知識、技術を具体的に書くべきである。すなわち、「子どもに教える内容は、その概念のどのような部分・要素・側面なのか。言い換えたら、どのような事実（教材）に基づいて、その概念にどのような角度からせまるのかを明らかにしなければならない[13]」のである。

C. 授業のヤマ場をどう設定するか

教師と教材、子どもと教師、子どもと教材、子どもどうしの間に対立と緊張関係が起こり、それを克服した結果、教材のより深い解釈、新しいものの発見や創造、子どもたちのものの見方や考え方の変革を生みだす授業を「展開のある授業」といったりする。

そのためには、学習する内容が子どもの既存の生活経験とどこでどう矛盾しているのかを予想しつつ、「ヤマ場」を設定する必要がある。

「子どもの自己運動が起こるような『生きた学習課題[14]』をどのように提示するのか」、「展開の核となるような教材の重要部分は何か」、「子どもたちの思考を促すためにどんな発問をするのか」といったことについて予想を立てておくことが重要である。とりわけ、授業のヤマ場をつくるために、教師が子どもたちにどう問うか（発問）ということが検討される。

D. 授業の入り口をどのように工夫するか

授業の導入段階を工夫することであり、学習課題の本質と自己との関わりを子どもたち自身が直観できるよう工夫することによって、授業の方向性もはっきりしてくる。それによって、子どもたちが授業に集中できる雰囲気がつくられるわけで、授業案ではとくに大切にすべきところである。

その一つの有効な方法として、できるだけリアルな事実を提示し、子ども

たちの感性をゆさぶりながら，共通の土台にのせて授業を展開していくことが，これまでの実践から見いだされている。吉本均[15]がいうように，「具体性と意外性を持つ教材・発問づくり」，「既知に結び，五感にかける教材・発問づくり」，「比較・対立・論争的に問いかけ，思考を刺激する」という導入の原則が参考になる。

❸授業案の実際

A. 授業案の様式

　授業案には決まった型があるわけではない。教師の教育観，子ども観，授業観によって異なってくる。さらに教育の仕事が創造性・創意性を重視すればするほど，本質的にはその教師の個性に依拠するという理由から，授業案自体もきわめて個性的なものになるだろう。ところが，共同性・統一性を重視する学校体制の中では，授業案の書式，書き方といった形式の統一が重要であるとする考え方もあるようである。授業案の必要性を認めながらも，このような形式としての授業案が授業の定型化（例えば，導入・展開・整理）と結合してしまう傾向は問題点として指摘されねばならない。

　授業案の形式は決まったものがあるわけではないが，その時間の占めている位置，単元の構成，授業全体の流れ，教師の願いなどが一目でわかるようなものが望ましい。

B. 授業案の実際

　㈎働きかけ・呼びかける授業案

　学習内容の核に子どもたちを引きつけ，集中させ，迫らせるために，教師がどのような働きかけをするのか，それに対して子どもたちはどのように反応するのか，それぞれの答えに対して，さらにどう問いかけるかといったように，授業の流れを意識した授業案である。

　㈏調べ・支援する授業案

　近年，保健教育界においてもさかんに取り入れられてきている課題学習に対応した授業案である。この授業案では，教師がどのような支援や助言をしていくのかが重要なポイントとなるであろう。

　㈐ライフスキルの形成をめざした授業案

4. 保健の授業展開

〈課題学習の授業案の例〉
保健学習2・3時間目の流れ
1 題目　健康な生活（問題解決）
2 本時のねらい
　・自分の問題を個人やグループで調べることができる。
　・調べた内容をもとにグループで話し合い，新たな問題を追求したり，まとめたりしながら，調べている要因が健康な生活にどのように関わっているのかわかり，具体的に生活にどう取り入れていけばいいのか判断することができる。
3 展開

児童の活動・内容	教師の支援	資料
1　前時の計画をもとに，必要な資料を使って，調べる。 　食事　運動　休養・睡眠　環境 ・健康にどう関わっているか。（不足，過剰によってどう体に影響するのか。） ・適度，バランスなどの基準になるものはあるのか。 ・他の要因とはどう関係しているのか。 ・具体的に生活に取り入れるときに気をつけることは何か。（心理的，社会的面） ・わからないことがあったときに教えてくれるところはあるか，など。 2　調べたことをもとに，グループで話し合い，その要因についてまとめたり，新たな問題を見つけたりする。 3　新たな問題を調べ，グループで話し合い，発表できるようにまとめる。 (1)　新たな問題を調べる。	●学校外で聞き取り調査やインタビューなどをする場合，相手とのコンタクトの取り方を伝え具体的な調査内容を授業の中ではっきりさせるよう助言する。 ●調べることに行き詰まった個人やグループには，前時の話し合いで出てきた共通の観点を振り返るように助言したり，その要因特有の問題を提起したりする。 ●質問紙調査が必要になったときは，授業の中で作成させ，内容について助言したい。 ●時間内に調べ終わらなかったことについても，新たな問題として次時までに自分なりに調べるように助言する。 ●新たな問題については，事前に調べておくようにし，さらに資料等で追加させ，時間の確保をしたい。	・画用紙 ①食事 ・文書資料 「食事物語」 「朝食を抜くと……」 「栄養素のバランス」 「塩分を取りすぎると……」 ・掲示資料 「食事の工夫」 ・学習カード ②運動 ・文書資料 「運動物語」 「運動不足病」 「正常なひじと野球ひじ」 「有酸素運動ってなに？」 「運動強度」 ・掲示資料 「運動の工夫」 ・学習カード ③休養・睡眠 ・文書資料 「睡眠物語」 「睡眠の量と質」 「体温と眠気のリズム」
(2)　調べたことを話し合ってまとめる。 (3)　発表の仕方を話し合い，発表の分担をする。 (4)　発表の準備をする。	●発表を意識させ，資料をそのまま書き写すのではなく，人にわかりやすい言葉でまとめるように助言する。 ●発表時間の中で，いかに自分たちの調べたことをアピールできるか，聞き手は自分たちの発表から何を知りたいのかなど，発表側と聞き手側の両面から発表内容を考えさせたい。 ●準備が終わったところは，リハーサルを行い，教師は質問をし，内容で不確かなところはないかチェックさせたい。	「健康づくりのための休養指針」 ・掲示資料 「睡眠の工夫」 ・学習カード ④環境 ・文書資料 「環境物語」 「水・酸素・日光を取りすぎるとどうなるの？」 「1日の水の量」 「適度な日光の量」 「環境問題と水・空気・日光」 「よい水の見分け方」 ・学習カード

前回の学習指導要領から、健康のための意志決定・行動選択を促すような保健授業が強調されてきた。その一つの方法として、ロールプレイングを導入した保健授業も行われている。

ロールプレイングは、①ライフスキル、喫煙や飲酒など健康を損なう行動への誘いに対処するスキルを練習する、②健康に関する問題を自覚させたり、新しい情報を提供する、③対人関係のスキルを評価する、などの目的で用いられるきわめて有効な教育方法の一つである[16]という理由からである。

保健授業では、まず子どもたちにシナリオをつくらせ、それをもとにロールプレイングの練習をするという方式が一般的のようである。健康に関わる対処技能を身につけようとするとき、そのねらいをはっきりさせておくことが重要である。対処技能には、受信技能（情報を正確に受け取り、必要な情報を選び取る技能）、処理技能（行動の選択肢をあげ、それを評価し選択する技能）、送信技能（選択された行動を適切に実行する技能）の三段階がある[17]とされている。保健授業におけるシナリオづくりは処理技能に、ロールプレイングは送信技能に対応するであろう。

2 授業の展開構想を先取りした授業案

❶展開のある授業

かつて斉藤喜博は、次のような授業を「展開のある授業」と規定した。

「授業に、そういう変化が起こり、流動がおこり、爆発がおこるということは、その授業が、授業の中に絶えず矛盾をつくりだし、衝突・葛藤をおこすことによって、矛盾を克服しているからである。（中略）教材と教師と子どもの間に矛盾がおこり、対立とか衝突・葛藤とかがおこり、それを越えることによって、教師も子どもも新しいものを発見し、創造し、新しい次元へ移行していく（中略）そういう質の授業だけを＜展開のある授業＞といわなければならない[18]」

同様の観点から、柴田義松は授業に起こる緊張関係の成立、すなわち授業

4. 保健の授業展開

過程に固有な内的矛盾に着目し、それが授業を展開させる原動力となるとして次のように述べている。

> 「教材は、子どもにとっていわば問題のかたまりである。解釈をしたり、法則を発見したり、課題を解決したりしなければならない問題点がそこにひそんでいる。それら問題点にたいしては、子どもの既有の知識や考え方が対立するだけでなく、教師自身の知識や考え方も対立する。教師はその教材によって何を子どもに教えるかを、教材の本質についての自分の解釈および子どもたちの心理についての理解に基づいて決定しなければならない。こうしてまず、教師が教材と対決し、そこに緊張関係が発生する。教師の願いは、子どもの現実と対立する。子どもたちの思考や感じ方をこのように変えてやろうと願う教師と子どもたちの対決・衝突、そこに第二の緊張関係が生まれる。子どもは、教材と対立する。これまでの知識や能力では組みふせることのできない教材とのたたかいがはじまり、そこに第三の緊張関係が生まれる。そして最後に、子どもたちどうしの間に意見の対立や衝突が生まれ、それらの対立の克服が、教材のより深い解釈を生み出す[19]」

このように、展開のある授業とは、一口に言えば授業過程における基本的矛盾を豊富にもっている授業であるといえるだろう。したがって、授業における「展開」とは、授業案の形式にみられる導入・展開・整理という時間的流れに沿ったものを意味するものではない。それはリズムがあり、集中があり、ヤマ場があるといったような力動的な質をもった「展開」を意味している。

❷展開のある授業の構想

展開のある授業を実現するためには授業を設計する段階、すなわち教材研究や授業案の段階で十分な検討がなされなければならない。授業案作成の段階で、授業を展開していく流れがイメージされている必要があるからである。数見隆生[20]は、授業が展開するための原則を次のように提起している。

第一に、体に関わる健康問題の教材では、まずその事実を見つめさせ、観察させたり、調べさせたりさせつつ、発問をからませながら疑問を誘発させていく。

　第二に、そうした事実確認の過程で出てくる疑問を取り上げたり、教師の側からの発問によってゆさぶっていくことにより、その原理や関係や要因等について考えさせていくのである。

　第三には、事実をじっくりと確認させ、たっぷり疑問を誘発し、ゆさぶったり考えさせたりしているからこそ、教師の教授活動（教えること）が生きてくるし、積極的な学習（聞くこと）が集中をもって成立しているのである。

　このような授業の流れを意識しつつ、授業案づくりにおいては次のようなことに配慮しておきたい。

A. 授業のねらいを具体的に示す

　その授業で、教師が子どもたちに学ばせたい客観的・科学的内容をはっきり示す必要がある。例えば、「むし歯は、歯についている食べ物のカスが歯を溶かすのではなく、口中細菌が食べ物のカスである糖分を酸に変えることによって硬いエナメル質を溶かし、むし歯になることをわからせ、そのようなことが起こりやすいのはどんなところであるかを見つけさせる」といった具合である。

　授業で何を教えるのかということがはっきりしないとき、ヤマ場のない、平板な授業に陥ってしまう。

B. 授業の導入部分の検討を十分にしておく

　授業の「導入」は、「展開」への布石として、子どもたちに学習課題に対する姿勢をつくることでなくてはならない。「教科書を開いて読ませる」というのでは導入にはならないだろう。

　展開のある保健の授業においては、子どもたちの生活現実や体験、具体的かつリアルな事実の提示が導入段階で工夫され、授業案に示されている。

C. 授業を展開する発問を工夫する

　展開のある授業をつくりだすためには、教師の発問がきわめて重要な鍵と

なる。ここでいう発問とは、「これまでどんな病気にかかったことがありますか」、「暑いときに体にどんな変化が起こりますか」というように、子どもたちの既成の知識や経験を問うような「問診的発問」ではない。授業展開の核となる部分と関わって、子どもたちの思考をゆさぶったり、内部矛盾を起こさせるような発問、さらには、そのような緊張関係を乗り越えて新しい世界が開けてくるような「展開的発問」を意味している。

例えば、千葉保夫[21]の「歯の生えかわり」の授業（小学校4年）では、「これが抜けた乳歯です。この抜けた乳歯には歯根（歯の根っこ）がありません。抜けたどの乳歯を調べても歯根がないのです。歯根がないのはどうしてでしょうか」と発問し、子どもたちにいろいろ予想させながら授業を展開させる構想をしている。また、加藤修二[22]の「かぜとたたかう体」の授業（小学校4年）では「熱は病気なのだ」と考えている子どもたちにゆさぶりをかけ、「どうして熱が上がったの？　たぶんでけっこう」と発問している。子どもたちはいろいろ予想しながら、「ウイルスが熱を出す」という意見と「人間が熱を出している」という意見にわかれ、討論をくりひろげながら授業が展開されている。

教師の発問は、授業において子どもたちに言う通りの言葉で授業案に示しておくことも重要である。

D. 発問にたいする子どもたちの応答を予想し、授業のヤマ場を構想する

発問に対する子どもたちの応答を予測しておくことは、授業を展開する上で有効である。どういう発問で呼びかけるか、子どもたちはそれにどのように応答し、その応答はどのように対立・分化するか、どのような誤りやつまずきをするかなどの予想を授業案に書いておくことである。

「授業書」方式の保健授業では、「問題」に対する子どもたちの「予想」をあらかじめ選択肢で示すことが多い。例えば、戸野塚厚子[23]は「へその緒」の授業（高校）において、「へその緒を流れている血液は、赤ちゃんのでしょうか。それとも母親のでしょうか」と発問し、生徒たちの応答の予想として、①赤ちゃんの血、②お母さんの血、③行きはお母さんの血、帰りは赤ちゃんの血、④どちらのものでもない、という選択肢を設定している。実際の授業では、生徒たちの予想は分かれ、それめぐって教師が討論を組織し、展

開のある授業となっている。

　発問に対する子どもたちの多様な応答を予測しておくことで，教師は，授業展開において子どもたちへの多様な対応が可能になるのである。

(引用・参考文献)
1) 小倉学編著『現代保健科教育法』大修館書店，1974年，274頁
2) 斉藤喜博『授業の展開』国土社，1971年
3) 庄司和晃『仮説実験授業と認識の理論』季節社，1976年，11頁
4) 近藤真庸『〈シナリオ〉形式による保健の授業』大修館書店，2000年，2頁
5) 前掲書2)，184頁
6) 吉本均『授業観の変革』明治図書，1992年，75-76頁
7) 文部省『小学校学習指導要領解説体育編』1999年，96頁
8) 文部省『中学校学習指導要領』1998年，79頁
9) 前掲書6)，77-79頁
10) 前掲書6)，9頁
11) 前掲書6)，79-80頁
12) 数見隆生「保健の授業とその分析(1)」『体育科教育』1975年1月号
13) 柴田義松『授業の原理』国土社，1974年
14) 前掲書13)，184頁
15) 前掲書6)，89-93頁
16) JKYB研究会『「健康教育とライフスキル学習」理論と方法』明治図書，1996年，59頁
17) 東大生活技能訓練研究会『わかりやすい生活技能訓練』金剛出版，1995年，22頁
18) 斉藤喜博『教育学のすすめ』筑摩書房，1969年
19) 柴田義松『教授の技術』明治図書，1977年，77頁
20) 数見隆生，千葉保夫「保健の教材づくりと授業の展開」『体育科教育』1992年8月号，16頁
21) 千葉保夫，黒澤恵美『歯のふしぎ骨のだいじ』農文協，1996年，76頁
22) 加藤修二「かぜとたたかう体」『日本教育保健研究会年報』第4号，1997年，51-63頁
23) 戸野塚厚子「手づくり教材，へその緒から―へその緒の血液は母親の血？赤ちゃんの血？―」『学校体育』40(2)，1987年，134-140頁

　　　　　　　　　　　　　　　　　　　　　　　　　　　(田村　誠)

4. 保健の授業展開

② 授業における教師の技量

〈要約〉——「子どもが自ら問うことを学ぶ」力を形成することが求められている現代においてこそ、子どもの既知をゆさぶり、知的関心や学習意欲を呼び起こすような教材・教具を開発し、発問を工夫し、討論を組織するなど、これまで以上に技量のある教師、指導力のある教師が求められている。

1 魅力ある授業のための基礎・基本

❶教材をわがものにする

　授業を魅力あるものにするには、まず教師自身が感動し、子どもも感動できるような教材を選ぶことである。教材は教師にとって与えられるものではなく、自ら発見したり、構成したりするものである。

　教材の真実をつかんだ教師は、それを子どもに何とかして伝えたいと願う。それが教材を通して子どもが学習する内容となる。

　このことを、有田和正は次のように述べている。

　「教材というと、どこかに客観的なものが存在するかのようにそれまで考えていたが、結局、教師自身によって体験され、把握されたものにほかならない、ということがつかめたことである。

　すなわち、教師みずからが学び『このことは何としても追究させたい』という強い願いをもつようになったとき、それが『教材』となり、その意気込みや迫力のようなものが子どもの追究心に火をつけ、子どもを意欲的にすることになるということが体得できたのである[1]」（傍点筆者）

演劇においてすぐれた俳優は，その役を完全に主体化・血肉化し，せりふをまったく「わがもの」とし，そのことによって作品の思想を語りかけ，観客の共感を呼び起こす。教師は俳優と同じく，教壇に立つとき，教えたいものを「わがもの」としていかなくてはならない。

❷「学問的な眼」を育てる

だが，授業の演出は，思想をかなり自由に個性的に演じうる演劇の場合とはやや異なる。授業では，日常の生活経験では「みえない」科学的真理が「みえる」ようになるための「学問的な眼」（概念装置）を子どもたちに育てていかなくてはならない。

また，子どもが意欲的に活動したからといって，学習が成立するわけではない。「学習が学習として成立するためには，活動を通して意味と関係の構成（これを経験という）が達成されなければならない[2]」のである。

授業においては，子どもたちに伝えるべき客観的な文化世界が課題として存在している。教師は，子どもの活動を介することによって，それらを確実に子どもたちに定着させていかなくてはならない。思想を主体化し，かなり自由に表現すればよい芸術的行為との違いがそこにある。その点が見失われると，授業が教師の人格やパトスに矮小化されたり[3]，子どもの活動や体験自体を目的とする「はいまわる」授業にもなりかねない。

❸教師の自己変革を伴う教材づくり

保健の授業で教師が扱う知識は，教科書に示されている既知の知識であり，しかも教師は何度も子どもにその知識を教えなければならない。そのため，ともすればその知識は新鮮さを失い，生命力を失いがちである。

この宿命ともいえる問題を克服するために，すぐれた教師は既知の知識を多様な視点から吟味し，新たな発見や解釈を生み出し，その知識に新鮮な生命力を吹き込んでいく。知識を追究していって，一つのことがわかる。すると，さらに新たな問いが生まれて，また追究していく。そういう中で，当初は予想もしなかった事実にぶつかったり，あるいは，その事実を分析したり

4. 保健の授業展開

総合したりするうちに，自分では気がつかないでいた法則性や解釈を発見したりする。そういった積み重ねで，教師の視点が次々と質的に高まっていく。「へぇー！ 体を守る仕組みってこうなっているのか」と驚くと同時に，昨日の自分の目よりも今日の自分の目のほうが質的に高まっているという喜びを感じる。教師による知識の吟味（教材研究）とは，事実を発見することによって一種の「自己変革」を伴うものだと思われる。

このような自己変革は，視点を絶えず更新することによって，より深く本質に接近することを保証するとともに，教師自身に本来の意味での仕事の「おもしろさ」を確かな手応えをそえて保証もしてくれる。さらに，それを子どもに何とかして伝えたいという教師の願いや意欲を保証するものともなる。

このような，教育内容を教材に構成したり授業の展開に結びつける「授業を想定して構成された教育内容の知識」こそが，教職の専門性の中核をなすという[4]。

昨日よりは今日，今日よりは明日と，より深く状況がみえてくる。新しい事実を発見する。その見えてきたもの，発見したものを教える。このような作業があってこそ，教師はその知識に生命力を与えることができるのである。

② 授業展開の技術

❶ うまい授業とは

どんなにおいしい食物でも，汚いうつわに盛って出されたのでは，食欲がわかない。それと同様に，どんな質のよい教材でも，その教える方法が拙劣では，子どもたちに受けとめられない。教育では何よりも情熱と，子どもへの深い愛情が欠かせないが，同時にすぐれた教育技術を身につけることも必要である。

では，どのような教育技術を身につければよいのか。すぐれた授業実践家の一人である有田和正は，次のように述べている[5]。

「うまい授業だなあ！」と感じるのと，その第一は，何といっても発問のうまさである。授業のよしあしは「発問」によって決まる，といっても過言ではない。

第二は，子どもの反応の生かし方のうまさである。子どもの発言の取り上げ方のうまさ，それを板書にしあげていくうまさ，さらに，子ども同士の発言をからませていくうまさである。

第三は，子どもの動きに応じて資料を提示する，タイミングの絶妙さであり，その資料のユニークさである。

それでは，うまい授業のための教師の技術を，授業の展開にそってみてみよう。

❷子どもを引きつける発問の技術
A.「質問」から「発問」へ

授業の導入は，子どもの追究心に火をつけることである。子どもの追究心を誘うには，まず，学習課題に関わる具体的な事実や現象を提示しながら子どもを引きつける「発問」を工夫することである。

発問とは，一般的に次の二つに大別できる。

(1) 学習者がどんな心的状態にあるか，すでにどれだけのものが力（知識・技能・方法など）として備わっているかなどを点検するために投げかけられ，その答えによって教師は方針を決定していく，いわゆる「問診的発問」
(2) 学習者に思考活動を促し，集団的な思考活動の展開を図っていくための「展開的発問」

保健の授業においては，後者の「展開的発問」こそが教師の基本的技術であり，教師の技量を示すものであるという認識は少ないように思える。「生活習慣病はなぜ起こるのか」「エイズを予防するにはどうすればよいか」など，その授業で学ぶべき教育内容がそのまま「発問」とされることが多々あ

る。これでは，子どもたちの思考は少しも誘発されず，子どもたちの「主体に切り込む発問」とはなりえない。

この場合，子どもから活発な応答が出てこないのは，子どもたちの発言力，思考力の乏しさ，弱さ，つまり子どもの質が悪いからなのではなくて，まさに教師の発問の質が悪いからである。では，よい発問とは何か。

B. 単純明確な発問か

「健康とは何ですか」といった一般的で無限定な問いでは，子どもたちの思考や表現は少しも発展しない。せいぜいWHOの健康の定義が，お題目のように返ってくるだけである。だが，「生まれつき体に障害をもつ人は健康といえるのでしょうか」という問いでは，その反応が異なってくる。

発問にとって最も重要なことは，子どもの思考やイメージに限定をかけることである。発問で思考やイメージに限定がかけられることによって，子どもたちは，授業のねらいに迫るため共通に思考する対象を具体化したり，明確にしたり，思考の方向づけをしたりするきっかけを与えられるのである。この限定のかけ方こそが「発問」の技術性である。

「お医者さんは，どんな仕事をしていますか」という発問は，単純明確ではない。「どんな仕事」という問いには，「病気を治す仕事」という一般的・抽象的な答えしか返ってこない。

これにたいして，「お医者さんは，病気の人のどこをみていますか」という発問では，「舌をみる」「目をみる」「胸を聴診器でみる」「胃の中を胃カメラでみる」「レントゲン写真をみる」「尿をみる」など，多様な答えが出てくる。小さなことでも，はっきり確かめられる事実を通して，より豊かなイメージを描くことができるようになるものであり，それをつきつめていけば本質的なものがみえてくる。

このことは，「発問」では，いきなり本質を問うてはいけないということも意味している。事実や資料などで正誤を確かめ得るような現象を問うて，それが結果的に本質的なものの認識へ到達できるようにするのが「発問」のポイントである。

「動物が何を食べるかは，生まれつき（本能によって）決まっているのだろうか」といった発問よりも，「ネコがバナナを，シカが魚を食べるように

なるだろうか」という発問のほうがすぐれている。なぜなら，事実を問う発問では，専門家の研究によって確定された事実に照らして，その答えの正否を検証することが可能である。しかし，本質を問う発問では，直接的な検証の手段が与えられていないので，特定の結果や価値観のおしつけが生まれるからである。

c.「なぜ」「どうすればよいか」とは安易に問うな

　教師は，授業で子どもに考えさせようするとき，「なぜ」を連発する。なぜか？

　その理由を，苅谷剛彦は次のように言う6)。

　　「『なぜ』という問いがさらなる考えを誘発するのは，その答え『なぜなら〜』についての予想や見込みを，とりあえず考えてみること自体に意味があるからです。（中略）『なぜ』という問いの場合は，その理由や原因を予想すること自体，私たちの考えを深めるきっかけとなります。想像力を駆使して，『なぜ』の答えを考えたり，仲間と議論することは，解答にさまざまな可能性があるだけに，『どうなっているのか』を勝手に予測する場合以上に，考える力をはたらかせることになるのです」

　「なぜ」という問いが教師に多用されるのは，その原因や理由についての予想を考えてみることを誘うからである。また，原因や理由がきちんと説明できること，それが「わかる＝理解」した証拠であると考えられていることもあって，教師は「なぜ」と聞きやすい。

　「人のからだ」の学習で，「手や足はなぜ動くか？」と聞かれ，「脳が命令するから」と答えたら，教師は「そうかな？」と取り上げなかった。「正答」は「骨と筋肉があるから」だったという7)。

　このように，「なぜ」「どうして」は，いきなり本質を問うので難しくて答えられず，またレベルの違う答えがいく通りもある。子どもは授業での状況をふまえて教師の発問の意図を推測し，多様なレベルの答えの中から教師が最も望んでいるものを選択して答えなければならない，子どもに厳しい問いである。

4. 保健の授業展開

　また,「なぜ」が説明を求めるだけでなく, 質問者側の納得できない気持ちを表明したり, 叱責, 強要の言葉としてはたらく面もある。「なぜ, そんなことをしたの!?」には, 説明を求められているのか謝罪を求められているのか, 状況により判断が必要になる。「なぜ〜しないの」という形をとるときは, 説明を求める機能よりも, 強制の言葉として機能する場面がはるかに多い[8]。そのため, 子どもたちは沈黙して教室がしらけたり, 無理に答えにならない答えが出されたり, あるいは教師の「正答」とすれちがったりする。

　授業で「なぜ」の使用を自制することは, 教師の力量形成にも役立つ。このことが, 精神科医の問い（問診）のあり方で, 次のように指摘されている。

　　「『なぜ』を禁止すると, 一つ貴重な余得がある。それは, 精神科医の面接技術が向上するということである。『なぜ』『どうして』を連発している幼児が, 大人に依存しているように, 『なぜ』を多発しているときの精神科医は, 情報収集作業において, 全面的に患者に依存している。患者が的確に答えてくれなかったときに, 精神科医の中に起こる欲求不満の性状は, 幼児のそれと同質のものである。大きくなって質問の言葉を工夫している幼児のように, 精神科医も, 『なぜ』を卒業して, 他の質問形式を身につけるようにするのが望ましい[9]」。

　教師も, 子どもに依存しないように他の問いを工夫して,「なぜ」を卒業しなければならない。

　同様に, 保健の授業で多くみられるのが「どうすれば（どうしたら）よいでしょうか」という発問である。「インフルエンザを予防するにはどうすればよいでしょうか」,「虫歯を防ぐにはどうしたらよいか」など, 保健のねらいは「できる＝行動化」にあるという発想からか,「どう（行動）すれば（したら）よいか」が多用される。

　「虫歯にならないようにするには, どうしたらよいか」といった問いは, 虫歯を防ぐという目的に対して,「どうしたらよいか」は, どんな方法や手

段があるのかを考える問いになっている。ところが、この「どうしたらよい か」という問いも、因果関係を問題にしている場合が多いのである。「どう したら虫歯を予防できるか」であれば、「虫歯が予防できること」が結果で、 そうした結果を生み出す原因を探そうというのが、「どうしたらよいか」に なる。これから起こることの原因を探ろうというのである[10]。

　「どうすればよいか」という発問が、「なぜ」「どうして」の発問とよく似 ているのはこのためである。また、「なぜ」の発問と同様に、発問の中に含 まれている知識が非常に少ない。何を考えたらよいか思考の対象が明確でな く、知っていればすらすら答えられるというだけで、思考を促すことにはな らない。そこには何らの仮説も原案も含まれていない。「どう答えればよい か」ことごとく回答者である子どもが考えださなければならない。

　「マスクやうがいをすれば、インフルエンザは予防できるでしょうか」の ように、「どうなっているのか」という実態を問う問いへ変換し、調べれば 答えがわかるようにしてやる必要がある。

D.「問答」をつくり出す

　授業での教師と子どもとの会話は、一般の会話に比べて特異である。一般 の会話では、知らない人が知っている人に尋ねるのに対して、授業での会話 では、答えを知っている人が知らない人に尋ねている。知らないものが問う のは、いうまでもなく知らないことを知りたいがために問うのである。そこ では、問いに対してまさに唯一正答のみが求められているのであり、問いか けられた相手がいかなる活動を行ったかということは問題にならない。

　これに対して、答えを知っているもの（教師）が、知らないもの（子ど も）に問うのは、決して正答のみを求めているのではない。授業はクイズで はない。教師の問いにとって重要なことは、結果としての答えよりも、「問 いと答えとの間」でなされる子どもたちの思考活動そのものなのである。加 藤秀俊は、次のように述べている。

　　「知的訓練というものは、じょうずな問答の訓練のことなのである。それ は、生身の人間どうしが対面したときに初めて可能なことだ。教室の意味 は、そこで問答が展開されるというところにある。問答のない教室は、何の

4. 保健の授業展開

意味もない[11]。」

　だから教師の発問は，子どもたちの中に問いを設定し，学習集団の中に問いを成立させることであり，その問いをめぐる「問－答」過程をつくりだすことを使命としている。そして，その問いをめぐる「問答＝論争」過程において初めて，子どもたちは知的・能動的な学びの主体となるのである[12]。

❸ヤマ場を盛り上げる展開の技術
A. 拮抗のある授業

　「意見と意見が対立してはじめて授業になる─そうわたしは思う。ある人が意見をだしたら，みんなが賛成して終わってしまうのはつまらない。人の意見に賛成するのはいい。でも他の人の意見を聞いていると，その中に『おかしい』と思うことがあるはずだ。それをえんりょなくだすことだ。それをだせるクラスでなくてはいけないと思う。3部6年の授業がおもしろいのは，いろいろな考えがえんりょなくでてくるからだ[13]」（6年　伊藤端穂，傍点原作者）

　このように，子どもが求めているのは「拮抗のある授業」である。「意見がわかれて言い合い＝討論ができる学習」を求めている。では，なぜこのような授業を求めるのだろうか。

　授業で，教師の発問に対する答えの予想を立てるということは，子どもにとって自己との対話であり，予想自体を一種の「鏡」として自分の考えを確かめてみる自己中心の活動である。

　それに対して，討論は，自分と他人との対話であり，他人の考えを「鏡」として自分を見つめる社会中心の活動である。子どもたちは，論争（言い争う─強烈な説得活動）や，話し合い（意見の交換─知恵の貸し借り）あるいは相談（与える─相手をひき上げる）などからなる討論の中において，自分自身の考えに異変（質的変化）ないし飛躍（新たな考えの生み出し）もしくは確信（自信をもつ）などが強く引き起こされてくる[14]。つまり，他の人間の認識を自己の頭に受けとめることにより，子どもたちの認識はさらに深くなり，また討論で自己の認識が他人に伝えられるよう（他人的）になること

によって，自己として成長していくことができるのである[15]。

　また，自分の感じたことを他者に伝え，共感をともにし合う。そういうことを通して，知的共同体の一員として文化的実践に参加していくことにもなるのである。

B. 討論の組織化

　発問によって学習集団の内部に対立・分化が呼び起こされたとき，グループとして，個人として一つの立場をとらせながら，また教師も特定の立場に味方しながら，ゆさぶりをかけたり，からみ合わせたりすることによって，子どもたちの思考やイメージは，いっそう厳しく鍛えられ，豊かに深められていき，内容がいっそう確かに読みとられていくことになる。

　例えば，子どものもつ一般論的な発言や通俗的な解釈に抵抗し，新しい解釈を出すことで，ゆさぶり的に問いかけることができ，思考を流動化させ，より深い理解へと立ち向かわせることができる。

　「福祉の授業―障害者問題を考える―」で，視覚障害をもつ子どもが粘土でつくったイヌの作品を子どもたちに見せる。「目が見えないのにすごい」という子どもの声全体がおさまりかけそうになった瞬間，「『目が見えないからこそすごい』という意見はありませんか」とゆさぶりをかける。

　イヌの作品には肋骨が表現されていた。その肋骨が何かわからなかった盲学校の先生が作者の児童に聞いたところ，「犬にさわったらあるでしょうが」といいながら，先生の手をとって自分のわき腹におしつけたというエピソードを紹介し，「目が見えないからこそ，肋骨を表現できたのですね」という。そこには，教師が「子どもたち自身の障害者観を見直すことができる」と願い，「障害をもっているからこそ感じたりとらえたりすることができるものがある」ことを知ることがとても重要だという思いがある[16]。

　このように，授業というものは，授業案づくりにおける構想力と，対立・分化した志向やイメージを学習集団の中に呼びおこし，授業の中で子どもたちの意見や解釈を組織したり方向づけたりする刻々の授業の中での教師の構想力とによって成立し，展開するのである[17]。

　「わかった」者の答えで終わるのではなく，「わかった」者の答えを切り崩し，ゆさぶる。「わかった」と思っている子どもの答えを吟味し追究するこ

とで，概念的理解や表面的で抽象的な把握を，より確かな根拠を求めての思考活動へと発展させることになる。また，子どものつまずきや対立点を明確化し，それを発問することによって思考を発展させることができる。

このように，「学習集団のなかに，対立・分化をめぐって論争と問答を発生させ，その過程を通して新しい発見やより深い認識にいたらせることが，すぐれた授業の指標である[18]」という。

このように，子どもの中にある矛盾や対立・分化を止揚し統一していく過程が「授業のヤマ場」であり，上述のような認識の弁証法的発展をつくりだし，みんなでわかり合う中で，一人ひとりの子どもの解釈や認識の質的発展が達成されていく。

❹学習事項を明確にするまとめの技術

どんな発問で授業を終わるかによって，その教師の授業観がはっきりわかる。

ある所与の知識を伝達し，説明し，わからせ，理解させることが授業だと考えている教師は，食物連鎖と生物濃縮によって，魚の体内に水銀が多量に蓄積されておきた新潟水俣病について教えた授業の終わりに，次のように問う。

　「この時間の新潟水俣病の授業で，どんなことがわかりましたか」，「きょう勉強した食物連鎖，生物濃縮とはどんなことでしょう」そして，「次の時間は，○○のことを勉強しますから，調べてきなさい」。

子どもが「わかっている」と思っていることを，本当は「わかっていない」ことに気づかせ，それを追究させ，よくわからせることが授業だと考えている教師は，例えば次のような「確かめ」の問いを出す。

　「工場の排水と同じ濃度の水銀を含む水で金魚を飼う実験では，金魚の体内に水銀は検出されるほど蓄積されたでしょうか」（じつは，これは会社が反論のために行った実験である。p.234-235 参照）

実験の結果は，検出されるほど水銀は蓄積しない。そこでは食物連鎖となる金魚のエサが考慮されていない。また，いくら食物連鎖を通して吸収しても次々と水銀が補給される広大な阿賀野川に比べて，せまい水槽内での水銀量は限られているという，生物濃縮に対する配慮がないからである。

1時間の終わりを閉じた状態にしない「わかり直し」の「まとめ」の技術は，知識が単なる事実である以上に，何かすばらしいものであるという興奮を引き起こす。

「やっぱりそうか」とか「あらためて本当だと思った」と知識を「わかり直し」ながら，じつは授業での知識を味わっている。「わかる」ということは，単に事実を受け入れることに終わるのではない。何度も何度も問い直し，確かめ，わかり直し，納得することを通して，知ることのすばらしさを実感し賞味することでもある。

③ 授業の具体的技術

❶板書の工夫

板書は，ごく日常的に活用される教具の一つである。これによって子どもたちは，教師の説明を耳で聞きながら，一つひとつの過程を目で追いながら理解し，学習の整理をすることができる。また，子どもたちのノートの内容は，板書によって決定されることがほとんどである。

黒板に何を書き，何を書かないか，それは，その教師の教育観によって決まる。だから，板書を見れば，子どもをどこまで理解し，教材をどこまで解釈しているか，その教師の力量がわかり，教育観がわかる。

保健の授業において，板書は次のような意味をもつ。

(1) 子どもの発表の中から，その要点を全体の中にみえるように位置づける（これによって，子どもは発表することの意味を認識する）。
(2) 発表されたこととの関連を図り，学習内容を黒板の上に組織し，子どもにみえるようにする（これによって，大切な内容を認識する）。
(3) 子どもの思考の不備なところ，問題になるところを明らかにする（これに

よって，子どもたちは好奇心や疑問・関心などをもつようになる）。

以上から，板書は，①問題を発見する材料を提供する，②問題解決のヒントや資料を示す，③クラスでの共同思考の足跡を示す，などによって視覚に訴え，子どもの思考を助けていくところに使命と価値があるといえる[19]。

したがって，絵や略画，マンガ，色チョークなどを使い，板書が立体的になるよう工夫することも大切である。また，高学年では，教育内容の全体構造をよくつかみ，教えたい内容を系統的に関連づけ，構造的に書く工夫も必要である。

また板書には，子どもの授業への貢献を具体的に示す役割もある。授業にコミットしていく気持ちを高めるためにも，板書の際には子どもの意見をできるだけ表現をそこなわないように書くとか，板書する意見には必要に応じて「〇〇説」などと，その発言者の名前をつけたりするなどの配慮も重要になる。

❷資料の活用

保健の授業で教具として活用される資料は多種多様であるが，大きくは図表などの統計資料，文章資料，実物などの現実資料，視聴覚資料などに分けられよう。

これらの資料は，授業の中で，①その資料から何かを読みとらせ，考えさせ，関連をつくるために用いられる場合と，②それまで追究してきた問題の結論を検証するために用いられる場合の，二つの用いられ方がみられる。

一般に資料の活用方法として，授業のねらい（教育内容）や展開のしかたと関わって，必要に応じてどういう資料が有効であるか検討し，既存の資料から探してみることが多い。

だが，よい資料だと，その資料を"ネタ"にして他の資料を多面的に関連づけて，資料（素材）から教育内容を創出することも可能である。

そのことを，厚生労働省の「人口動態統計」という資料をもとに「出生，年月日時・出産場所別」データから，「現在の子どもの出生曜日や時間帯の法則」を発見した実践からみてみよう[20]。

日本の1か月間の出生数を曜日別に調べてみると，火曜日が4千人で最も多く，土曜日は3千人，日曜日は2千5百人と最も少ないという事実がある（図4-1）。その事実を出発点として，

『なぜ火曜日に多く生まれるのか？』
(1)「現在の赤ちゃんの誕生日は偶然（自然）なのか？それとも運命的に決まっているのか？」
(2)「火曜日に出生数が多く，土・日曜日に少ないのは，疲労に週内変動があるように，赤ちゃんの生まれる週内変動があるのではないか？」
　（予想）「もし自然の週内変動によるならば，祝祭日の火曜日にも出生数は多くなるか」
　（「どうなっているのか」調べてみると，図4-2のように，正月には減少している[21]。この図から，1996～1997年も同じ傾向にあることもみえてくる。）

『なぜ，祝祭日になると出生数が減るのか？』
(3)「人為的なものならば，医師や看護師の都合に合わせているのではないか？」
　（予想）「それなら，子どもの生まれる時間帯は医師や看護師の勤務時間帯（9時から17時までの8時間）に，多いのか」
　（「どうなっているのか」調べてみると，図4-3のように，1年に生まれる子どもたちの46～47％が，9時から17時の普通の勤務時間帯に生まれている。）

『なぜ，勤務時間帯に多く生まれるのか？』
(4)「時間帯があるならば，お医者さんは何かの処置をしているのではないか？」
　（予想）「では，病院と医師のいない助産所では子どもの出生時間帯が同じ傾向になっているのか」
　（「どうなっているのか」調べてみると，図4-4のように，助産所ではどの時間帯にもほぼ同じように生まれているのに，病院では昼間に集中している。）

4. 保健の授業展開

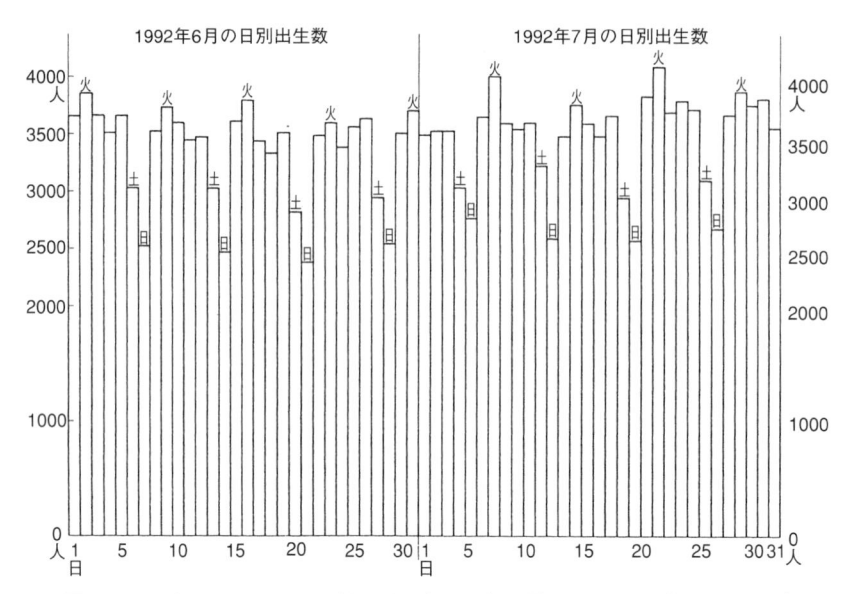

図 4-1　日本における曜日別出生数（1992 年 6 月 1 日～1992 年 7 月 31 日）

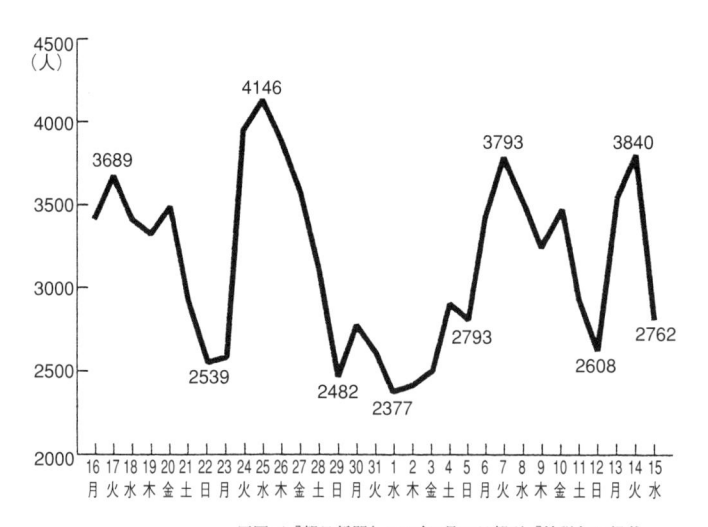

原図／『朝日新聞』1999年4月11日朝刊『社説』に掲載
（数値は厚生省の人口動態統計による）

図 4-2　日本の日別全出生数（1996 年 12 月 16 日～1997 年 1 月 15 日）

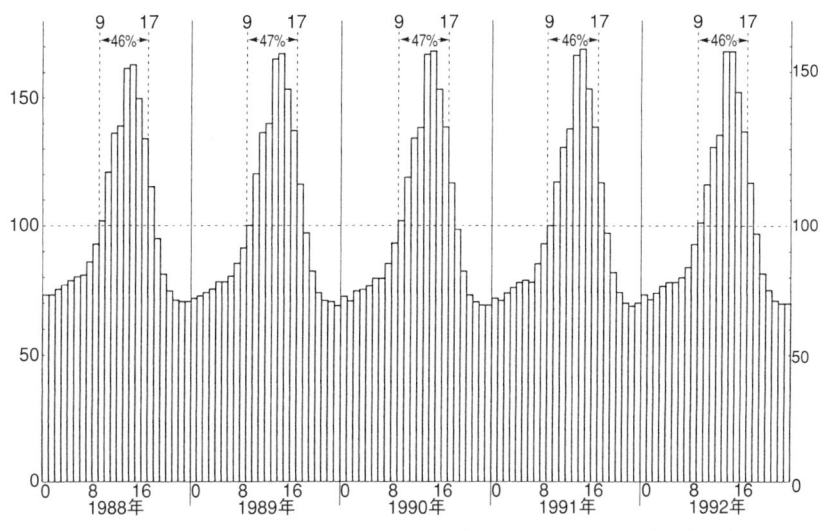

図4-3　1988〜1992年の時間別出生（平均を100とした時の指数）

『なぜ，医者のいる病院では，昼間に多く生まれるのか』
　（それは，「陣痛促進剤」という薬を使い，出産を調節することが行われているからである。「安全な母子管理上，分娩は十分なスタッフがそろう平日の勤務帯が望ましい」という考えに基づくものであるが，陣痛促進剤による子宮破裂の事故の問題も指摘されている。）

　この一連の事実から，「現在の子どもの出生曜日や時間帯の法則性は作られた法則性である」ことがみえてくる。

4. 保健の授業展開

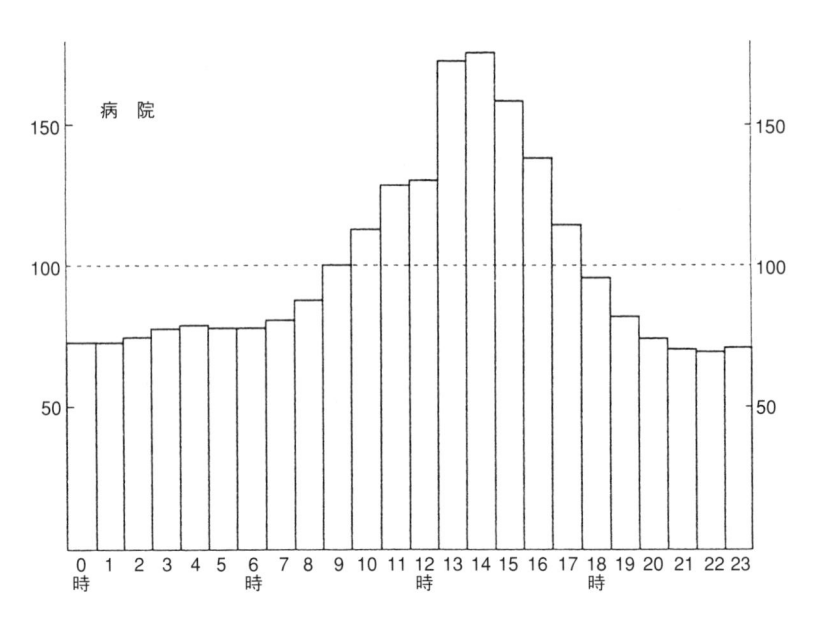

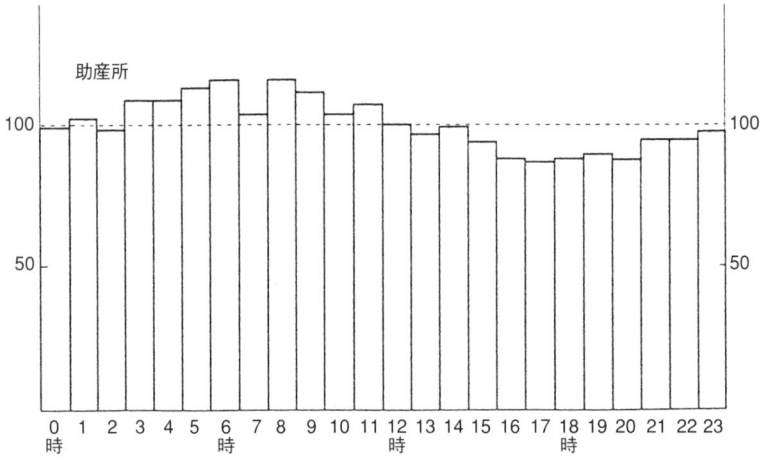

図4-4 病院と助産所における時間別出生数のちがい（1992年）

2. 授業における教師の技量

(引用・参考文献)
1) 有田和正『子どもの生きる社会科の創造』明治図書，1985年，87頁
2) 佐藤学『教育時評 1997-1999』世織書房，1999年，176頁
3) 吉本均『授業の構想力』明治図書，1986年，140頁
4) Shulman, L., "Knowledge and Teaching", Foundation for the new reform, Harvard Education Review, 57(1), pp.1-22, 1987，佐藤学『学びの快楽』世織書房，1999年，315頁より再引用
5) 有田和正「教師の指導言・板書のどこを見るか」『授業研究』1986年5月号，36-41頁
6) 苅谷剛彦『知的複眼思考法』講談社，1997年，126-127頁
7) 中村敏弘「理科における発問の定石」『授業研究』1983年12月号
8) 神田橋條治『追補精神科診断面接のコツ』岩崎学術出版社，1998年，161-163頁
9) 前掲書8) 166頁
10) 前掲書6) 145頁
11) 加藤秀俊『取材学』中央公論社，1999年，104頁
12) 吉本均「授業にとって発問とは何か」『授業研究』1983年9月号
13) 有田和正『学習意欲の高め方』明治図書，1986年，19-20頁
14) 庄司和晃『仮説実験授業と認識の理論』季節社，1978年，109-121頁
15) 三浦つとむ『認識と言語の理論』勁草書房，1967年，4頁
16) グループ・ディダクティク編『学びのためのカリキュラム論』勁草書房，2000年，38-39頁
17) 前掲書3) 76頁
18) 吉本均『続授業成立入門』明治図書，1992年，83頁
19) 前掲書5) 39-40頁
20) 長岡清「子どもは何曜日に生まれるか」『たのしい授業』1994年2月号，96-106頁
21) 鹿野政直『健康観にみる近代』朝日新聞社，2001年，178頁

(和唐正勝)

4. 保健の授業展開

③ 保健授業の展開事例

〈要約〉——ここでは，宮城の教師仲間と約30年にわたって取り組んできた小学校における保健の授業づくりの原則について，事例をもとに提起する。そのポイントは，子どもの事実や現実と関わった教材づくりであり，生活現実（意識）を科学的知見でゆさぶる感動や納得のある授業過程を経ながら「生きる力」を育もうとしている点にある。

1 小学校における保健授業

　小学校における保健授業は，以前は第5・6学年で「体育」の各10％（約10時間）が配当されているにすぎなかった。しかし前回改訂の学習指導要領（1998年）から，第3・4学年にも保健が位置づけられ，各学年「体育」の4時間ずつを扱うことが可能になったが，第5・6学年では各学年8時間扱いに減少した。中学年から扱うようになったことは一歩前進ではあるけれども，その時間数の少なさ，高学年で扱う時間の減少，各学年に配列された中身を考えると必ずしも前進したとはいいがたい面もある。

　とはいえ，これまでの「第5・6年において各10％配当」についても，大学生に聞くと，小学校で保健の授業なんて受けた覚えはないという者がほとんどであることを考えると，まずは，教師自身の自覚や保健という教科の意義や内容に対する力量を備えることが重要であろう。

　ただ，だからといって，こうした現実を嘆いているだけでは実質は変わっていかないし，動いていかない。小学校においてもすぐれた保健の授業は可能であるし，保健の授業によって子どもはこのように変わっていくという事実を生み出すことこそが重要である。つまり，できるだけ多くの教師たちが

価値ある授業を生み出し，その事実を積み重ねていくことによって，小学校による保健授業を広げていかなければならない。

❶私たちが取り組んできた実践から

「実践」という概念は，たんに何かに取り組むということではない。一定の課題意識のもとに，意識的な教材づくりと授業計画（工夫）にもとづいて取り組んだものである。私たちが宮城の小学校教師仲間と70年代から80年代にかけて取り組んできた実践の特徴について紹介しよう。その特徴を次のように整理したことがある（図4-5参照）。実践の教材を整理すると，次の5つに分類することができる。

一つは，A「ヒトのからだ，人間のからだ」に関する教材である。理科の生物教材に位置づいてもおかしくない教材である。ただ，日本の生物教材には，人体に関する教材は正面から扱われないことが多かった。私たちはあくまでも保健の観点から，近年主張されてきた「人間らしいからだの特徴の部分に出てきている歪みや発達課題」を意識して取り組んできたものである。例えば，手の不器用，背筋力の低下，背骨や背筋の歪み，腰痛，朝会での脳貧血，土踏まず形成の遅れ，などである。こういう現実に対応して，人間らしい体に成長するとか発達させるとはどういうことか，ということを教材化してきた。

代表的な実践には『人間のからだの特徴』（樫村恵三「学校体育」1981年8・9月号所収）がある。この授業は，小学校6年生に8時間かけて取り組んだものである。人間らしい体にはどのような特徴があり，それはどのように形成されてきたか，そうした体に発達させるためにどういうことが大事かを自覚させることをねらったものである。内容としては，「人間のからだの特殊性」（2時間），「直立姿勢の獲得」「ろっ骨と背骨の役割」「人間の手」「人間の足」「人間らしいからだへの成長」（各1時間）であった。「人間のからだの特殊性」ではポルトマンの『人間はどこまで動物か』をもとに，動物界における人間の特殊性と発達可能性について，さまざまな図や写真（手作り教具）を活用し，考えさせたり，作業（人間と他の動物の親子の顔と体つきを絵に描かせるなど）をさせたりしながら展開している。他の教材では，

4. 保健の授業展開

D
- 近視のからくり
- 目を守る条件
- 虫歯はどうしてなるか
- 虫歯の原因と予防
- 鼻の病気
- 1枚ぬいで外あそび
- 汗と衛生
- かぜはどうしてひくの
- 病気からの信号
- 病気とたたかうからだ
- けがのなおるしくみ

C
- 目とみえるしくみ
- 目のしくみとはたらき
- 歯のしくみとはたらき
- 歯のはえかわり
- 鼻の役目としくみ
- 皮膚のはたらきと健康
- 私たちの体温
- いきをするからだ
- 血のめぐり
- からだの穴さがし

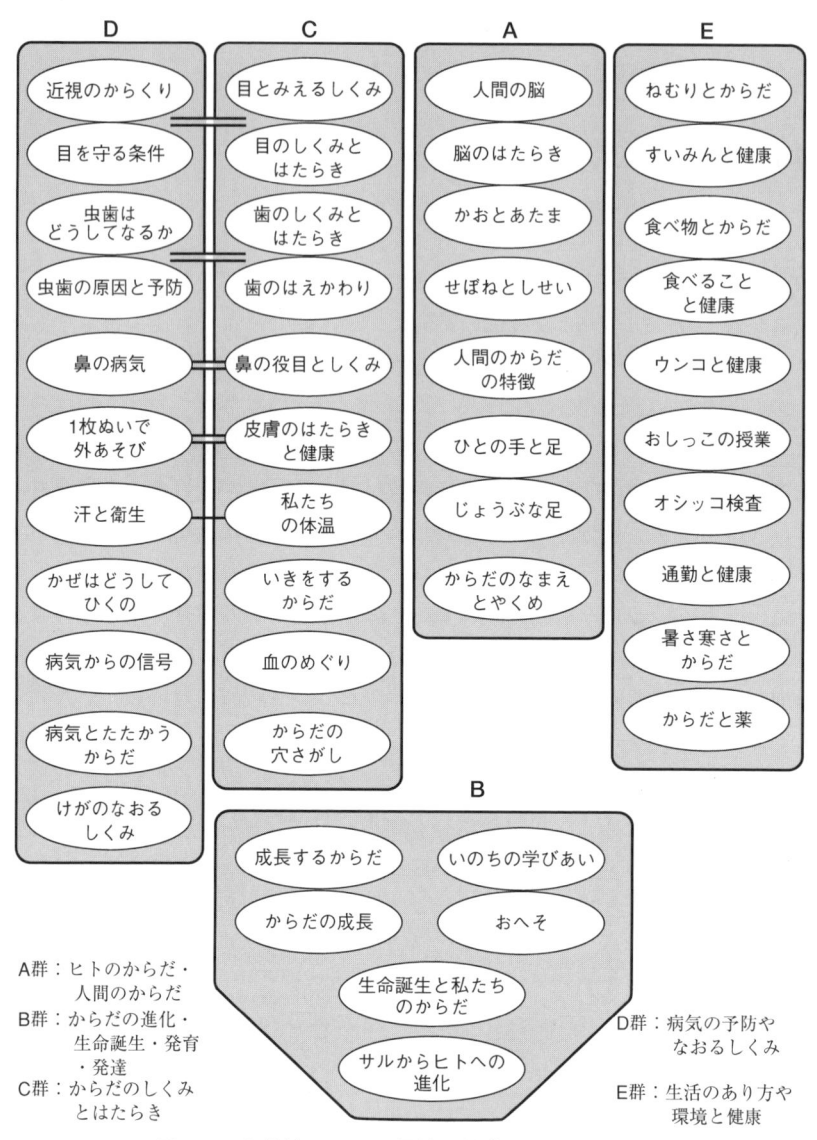

A
- 人間の脳
- 脳のはたらき
- かおとあたま
- せぼねとしせい
- 人間のからだの特徴
- ひとの手と足
- じょうぶな足
- からだのなまえとやくめ

E
- ねむりとからだ
- すいみんと健康
- 食べ物とからだ
- 食べることと健康
- ウンコと健康
- おしっこの授業
- オシッコ検査
- 通勤と健康
- 暑さ寒さとからだ
- からだと薬

B
- 成長するからだ
- いのちの学びあい
- からだの成長
- おへそ
- 生命誕生と私たちのからだ
- サルからヒトへの進化

A群：ヒトのからだ・人間のからだ
B群：からだの進化・生命誕生・発育・発達
C群：からだのしくみとはたらき
D群：病気の予防やなおるしくみ
E群：生活のあり方や環境と健康

図4-5　小学校における保健の授業実践とその分類
〜80年代までの実践から〜

直立二足歩行を軸に特殊化（人間化）した脳，背骨，ろっ骨，手と足，背筋と腹筋，血液の流れなどを扱い，そのことの意義について扱っている。そして最後の「人間らしいからだへの成長」では，近年子どもの体に現れてきている諸問題について提起し，その克服のための課題としての「人間らしい生活」の取り戻しを考えさせている。

二つは，B「からだの進化，生命誕生，発育・発達」に関する教材である。この実践はそれほど多くないが，時間軸で人間の体をみたものである。「生命誕生」の教材は性教育の実践としてあちこちでなされているが，ここでは自分のいのちのルーツを自覚させることをねらっている。私たちの取り組みでは，この内容として「私のいのちのルーツ」（現在から出生時までさかのぼり，さらに母体内での胎児，受精卵へ，そこから両親，祖父母へといのちの連鎖まで），「生まれるってどういうこと」（妊娠から出生までのできごとを父母の手記に基づき展開），「胎児の成長」（母体内での胎児の生存・成長，そのための栄養や酸素の摂取，排せつは？），「自分の中のいのちのもと」（自分の体内にも半分のいのちのもとが芽生えはじめているという二次性徴）などを扱ってきた。また，「からだの発育や発達」，「心の発達」に関する教材は，従前の教科書でも扱われている。今次の学習指導要領の改訂で中学年から二次性徴や体の発達が扱われるようになったのは少々早い気もするが，思春期にさしかかる高学年には，自己の成長や発達を対象化してみることのできる力を育てることは必要であろう。

三つめは，C「からだのしくみとはたらき」に関する教材である。この実践に私たちはかなり早い時期から多様な取り組みをしてきた。その主なものに，「鼻のしくみと役目」（4年），「目のしくみと働き」（5年），「歯のはえかわり」（5年），「ひふの役目」（4年），「血のめぐり」（5年），「体温」（5年）などがある。これらは，Dの「病気の予防」に関する教材とセットで教材構成されてきた。「鼻と健康」「近視のからくり」「どうして虫歯になるのかな」「傷はどうして治るか」といった教材とである。

これらの実践のうち，私たちが小学校の保健授業研究に取り組みはじめた初期の実践である『鼻と健康』の授業（三浦良喜「学校体育」1973年11月）を紹介しよう。この実践は，4年生に3時間かけて取り組んだものであ

る。クラスに鼻の悪い子（いまでいうアレルギー性鼻炎）がいて，しょっちゅう鼻をかんでいるために，クラス仲間から鼻！鼻！とからかわれているその子を，鼻の学習をして救ってやりたい，というのが担任教師の願いであった。授業の中身としては，鼻を「呼吸という生命活動の出入り口」として押さえ，「呼吸の重要性と鼻の役目」「鼻のしくみとはたらき」「鼻の病気とその予防」の3時間構成とした。扱い方の工夫としては「鼻と口ではどちらが呼吸するのによいのだろう，鼻だけや口だけで1分間呼吸してみよう」といった実験的確かめ，「鼻毛は何であるの？　鼻の奥はどうなっているの？」といった問いかけをもとに，具体的な教具（写真や模型等）を活用して展開していった。子どもたちが，授業過程における科学的な事実（鼻毛，粘膜や粘液，ヒダ状に広がった鼻の奥の構造，喉の奥の線毛の役目など）の学びと自己体験や自分の体の事実がむすびついて，鼻という一つの体の部位も大事な生命活動のためにうまくできているということを感じとっていった。

　四つめは，D「病気の予防やなおるしくみ」に関する教材についてである。この群に入る教材は，先に示したC群とセットになる教材（鼻，目，歯，耳などの病気に関するもの）の他，「カゼとたたかうからだ」（6年），「けがの治るしくみ」（4年），「熱はどうしてでるの」（5年）などがある。これらの実践では，病気をひきおこすもと（原因）になるものと，からだの側のそれから守る働きをするもの（免疫など）との攻防や経過を軸にしてわかりやすく展開し，私たちがどういう生活や行動をすることが私たちのからだに備わった「守る働き」の味方をすることになるのか，という形で構想している（最近の「カゼとたたかう体」（4年）の実践については後に詳述する）。

　五つめは，E「生活のあり方や環境と健康」に関する教材についてである。この群の実践には，「眠りとからだ」（4年），「うんこと健康」（4年，5年），「食べることと健康」（4年），「運動するといいわけ」（5年），「暑さや寒さとからだ」（6年）などがある。環境といっても暑さや寒さといった自然環境との適応という観点でしか取り組めていないが，今後人間のつくり出した人工的な有害環境と体の関係についても取り組んでいく必要がある（「うんこと健康」や「食べることと健康」の授業については後に詳述する）。

3. 保健授業の展開事例

❷学習指導要領の特徴とそれに対応する実践のあり方
A. 学習指導要領の特徴と課題

　前回の改訂から，第3・4学年に「健康な生活」と「体の発育・発達」を，そして第5・6学年に「けがの防止」「心の発達と健康」「病気の予防と生活行動」が位置づけられた。第3・4学年に保健学習が位置づいたのは歴史上初めてのことである。長らく「小学校では保健は理論学習より健康生活を経験させる保健指導が大事」として保健学習は位置づけられてこなかったが，1958（昭和33）年の学習指導要領で第5・6学年の体育の時間の10％分を保健学習に充てることになり（それでもなかなか定着しなかったが），1989（平成元）年の改訂時から教科書がつくられるようになり，かなり保健学習が定着するようになってきていた。私たちは先に示したように，これまでも4年生以下の学年でも「保健の授業」を展開してきたし，その重要性を指摘してきたので，前回の改訂は時間数は少ないものの歓迎すべきことであった。

　3年生扱いとなっている「健康な生活」の内容は，食事，運動，睡眠の調和のとれた生活についてふれることになっているが，これらの扱いが単なる健康生活の処方箋（心構えやしつけ）に終わることのないように注意すべきであろう。小学校の中学年といえども，考え納得する知恵はもっている。好き嫌いをしないで様々な栄養を摂ることの意義や食生活のリズムの大事さ，早寝早起きの快適さやぐっすり眠ることの意義，運動（体を動かすこと）と健康の関係などについて子どもにもわかるように教材化することである。

　4年生の「体の発育・発達」の内容は，これまで5年生扱いだった教材である。思春期にさしかかる体という面では5年生扱いが順当と考えるが，4年生段階での扱いになれば「意識の準備」という位置づけになるであろう。体の発育という面でも個人差はあるものの，多くの子どもたちはまだ第二の発育急進期にはさしかかっていない。二次性徴に関しても女子の初経もわずかであろうし，男子の精通に関してはまだほとんどないであろう。私としては，こうした二次性徴の教材は女子については5年生で，男子については6年生で扱うのが発達段階に沿った教材の位置づけと考えるが，4年生で両方扱うというのであれば，間もなくそういった身体的成長がはじまるという準

備意識を育てる扱いになるであろう。

　5・6年生に位置づけられている内容のうち,「けがの防止」と「心の発達と健康」は,その科学的な背景や,子どもに考えさせる工夫をするのが難しい教材である。生活指導や生徒指導の面では重要な課題ではあるが,教科学習の課題としては私たちはそれほど重点的に教材開発をしてこなかった。「病気の予防と生活行動」の教材については,前回改訂から生活習慣病や喫煙,飲酒,薬物などの内容を早くから意識させたいと,小学校から取り入れてきているのが特徴である。こうした傾向に対しては,「生活習慣」とか「生活行動」ということが強調されていることで,その指導もその実行の強調に陥りやすくならないよう配慮することが必要である。また,生活習慣病とか動脈硬化とか狭心症などという病名を使うのでなく,基本的な生活の歪みや問題が,体にどのような影響を及ぼすのか,についての事実をわかりやすく教材化することである。喫煙,飲酒,薬物についても,そのことの危険性の強調というよりは,大事な身体臓器をどのように損なうのか,という点をていねいに扱うことである。

　現行の学習指導要領では「知識の活用」が強調されており,納得のある理解を前提に健康に活かすような学びが求められている。

B.「健康な生活」に関連する教材の展開事例

(ア)『うんこと健康』の実践（実践者：千葉保夫,中森孜郎編著『保健体育の授業』大修館書店,1979年所収）

　千葉保夫は,この実践を皮切りに,さまざまな保健授業の創造に取り組んできたが,排便に関する実践だけでも学年を違えて積み重ねられている。ここでは,初期のこの実践を中心に,氏のこの一連の取り組みの特徴について紹介することにする。

　この実践は,4年生に3時間かけて取り組んだものである。朝の排便を定期的にしていない子が多く,ときどきお腹が痛いと訴える子がいたが,ある朝のホームルーム時に激しい腹痛を訴える子がいて,トイレまで連れていき20分ほど外で励まし続けた結果,4日もうんちをしていなかったことがわかり,それでやっとすっきりしたという子どもとの体験が,実践のきっかけだった。子どもたちは,おいしいものを食べることには関心があるが,出すこ

と（排便）には意識がいっていない。つまり，体は栄養を摂ることは不可欠だが，代謝をすれば必ず老廃物ができ，それを排出しなければならないということをきちんと教える必要があると考えたのだった。内容構成の発想としては，授業前の数日間ウンコを点検させ，便にはやわらかいものと固いものがあること，色も黄色いのからこげ茶色のものまであることを意識させ，どういうときにどういう形や色になるかを考えさせること。そして，そのことと関連させながら，食べたものがどこを通ってどこでどうなって，どのくらいの時間をかけて便になるか，「うんこへの旅」ということを学ばせる。さらに，便秘や下痢など排便の状態がおかしくなるときというのはどういうときかを考えさせ，健康状態との関係について学ばせる。

　よって，3時間の教材構成は，「うんこの形と色」「うんこへの旅」「下痢と便秘」であった。展開上の工夫としては，まず授業に入る前の1週間自分のウンコを観察させ，点検用紙につけさせる。1時間目では，それをもとに色と形を取り上げ，疑問を誘発させていく。「〜君は昨日の夜は何を食べたの，今朝は？」，「白い御飯や赤いトマトを食べたのにどうして黄色いうんちが出てきたのだろう」，「○○君は最初の方に出てきたのはこげ茶色だったけど後半は黄色のうんちだったといったけどそれはどうしてだろう」といった問いをぶつけ，考えさせ，意見を言わせながら「どこかの体の中で黄色い色をつけるところがあるのではないか」「体の中に長くいるとくされて色が抜け，黒っぽくなるのではないか」という意見が出され，次時の「食べ物の旅（うんこへの旅）」に発展していった。

　形の方も，「どういうときにカチカチ状になった？　どういうときに水状になった？」という問いから，「食べ過ぎたときや冷たいものを食べたときなどに下痢をした」とか「悩みごとなどあったとき便がでなかった」といった反応から，「それはどうしてだろう」と腸の働きとの関係（次時）へと課題を展開した。次時の「うんこへの旅」では紙とビニールで口から肛門までの消化器の模型をつくり，いかに消化管は消化のために長くなっているかを実感させながら展開していった。また，胃や腸の拡大写真（内面図）を見せながら，いかにして消化や吸収がなされているかを実感的に，リアルにとらえさせる工夫もしている。

4. 保健の授業展開

(イ)『食べることと健康』の実践（加藤敬三「子どもと教育」1984年11月）

　この実践も，4年生に3時間かけて行ったものである。この実践も，クラスの子どもたちの食生活が以前と随分違ってきているが，これでいいのだろうか，親ともども見直し考えてみようという教師の発想から出てきたものである。三度の食生活がいいかげんで，さまざまなおやつを食べ，栄養の取り方が心配というだけでなく，運動会や遠足にも弁当屋さんで買ったものを持たせられてくるということが気になっていたのだった。また，家でもどうも家族そろって食べる食事になっていない子もいるようだし，朝食抜きの子どもがいることも気になっていたのだった。

　こうしたことから，この授業の3時間目を保護者参観とし，全体を3時間で構想した。1時間目は「昔のおやつと今のおやつ」，2時間目は「なぜ人間は何でも食べる必要があるか」，3時間目は「喰う（食餌）と食べる（食事）のちがい」であった。1時間目のおやつに関する授業では，親や祖父母の子どものころのおやつと今の子どもが食べているおやつを調査し，その代表的なおやつを教室に持ち込み，どういう点が違うかを比較検討し，現在のおやつの問題や課題を明確にすることがねらいだった。この授業では栄養士さんにも参加してもらい，問題点を明確にしてもらうことにした。2時間目の授業では，「肉食動物は肉類を，草食動物は草類ばかりを食べていて大丈夫なのに，どうして人間はいろんな食べ物を食べろといわれるのか」ということを主題にして授業は展開された。人間は食の素材を保存したり加工したり，また火を用いてさまざまな料理法を考えたりして，多様なものを食べることができるようにしてきたこと，そのことで地球上のほぼどこでも飢えを少なくして生きることができるようにしてきたが，同じものばかりを食べていると栄養が偏るようになったことを扱っている。3時間目は，子どもたちに昨日の夕食風景（食卓にのっている食べ物，一緒に食べている人の様子）を絵に描かせ，おいしかったかどうかの感想を書かせることから授業を展開した。「動物（ブタや牛）が群れで餌を喰う」のと「人間が何人かで一緒に食べ物を食べる」ことの違いを考えさせ，絵と比べながら人間の食事のあり方について考えさせた。この3時間目は保護者参観の日の授業に当て，授業後の保護者会の話題にも発展させた。

3. 保健授業の展開事例

C. 認識と行動を結ぶ指導のあり方
——一つの教材の多様なアプローチ（歯の教材を例にして）——

　小学校における数少ない保健授業の実践の中でも，比較的多くなされている教材に「歯と健康」がある。

　この教材の素材になる内容を整理すると，ほぼ次のようなものがあると思われる。

(1)わたしの歯
　　○自分の歯の事実とその観察（本数，乳歯と永久歯，形，虫歯，歯ならび等）
(2)歯のしくみとはたらき
　　○歯の構造（組成）と機能，歯の種類（形態）と役目
　　○歯の物性（強度，硬度，耐熱性，耐酸性等）
　　○歯の代謝，歯の痛み―歯も生きている（歯髄＝栄養・酸素補給，神経）
(3)歯の発育・発達（歯も育つ）
　　○歯の発生，歯の萌出
　　○歯の生えかわり（乳歯から永久歯へ）
　　○歯の発育・発達とその条件（栄養，活動，あごの発育等）
(4)歯の病気と予防
　　○虫歯（う蝕）の発生機序（メカニズム）
　　○虫歯の進行
　　○虫歯と身体への影響，歯肉炎や歯槽のうろう
　　○虫歯の予防（歯垢形成と歯の清掃，食品の脱灰能と食べ方等）
(5)その他
　　○歯の進化（動物の歯と人間の歯，食性と歯の形態等）
　　○歯の研究の歴史，虫歯予防の歴史・治療の歴史

　歯に関する素材は，以上のようにかなりたくさんあるが，大きく分けると一つは「歯を丈夫に育てていくために」という"育てる視点"をもつものであり，もう一つは，「虫歯の予防ないしは悪化防止のために」といった"予

4. 保健の授業展開

防の視点"をもつものであるといえる。つまり、これは歯の教材だけではなく、保健教材全般にいえることであるが、育てる方向性（発育・発達）と守る方向性（疾病予防）の両面を常に意識する必要がある課題だといえよう。その二つの方向を深め、追求する基礎ないしは土台として、自分の体の事実を見つめる（そのことを通して自覚や疑問、関心が引き起こされる）ことや、その体の仕組みと働きをきちっと知るということがなければならない。先の歯の素材でいえば、(3)または(4)を深めるために、(1)および(2)が位置づいている必要があるといえるだろう。

　私たちの仲間が、小学校で「歯と健康」の教材に取り組んだ実践は比較的多くあるが、公表されている80年代までの代表的な実践は次の三つである。

(1)三浦良喜（小6, 3時間）『体育科教育』75年1～2月号（1974年）
(2)千葉保夫（小4, 3時間）『カマラード』No.2（1983年）
(3)数見隆生（小5, 2時間）『宮教大授業分析センター紀要』1985年版（1984年）

　(1)の三浦の取り組みは、私たちの研究会仲間の歯を教材にした取り組みの先がけとなる実践である。この実践に取り組むにあたっては、歯科医や養護教諭なども含む事前の集団的な教材検討がなされた。その中で、これまでの歯の指導の多くは、「歯みがき」という実践的・訓練的指導に重点が置かれたものになっているという批判から、「体の一つひとつの器官が、いかに大切な役割をもっているか」「そのためにどのようにつくられているのか」「その大切なものがどうして侵されるのか」といった、体に対する正しい認識を感動をもって深めることによって、深いところから自分を変革し、阻害するものと予防に主体的に立ち向かっていける子ども（認識, 意志, 実践力）を育てたいという観点から、「歯のしくみと役割」「虫歯の原因と予防」「歯の異常とからだ」の3本柱で構成し、授業化したものであった。指導上の工夫としては、子どもたちの生活体験や生活実感、予想される疑問などをできるだけ掘り起こすことと、他方で、できるだけ実際の歯をリアルに観察させたり、一人ひとりの歯型をとってやったり、それをもとに歯形のちがいとそれ

ぞれの役目，乳歯と永久歯，虫歯の存在などの事実を確認させることを意識しながら授業を進めていっている。また，切歯と臼歯の役目を考えさせるためにセンベイをかじらせたり，歯科医からもらった抜いた歯を，各種の飲料水につけ，その変化したものを活用したり，「どうして虫歯になるか」にかかわる客観的なデータ（砂糖水でうがいした後の口腔中のpHの変化グラフ，戦後の小学生の虫歯発生率と砂糖消費量の相関グラフ，牛乳とカルピスの含有成分の比較グラフなど）を駆使し，さらにクラスの子どもたちのおやつと，その父母たちの子どものころのおやつ調査をして比較させながら，虫歯増加の背後にあるものを考えさせようとしている。このように，できるだけ事実に即しながら，より科学的に，より生活課題と結びつけつつ，リアルで実感のある授業展開を追求したものであった。

　(2)の千葉の取り組みは，「歯と健康」に関する素材の全体像を意識しながらも，「歯の生えかわるしくみ」に焦点化した教材構成をとっている。つまり，生えかわりの最中にある4年生の子どもたちに，その現象と意味を取り上げつつ，「歯も成長するのだ。生えかわってくる大人の歯をりっぱに育てていこう」といった，病気（虫歯）からの予防（守る）の観点でなく，積極的に育てることを意識化して教材づくりに取り組んだものである。3時間の内容は，①わたしの歯（自分の歯の観察・スケッチ，それを通しての疑問や不思議），②歯のしくみとはたらき（歯の形とそれぞれの特徴―なぜそうなっているか，歯ぐきの中のようす―予想と確認），③歯の生えかわるしくみ（歯根のない乳歯―歯根はどこにいったの？　歯の発生のしくみと成長のしかた）となっている。

　この実践の特徴は，まず，①で自分の歯を徹底的に観察させていることである。学校歯科医から寄贈された特製の口腔観察鏡をもとに観察・スケッチさせ，そこから気づいたことや疑問をメモさせ，学習意欲と課題を引き出している。②では，私の歯からみんなの歯へと一般化させ，歯のもっている仕組みや特徴から機能を追求させる方法をとっている。さきイカを教室に持ち込み，それを食べさせながら，どの歯がどういう役割をしているかを実感させながら追求していっている。また，ここでは，歯の萌出した部分だけを歯とイメージしている子どもたちに，歯根部の偉大さやそれぞれの歯の役目に

4. 保健の授業展開

よってその大きさや形状が違うことを予想や意見を出させながらとらえさせようとしている。③では，抜けた乳歯を思い出させたり，実物から歯根部がないことを確認する→その理由やどうなったかを予想させる→生えかわる仕組みを教える→どのように成長していくか紙模型を使って考えさせる（パノラマレントゲン写真で事実を確認）といった流れをとっている。もう少し「育てる」ことを意識化させる視点（保健的視点）を強調した内容であってもよかった気はするが，千葉の取り組みは，まず教師自身が素材の中に驚きや感動させられる事実を発見し，それを中心的な内容として教材構成するという立場をとっており，それはそれとして重要なことだと思われる。

(3)の数見の取り組みは，現場教師の指導でない「とび入り授業」という限界はあるが，教材づくりや展開の工夫を授業を通して提示したという意味で，一定の意義をもつものではないかと思われる。与えられた時間が2時間と制約されてはいるが，1時間は「歯のつくりと役目」→（構造と機能，物性，大事さ）を，もう1時間は「虫歯はどうしてできるか」→（う蝕の発生機序）で構成している。授業のねらいとしては，1時間目は「歯は食物を咀嚼し，消化を助けるといった機能を中核に，大変重要な役目をしており，そのためにきわめて目的にかなったつくり（構造）と性状を備えていることをいかに理解させうるか」ということである。2時間目は「"歯は酸によって脱灰される"ことと"口中の酸は，歯垢中の発酵菌と糖との出会いによってつくられる"ということの虫歯成立にかかわる二つの認識を，いかに具体的なものとして認識させうるか」ということであった。そして，これらのねらいを実現するために，できうるかぎりの観察や実験的追求，視聴覚教具の活用などを試みながら具体的思考を引き出そうとしている。例えば，1時間目では，やはり歯型（子どもたちの歯型をとったもの）を用いて観察させたり，歯根部を予想させたり，歯の断面（歯髄部）を確認させたり，歯と石をこすり合わせて硬さを実感させたり，抜歯を熱して耐熱性を確認させたり，さまざまな方法を駆使して構造や性状を確認しつつ，それらがどういう目的のためかを考えさせようとしている。2時間目では，歯の強さ，すばらしさとは逆に，もろさ，弱さという視点から虫歯の問題を取り上げ，虫歯生成に関わる簡単な実験や観察，研究者の実験データの活用やビデオによる虫歯の

3. 保健授業の展開事例

存在場面の掲示等を工夫し，しかもそれらとからませながら，どういう発問を準備し，どのようなことを考えさせながら認識を深めさせるか，という工夫も提示している。例えば，図4-6のような砂糖水とレモン汁につけた歯の簡単な実験を提示して予想させるという方法を，導入で用いるような工夫である。子どもたちの大半は「イ」を選んだが，「甘い物を食べると虫歯になる」という認識が常識化している子どもたちの既成観念を，一度打ちこわしたり揺さぶったりしたうえで再認識させていくような工夫がもっとなされる必要があるということを，この実践は提起している。

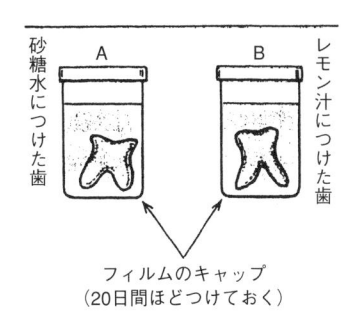

```
         A              B
  砂糖水につけた歯    レモン汁につけた歯

      フィルムのキャップ
    （20日間ほどつけておく）

  ア．A・Bともに何らかの変化をしている
  イ．Aのみ何らかの変化をしている
  ウ．Bのみ何らかの変化をしている
  エ．両方とも変化していない
```

図4-6　歯の簡単な実験例

　以上，三人の「歯と健康」に関わる実践の概要を紹介してきたが，これらのことから，次のようなことがいえるのではないか。
　一つは，歯を教えるという場合にも，これだけ多くの素材があるということであり，教材化についても，何をねらうかという認識の質と関わって多様であり，工夫もさまざまに可能であるという点である。
　二つには，一つの教材でも意識的な実践がいくつか積み重ねられると，素材としての全体像が明らかになってくるとともに，その教材でのねらいの方向性（保健の学力像でもあり，保健認識の質でもある）が明確になってくるということである。
　三つめには，素材やねらい（願い）には多様性があるとしても，保健教材の構成としては，ほぼ共通性（原則性）があるのではないかということがいえる。つまり，①（自分の）体の事実（現実）をきちっと確認させる→②体の仕組みや働きを学ばせながら，その機能の大事さやそのためのすばらしい仕組みを教える→③そのことをふまえて，その仕組みや機能をいかに守るか，または，いかに育てるかの二つの方向に発展させる道があるのではない

か，ということである。

　四つめには，どういう認識を育てたいか，ということと関わって，さまざまな教具や具体化の工夫がなされているが，それらはどういう発問系列（思考や認識をどのような流れで深め，広めていくか）と関わって生かされていくかという問題は，少しずつ意識されてきてはいるが，今後の追求課題であろう。

　今後は，こうした具体的な保健授業の実践的創出とその分析を通じて，教材づくりのあり方や授業展開の工夫のあり方を原則化していく取り組みが必要になってくるといえるだろう。

❸保健授業の具体的展開
　　──「カゼとたたかう体＝熱はどうしてでるか」の授業から──

　この授業は仙台の小学校教師，加藤修二が４年生を対象に行ったものであるが，この授業を具体的に紹介しながら，保健で「生きる力」を育てるとはどういうことか，そしてそうした授業を具体的に展開するとはどういうことかについて検討することにする。

A. 教材観・授業観＝教材と授業に願いを持つということ

　加藤は，この教材を教えようと思った意図と，どのような展開をしようかと思ったのかについて，次のように述べている。

　　カゼを引くと，私たちはたいがい薬をのみ，そして寝る。ひたすら治ることを期待し，若干の配慮はするが，たいがいはさほど変化のない生活を続ける。「たかがカゼ」という意識があるからだろう。それでもほとんどの場合，やがてカゼは体から手を引き，私たちの体は何とか健康体に戻る。そしてカゼに対する意識は変わることはない。治ればそれでおしまいになる。

　　子どもたちも年中カゼとつきあいながら，カゼに対する知識や対処はさびしいかぎりだ。自分の体と向き合うこと，つまり自分の体自身や体の中で起きている変化・現象を見つめることもなく，薬やお医者さんがカゼを治してくれると思っている。しかも，カゼの原因であるウイルスが発熱させ，それ（熱の症状）がイコール病気だと固く思い込んでいる。

> 　熱は悪いもの，発熱は悪いこと，と思い込んでいる意識を，そうではないんだと変えることは，子どもたちがカゼにどう立ち向かっていけばよいのかを示してくれることになるだろう。体にたいする正しい知識は，子どもたちの生活を変えていく力のもとになると考えたい。
> 　この授業では，これまで取り組んだようなカゼに対応する免疫のシステム全体には踏み込まないで，じっくりと発熱について考えさせるようにした。また知識をクイズ的に与えることはここではしない。そうしたやり方は，一見子どもの興味を引かせたり，展開も効率がよさそうだが，子どもたちに深く入り込むことはない。みんなで深く考え，納得に至る時間を何としても持ちたい。内容が高度に陥りがちな保健の授業を何とか授業たらしめるためには，そのことを欠かすことはできないであろう。

　加藤は，観を変えたいと願っている。発熱に対する見方を，熱はよくないことという見方から，必要だから出しているという見方へである。症状観の転換であるが，そのことは身体観・病気観を揺さぶることでもあるし，「生きる力」を育てることにもつながっているのである。そして，そうした生きる力につながるには，授業そのものがクイズでお茶を濁すのでなく，「みんなで深く考え，納得に至る時間」が必要だと述べている。

B. 授業後の子どもの感想からいえること

　自分のできること

　　　　　　　　　　○○宏紀

　ぼくはカゼをひいたときよくポカリスエットをのむ。お母さんはあったかくてぼくのだいすきなフライドポテトをつくってくれる。ねるとき，「あせをかけばなおるよ」といってふとんをたくさんかけてくれる。なんであせをかけばなおるのかよくわからなかったけど，ぼくはふとんをかぶってあせをかきました。やっぱりあたたかくするのはいいのかなあ。

　子どもたちはカゼを引いたとき，親からさまざまな処方をしてもらっている。それをありがたく思いながらも，なぜそうするとよいのか，納得はして

いない。理由のわからないまま，あたたかくして寝たり，ふとんをいっぱいかぶせられたりしているのだ。しかし，授業後には，「必要熱」の理解が進み，「やっぱり〜いいのかなあ」と感想をもらすようになってきている。

> カゼとたたかえ
> 　　　　　　　　　○○一成
> 　このべんきょうで，ふだん思ってもみなかったことがわかった。まず，熱はのうからのしれいだった。ウイルスは1mmの1000分の1。つぎにわかったのは，リンパ球がウイルスを食べてしまうことだ。ぼくは，「人間のからだはすごい」と思った。ウイルスをひとりで殺す力があるからだ。ぼくはこの勉強を参考にして，こんどカゼをひいたときは気をつけたいと思う。

　一成は「人間のからだはすごい」と感想に書いている。だが授業の中でそんな言葉を教師から発したことはないという。授業の中身や話し合いが，彼をしてそう書かせたのだ。彼は，最初，熱はウイルスが出させていると考えていた。その彼が，認識を変えたのである。熱に対する認識が変わるとき，彼の生活は変化の第一歩を踏み出したのだといってよいだろう。「こんどは……」という最後の一文にその変化が明らかに証明されている。

　二人の感想からも，この授業で明らかに子どもの変化がみられる。これからの生活に変化が現れるだろうことが予測できるし，学習したことが生きる糧になるだろうことが推測できる。では，どういう授業だったのだろうか。

C. 授業の展開（1時間目）＝「熱が上がる」「熱が下がる」とどうなる？

　1時間目の授業では，生きている生物にはたいがい一定の体熱（体温）があること，そしてそれは熱をつくる働きと奪う働きで一定に保たれているのだ，という基本理解を促した。また，その体温は時々上がったり下がったりしていることがあることを確認し，どういう場合に「熱が上がる」か，「下がる」かについて，経験から出し合った。そして，あまりにも体温が下がるとどうなるだろうか，上がりすぎるとどうなるだろうか，について体験をふまえた推測を出し合った。

「体温が下がったら」では，子どもたちから次のような反応が返ってきた。「体の動きがにぶくなる」，「歩けなくなる」，「元気がなく，ふらふらになる」，「顔色悪くなり，倒れる」，「体が寒くなり，ふるえる」，「血液の流れがおそくなる」，「熱がなくなると生きていられない」，「血が固まる」といったことが出された。子どもたちはイメージとしてのとらえ方であるが，かなり本質をついているし，体温（熱がある）ということを大事なものとしてとらえていることがわかった。

　「体温が上がったら体はどうなる？」では，「暑くて息がハアハアと犬みたいになる」「顔が赤くほてってくる」「クラクラして物がぼんやり見えるようになる」「心臓がドキドキしてくる」「立つとふらふらすると思う」「汗がいっぱい出てくる」「からだ中がほてって，手も熱くなる」「しんどい，だるい」「冷たいものが欲しくなる」「だんだん熱があがっていったら脳がおかしくなる，そして死ぬ」といった，かなり体験もふまえた発言が多かった。多くは，カゼを引いてかなり熱を出したときの体験である。

　「汗が出る」は次の授業にとって重要な発言である。体は熱を出す一方で，自分の体を守るために汗をかき体温を下げようとしている。そこで教師は消毒用のアルコールを持ち込み，手や腕にぬらせ，熱が奪われることを体験的にわからせている。

　結局，この授業は，次の授業のための布石になるように計画されたものといえる。

ロ. 授業の展開（2時間目）＝「カゼを引いたときにしてくれたこと」

　授業者の加藤は保健の授業のイメージとして次の二つの大事な視点を押さえている。一つは，子どもたちが自分の体と生活をじっくり振り返り，調べること，もう一つは，それをもとにクラスのみんなでじっくり考える授業である。

　2時間目は，「以前にカゼを引いたとき」の事実の確かめ，振り返りから入っていった。子どもたちはそれぞれ過去の体験を出し合った。「熱が出る，せきが出る，のどが痛くなる，のどの奥が赤くなる，たんが出る，くしゃみが出る，鼻水が出る，頭が痛くなる，お腹が痛くなる，食欲がなくなる，寒気がする，関節が痛くなった，体が熱くなる，眠くなる，頭がぼんやりす

4. 保健の授業展開

る」等々である。子どもたちの多くは咳やのどの痛みや鼻づまりで苦しんだ体験を出したが，多くの事実を出し合うなかで，カゼというのは体全体にも影響するんだということを学んでいく。

　次に，教師はコモンコールド研究所の古い実験の話から「カゼはウイルスがいなければ，寒さだけでは引かない」ということを扱い，保健室にあったインフルエンザ・ウイルスの拡大写真を見せる。そして，「カゼを引いたとき親はどんなことをしてくれた？」と問いかけ，その事実の確認とそれはどういう意味があるのかと，考えを深めていく活動に入っていった。

　　CC：いつもより布団を多くかけてもらった。
　　　　水まくらを頭の下にしてもらった。ぬれたタオルをひたいに当ててもらった。
　　　　熱をさげる座薬をおしりに入れられた。
　　　　消化のいい卵入りのおかゆ，うどん，バナナを食べさせてもらった。りんごをすってもらった。ぼくはポカリスエットを買ってきてもらった。
　　　　のど痛いとき，カリンを食べさせてもらった。……等々
　　T：布団を多くかけてくれたのはどうして？
　春井：汗をかくため。汗をかいて体を冷やす。
　歩美：寒気がするから，あたたかくする。
　板橋：しかし，布団をたくさんかぶると熱がもっと出て，汗をかき過ぎたらカゼはもっとひどくなるんじゃないかな？
　一成：体温が熱くなって汗が出るのは，体を冷やすためだけど，寒くするとよけいカゼを悪くするから，布団の中だと冷やさないで汗を吸収できるから。
　西城：私は汗をかかないと早くなおんない。
　　森：私はお母さんに汗をしっかりかきなさい，ってよくいわれる。
　　T：うん，そういわれるのはなぜ？　汗をかくと体はどうなるのだろう。
　大西：たぶんだけど，汗で体の中の熱いやつを体の外に出すためだと思う。
　一成：（さっきいったのと）逆だけど，布団でさらにあたたかくして体のな

かのウイルスを殺す。ちがうと思うけど。
春日：やっぱ，汗をかいて体の熱を下げるために布団をかけるんじゃないの。
葵　：ウイルスは寒さに強いんでしょ。だったら汗かいて体温を下げたらもっとよってくるんじゃないの？
嶋田：だから，汗かいて冷たくなるといけないから下着着替えるんじゃないの。
生形：うちでも布団重ねるけど頭は水枕で冷やすから，体はあたためるけど，全部をあたため過ぎないようにする。
大内：ウイルスは寒いのに強くて，熱いのに弱いから温かくするんじゃないの。
桑田：お母さんは食べ物もいつもあたたかいのをくれるから，あたたかくするのはやはり体にいいことだと思う。
Ｔ　：座薬とか水枕も体を冷やすことをしているけど，いったい熱が出るっていうのは何だろう？
尾形：体に入ってきたウイルスが出している。

　間にはさんでいる教師の問いかけはこれでよかったのかという吟味は必要であるが，それにしても子どもたちは自らの体験に基づきながら実にすばらしい意見を出していると感心する。「たぶんだけど」とか「違うと思うけど」などと内心は揺れながらも，こうではないか，ああではないかと考え，体の現象から本質的なものを予測し推論しているのである。発熱＝カゼ・病気と考え，その熱を追い出すために汗をかく，と多くの子どもたちは考えていた。
　しかし，一成は，後半でウイルスを殺すための「必要熱」の考え方を打ちだし，何人かの子ども（大内や桑田）の意見を誘発している。だが，最後に声高に発言した尾形の「熱悪説」（ウイルスが熱を出させている）はまだクラスの多数派のようである。

E. 授業の展開（3時間目）＝「熱の正体を探る」
　この授業は，生活体験から熱の正体をさぐることであり，多数派の熱＝病

4．保健の授業展開

気観，つまり「熱悪説」を「必要熱＝熱善説？」にひっくり返すことである。

　　T　：熱が出たとき，最高何度まで上がった？　今までの体験から。
　　CC：39.5度　39.8度　40度　38.5度　41度…
　　T　：どうしてそこまで上がったんだろう。たぶんでいいよ。
　香澄：カゼを引くと体に入った菌が熱を出す。
　一成：ものすごくたぶんだけど，ウイルスが体の中に入ると熱が出るんだから，ウイルスを殺すためじゃないの。
　阿部：だから，人間の方が出している。
　　葵　：ぼくも同じで，ウイルスとかは熱いのが弱いから体が出している，とちょっと思う。
　尾形：いや，やっぱり菌が出してる，と思う。
　桑田：ぼくもウイルスは熱いのがきらいなんだから，人間が熱を出してウイルスとかを殺すんだと思う。
　遊佐：人間が熱を出して，熱が菌を消化してるんではないか。
　嶋田：ウイルスには何種類もあって，だから熱の高さもいろいろあったから，やっぱりウイルスが熱を出している。

　このように，一成の意見やウイルスの性質（寒さに強く，熱に弱い）の理解から，「必要熱」派の子どもが広がってきた。しかし，まだ裏づけが弱いようだ。嶋田のような意見も出てきた。そこで，この段階で皆の意見が二つに分かれていることを教師が整理し，「ウイルス発熱説＝熱悪説」か「人間発熱説＝必要熱説」かのどちらかに挙手をさせた。前者が18人，後者が17人と均衡状態になっていた。
　この後，お母さんがあたたかいものを食べさせてくれた，とか部屋をあたたかくしてくれた，という経験を取り上げ，どうも熱は体を有利に導いてくれているようだ，という方向に授業は展開していった。また頭だけは冷やすということから，脳はとりわけ熱に弱いので守っている，ことを教師は話した。その時，一成は，「体の熱を上げさせて体を守るようにしているのは脳。

だから脳だけは大事だから冷やして守る」と発言した。子どもの想像力というか思考力というのはたいしたものだと思う。こうした意見交換の過程で，子どもたちのほとんどは「必要熱」の考え方に納得していったのだった。

　4時間目の授業では，教師から，熱はウイルスが増えるのを抑えることはできるが殺してしまうまでの力はないこと，そのために体はウイルスを食べてくれる白血球（マクロファージ）があること，それでもだめならやっつけてくれるリンパ球がある，といった免疫作用の概要について教具を使って説明した。

　一成に「人間の体はすごい」と書かせ，「今度カゼをひきそうになったら体の工夫をしたい」と感想に書かせた背景にはこうした授業のプロセスがあったのである。それにしても一成は，「たぶんだけど」，「間違っていると思うけど」とためらいながらも，大人でさえ思っている熱＝病気＝悪という発想にとらわれず，「なぜ布団を重ねるの？」という経験の意味を問われることで，「発熱は重要な意味を持っているのかもしれない」「熱は菌をやっつけているのかもしれない，だとすれば人間が出しているのかもしれない」と考えるようになり，最初の思いを変え，それが徐々に確信に変わっていっている。

　子どもにはこれだけの思考力があるのだ。ここに，考えに考えて，その時間をじっくりくぐって到達する認識の重要性があるのだといえよう。一生涯生きて働く力，つまり「生きる力」が育つというのはそういうことではないだろうか。

F. 保健における授業の展開＝まとめにかえて

　こういう授業展開ができるのは加藤の授業力量であるといえる。本物の考える力・認識（「生きる力」と考えていい）を育てるためには，現実的な意識を引き出しながら，科学的な問いによって自由に考えさせ，納得に導いていくような展開が必要である。しかし，このクラスの子どもたちのように自由に積極的に自分の意見を言えるには，日常の授業から疑問を持ち，自由に発言できる雰囲気とそのことの意義がわかっているような子どもたちに育っていなければならない。それこそが教師の力量なのである。

　加藤は保健の授業の特徴として次のように述べている。

4. 保健の授業展開

　「子どもたちは，ビデオ等の映像で，見えない体の不思議なしくみの事実をみせられると確かに驚くし，ある種の感動を伝えることができる。見えない部分をリアルに伝えるには映像の力を借りることは必要であるが，しかしその驚きの寸前までその見えない部分を自分の経験と想像力でしっかりしっかり考えさせておく過程こそが，じつはほんとうの認識や驚きを構成するのではないかと思うのだ。"なるほど，そうだったのか"に至る過程こそが，保健学習の要にならなければならないのではないか」

　私もまったく同感である。保健学習の中核はやはり深い認識だということ，その認識の質や深さ，そしてその獲得のしかたが子どもの意識や意志，態度，行動までゆさぶり変えていくのだということなのである。

(引用・参考文献)
1)数見隆生『生きる力をはぐくむ保健の授業とからだの学習』農文協，2001年
2)伊藤由美子ほか『からだって　すごいね』農文協，1996年
3)全養サ書籍編集委員会『からだといのちを感じる保健教材・教具集』農文協，2009年
4)数見隆生ほか『生きているって　どんなこと』農文協，2007年
5)保健教材研究会編『小学校・授業書方式による保健の授業』大修館書店，2002年
6)戸野塚厚子・山梨八重子編著『スウェーデンの健康教育』学事出版，2001年
7)数見隆生『授業書的発想による保健指導の教材づくり』ぎょうせい出版，1988年
8)高山みつる『からだの学習』東山書房，2009年
9)藤田和也・数見隆生・久保健編著『健康教育大辞典』旬報社，2001年
10)数見隆生ほか『保健学習のとびら』ⅠおよびⅡ　日本書籍，1994年

　　　　　　　　　　　　　　　　　　　　　　　　　　　　(数見隆生)

2 中学校における保健授業

〈要約〉——中学校では，思春期の峠を越えようとしている生徒の発達現実をふまえ，彼らの意識や生活につきささる保健授業の構想・展開が重要である。ここではそうした先行実践をふり返るとともに，前回改訂の学習指導要領から強調されはじめた「心の健康」を主な題材に，どのような授業展開を構想するか等，授業をつくる上で考慮すべきことを考える。

❶これまでの保健授業に学ぶ
A.「私の保健教育課程」づくり

保健授業をどのような内容で構成し展開するかを決めるのは，教師自身が中学生の生活や健康現実をとらえ，教え育てたいものをもつことである。〈子どもを育てる〉保健授業をつくろうとするスタンスが必要なのである。

1980年代に入って「荒れる中学生」という事態が深刻化し，子どもたちが発達上の問題で苦悩する姿に直面する中で「人間のからだ」の学習の必要性が実践的に突きだされている。例えば阿部誠行（当時，大阪府高野台中学校)[1]は，1977年の学習指導要領改訂によって，保健は70時間から55時間に削減され，その上「中学生にきちんと教えておきたい，『からだの科学』『生命の誕生』などについても，現行教科書も改訂教科書でもきわめて不十分であったり，全くなかったり」と指摘している。「一方で，中学生の自殺が相つぎ，殺人事件があとをたたない現実を目の前にし，保健学習の果たす役割の重大性をいっそう強く感じます。"生命の尊さ"人間のすばらしさ，又国の主人公として健康を権利として，主権者の自覚を育てなければならない。そのための教育内容の自主編成は急務」と言っている。阿部の自主編成案の一部「からだのしくみとはたらき」を参考として紹介する（資料4-1）。

学習指導要領ならびに教科書通りの授業の実施を求める力が強くなればなるほど，担当教師は〈何のために何を教えるのか〉を考えるエネルギーを失うことになる。多忙の中では，目の前にいる生徒の〈必要〉に応える授業とか，自分なりに教育内容を吟味しようとする気力が失われていくのである。

4. 保健の授業展開

資料4-1　阿部誠行の自主編成案

（Ⅱ）からだのしくみとはたらき
　子どもたちは，からだについて小学校時代に理科で学習をしてきているが，保健学習としては全くやっていない中で，コマギレの知識はもっているが，それぞれが統一した知識として，からだへの認識が繋がっていない。中学校での保健学習の中で，からだについての，基礎的な内容はぜひおしえておきたいと考えました。さらに，人間のからだをまるごとおしえる中で，性についてもおしえる計画をたてました。

1. からだの発育
　　　　　　　　　　（略）

2. からだのしくみとはたらき
　身近かな事実と結びつけて，できるだけわかりやすく，興味深く学習できるようにしたいと考えました。一つの工夫として"進化の過程"と関連させて内容を準備しました。

①骨格のしくみとはたらき
　㋑人間の骨ぐみの特徴
　　脊柱，手と足，頭がい骨，骨盤
　　動物とのちがい―サル・ウシ
　㋺骨格のしくみ
　　からだの動きと結びつけて，関節のしくみ
②筋肉のしくみとはたらき―運動の管理人―
　㋑骨格筋（横紋筋）―伸筋と屈筋
　　人間の直立との関係
　㋺内臓筋（平滑筋）
　　意志で動かす筋と意志で動かない筋
　　※運動するとなぜ熱くなるのか？
③呼吸器のしくみとはたらき
　㋑空気の出入りのしくみ―呼吸筋，肋間筋，横隔膜のはたらき（特別な骨格筋）
　㋺延髄と呼吸中枢
　㋩呼吸の目的―血液のガス交換
　　肺呼吸（外呼吸）と組織呼吸（内呼吸）
　　※肺活量
　㊁肺の由来
　　オタマジャクシとカエル，肺の発生
④循環器のしくみとはたらき
　㋑心臓はどんな構造か，何をしているのか
　　（他の動物とのちがいを含め）
　㋺心臓は自力で動いている
　　（自動巻き）
　㋩心臓の動くしくみ
　㊁血液の循環と血液の量
　　血圧，大循環と小循環，門脈
⑤消化器のしくみとはたらき
　㋑口にはじまり肛門に終わる

㋺消化，呼吸のしくみ
　だ液，そしゃくとのみこみ，食道，胃，小腸，大腸，直腸のしくみとはたらき，肝臓，すい臓
㋩食物の旅（ウンコのできばえ）
　※おう吐
⑥内分泌腺のしくみとはたらき
　㋑身体の知恵
　　自律神経とホルモンのはたらき，調整
　㋺二つの独立国と大脳との連なり
　　内臓とホルモン
　㋩身体の恒常性の維持
　　体温の恒常性，体液の恒常性
　㊁自律神経系のしくみとはたらき
　　交感神経，副交感神経
　㋭内分泌腺の発育のしかた（ハリス他）と主な内分泌腺のはたらき
　　下垂体
⑦第2次性徴期とからだの変化
　㋑思春期とは―からだもこころも大人へ飛躍を―
　　※ホルモンの動（働）き
　㋺男性のからだの性的発達
　　生殖器のしくみ，精子の誕生まで
　　男性生理のしくみ
　㋩女性のからだの性的発達
　　生殖器のしくみ，卵子の誕生まで，女性の生理のしくみ

3. 人間誕生まで　―一つの生命の誕生―
　　　　　　　　　　（略）

3. 保健授業の展開事例

こんにちよくいわれる〈教える〉から〈学び〉への転換は単に方法的なことではなく，教師の内容選択の力量に関わっている。

現行学習指導要領にしても，先行実践にみられるように，それは20年前に必要な内容・方法であったのかもしれないのである。時代によって生徒たちの生活実態や社会文化環境は異なり，意識や行動も変化する。学習指導要領のように10年ごとに生徒が変わるわけではない。微細な変化は日々生じ，いつの日か大きな変化となって顕在化する。今の状況は，突然生じたわけではないのである。その意味では，生徒の健康現実を一番わかるのは担当教師であり，日々の保健授業で生徒たちの審判を受けながら，必要な内容・方法が何かを選択できる。例えば中学校3年間の学習内容を視野に入れた授業計画，いわゆる「私の教育課程」をつくれる立場を生かすこと，そうした先人に学ぶ必要があることを強調しておきたいのである。

B. 生徒とともに授業をつくる

もう一つ，'80年代の実践から紹介する。石川好恵（当時，高知県佐喜浜中学校）は，「目の前の生徒の現状に合わせて，生徒とともに授業は創っていくもの」，そして「生徒といっしょに何を学習したいのかを問いなおしてみること」を授業づくりの基本に置いている[2]。

そこからまず教科書の教育内容を検討してみると，子ども，人間の姿がはっきり浮かんでこない，体と心が切り離され，体も細切れ……など，多くの疑問が出てきたという。そうした疑問は石川の問題意識であり，同時に取り上げるべき教材選択の基準となる。以下のように「教材を考える視点」をあげ，3年間の学習内容・計画を立てている（資料4-2）。

①自分のからだ・生活を見つめることが，生活をかえ，生きていく意欲にむすびつくようにしたい。
②自分のからだ・人間のからだへの理解を通して，共にいのちをだいじにする気持ちを育てたい。
③健康の問題を広い視野でとらえること。
④歴史的にものごとを考えてみることに気づかせたい。
⑤健康についての権利意識を育てたい。

4．保健の授業展開

資料 4-2　石川好恵の学習内容案

1年	○からだのしくみとはたらき ・人間のからだ・わたしの生育歴（生まれたときのようす，歩きはじめるまで）・からだの発育・発達の特徴・生物の起源から人類の誕生まで—サルからヒトへ—・からだの動きをささえるもの・骨格・皮ふ・呼吸・循環・消化・内分泌せん・神経系のしくみとはたらき・今（中学生になって）のからだの変化・脳のはたらきと発達・子どもの発達（教育環境）など ○健康についての考え方 ・健康観はどう変ってきたか……歴史をふりかえりながら ○身近な自然環境とからだ
2年	○環境と健康問題 ・生活環境と公害 ・放射能と健康の問題 ・公害と健康……どうしておこったのか，その後どうなったのか，水俣病，森永ヒ素ミルク中毒事件，サリドマイド，イタイイタイ病など ◇夏休みレポート◇　平和と健康の問題について考えてみよう ○生活の安全 ・応急処置についての考え方・ケガの経験・ケガ発生の要因と原因のとらえ方・おもな外傷・急病の簡単な手当て ○食べ物と健康 ・わたしたちの歯のしくみとはたらき～食様式とからませて～・歯の"できはじめ"から"はえそろい"まで・食べものと歯・おやつについて・間食調査・砂糖の消化と吸収・過食の問題・加工食品について・食品添加物・合成着色料の実験・長生きと食生活・米国の食事改善目標 ○タバコと健康 ○生活と健康 ・疲れたと感じるとき・疲労の状態・生活のしかたとリズム
3年	○病気とその予防 　—結核とその予防— 　結核とは・感染と発病・結核検診…佐中のみんなは？・病気のおこる要因・結核に苦しんだ人々…結核死亡率の推移・社会のうごき・働く人々の生活と健康状態・健康法律・工場法・労働基準法・母性保護・働く環境・予防へのとりくみに必要なこと 　—インフルエンザとその予防— 　・インフルエンザウイルスと流行・インフルエンザ流行の歴史とわたしたちの生活・予防についての考え方は？ ○からだの発達 ・今の自分を見つめてみよう・中3のみんなのからだ（こころ）・人の一生…男性のからだ…女性のからだ・いのちの芽ばえ（受精）・胎児の発育と母体の変化・胎児の育つ環境と母体・生命の起源と胎児の成長（系統発生，個体発生）・出産・人間の歴史の性（母性保護の内容を含めて） ○公衆衛生，集団の健康 ・国民の健康状態を知ろう ｝高知県は？ ・保健，医療の状態を知ろう ・平均寿命…過去から現在へ ・人口動態の推移と社会のうごき，うつりかわり ・保健行政のしくみ・保健所のしごと…地域の保健所と人々の健康 ・保健婦の活動 ・社会保障…憲法・社会保障制度 ・健康について広い視野をもとう 　『健康と人類』より"病気ほど国境のないものはない"

3. 保健授業の展開事例

　石川は，1年生の保健授業の最初に「授業のなかでだいじだなと思うことは，自分でメモしていく習慣をつけよう，いつもなぜだろう？と考えながら学習をすすめよう…」など，学習規律（態度）に配慮している。また，毎授業後に生徒に簡単な感想を書かせ，それを次時に「みんなのノートより」というプリントにして返している。多くの教師がやることであるが，「考えたことを自分の言葉で書くこと。そして書く中で自分を見つめること」を求め，そのことが「みんなの発言し合う機会」を生み，話し合う中でより「自分を見つめることができる」と考えている。

　このような，子どもの内面を子ども自身の表現からつかむという教育課題に対して自己の内的生活を書き言葉で表現することは，綴方の指導では戦前から実践的に追究されてきていたものである[3]。

　この綴方的手法を，授業の具体的展開の中にも用いている。3年生「からだの発達」の学習では，まず，「私は？」ということで短時間に思いつくままを箇条書きさせ，それを次時からクラスで読み合い，「私たちは毎日の積み重ねのなかで人間的に成長しているという面から性格をとらえること，情緒，社会性，欲求の発達について」の学習，最後にじっくり今の自分を見つめて書いてみよう，と展開している。ある生徒は「私は…のプリントに自分のことを書きましたが，本当の自分というのがどれなのかわかりません」という状態から，「みんなの私は？という質問の答えをきいていたけど，一人になってじっくり考えると，ふだんとちがうというか，そんなみんなを感じた。やっぱり同じ世代だもの。みんないろいろ悩みもあるのだ」と少しずつ自分を見つめはじめている。

　これは（後述するが），生徒たちの「心の健康」をどのような発達観でみるかに関係する。石川は個人の能力・努力だけに解決を求めるのではなく，共同性の中で自己に気づき存在を肯定できる学びを志向している。

C.「総合的な学び」を構成する

　もう一つ，前回改訂の学習指導要領の目玉である「横断的・総合的な学習」との関係から，保健授業における「総合的な学び」の必要性とその教材構成を示した実践を紹介する。それは病気を医学史的・社会科学的視点でとらえ，教科書内容も組み入れた総合的な内容編成案を示した小出義人の「結

核症」の授業実践（「第10次全国教研東京都報告書」1961年）である。小倉学がこの実践を紹介し，①教育内容自主編成の先駆的試み，②自然科学と社会科学の結合，③保健の典型（範例）教材，④保健担当教師の教養，の4点にわたり分析・評価している[4]。

　小出は「系統学習」への転換に批判の目を向けながら，教科書をも考慮した自主編成を試みている。具体的な授業の流れは，資料にみるように，結核症の実態を生徒自身につかませる→教科書に書いてある内容（病原体，感染経路，症状，予防）を教える→人類と結核症との闘いを歴史的に見ていく→自分たちが結核になった場合に，どういう医療が受けられるかを考えさせる→まとめでは作文で感想を書かせて，生徒の認識の誤りは直してやる，となっている（資料4-3）[5]。

　小出は，教科書の比較・検討を通して「人類の結核とのたたかいの歴史，とくに日本における少なくとも明治以降の結核症の変遷について，医学的に，社会科学的にとらえて示すことが大切だ」と指摘する。同時に，「理想的でない現実の中で矛盾に頭をぶつけ直面して生きていかなければならないから，そこでどういうように生活していったら病気にならないで，より健康に生きぬいていくことができるか認識させる[6]」必要があるという，小出の保健授業観が「総合的な学び」を保障する授業づくりに向かわせたとみることができる。

❷「精神の発達」「心の健康」授業づくりに学ぶ

A. 中学校学習指導要領の目標・内容を検討する

　前回改訂の学習指導要領は，学校週5日制を前提とした教育目標・内容が提示されている。子どもたちの生活が変わる，家庭や地域の生活にも変革を求めるものであった。

　その改訂のポイントは，以下の点である。内容構成は，従前の5つの単元のうち「健康と生活」と「疾病の予防」を統合し「健康な生活と疾病の予防」となり，単元は4つになったこと，保健分野の授業時数が3年間で55時間から48時間に減少したことである。

3. 保健授業の展開事例

資料4-3　小出義人の「結核症」指導試案

時	毎時のテーマと狙い	学習内容と展開	教材資料	備考
1	今日の結核症の実態はどうか。	教科書の記述は正確か、たしかめながら読む。 ┌慢性伝染病のうちもっともおそろしい ├青少年の死亡率中最高 └結核症にかかっている人の数は死者の数よりはるかに多いなど教科書で不十分な点を補う結核実態調査の大要をみていく過程で結核症とはどんな病気なのか認識を深めていく 要点 ○死亡率の減少（激減）をみたが患者は少しも減っていない。患者の大多数は無自覚又は不完全治療が多い。なぜ治療を受けないのか、無自覚と無理解だけか。 ○貧困と結核症の問題 ○家族内感染……発病率4〜5倍	人口動態統計より 死亡実数 死因順位 結核実態調査報告 昭和33・11（厚生省）結核死亡率の変遷 年令別死亡率	生徒の経験を出しあい話しあいをすすめ身のまわりの結核症や集団検診をおもい出させる。 年々新患者20万人 東京，江戸川，横浜のスラム街の要治療10% 後の学習の動機づけとして誰でもかかる可能性があることをしっかり理解させる。
2	結核症はどうしておこるのか。 病原体，感染経過，病状などを学習させ正しい基礎知識を与える。	感染と発病の概念を明確にする （後で、ツ反応・BCGの説明を容易にするため抗原としての菌の侵襲に対して抗体ができる） 感染と，肺門リンパ腺（節）の腫張など その他	 理科学習	この部分は従来の教科書を批判読みさせる。 結核症は遺伝すると信じている生徒の扱いを考察。 （その誤った認識の所以を明らかにする）
3	人間は過去においてどのように結核症とたたかってきたか。 歴史的にみていく過程で病気と社会的，経済的要因とのからみあいを明らかにし認識を深める。	結核症は古くからあった。 明治時代の結核　　積極的な治 大　正　　　　　→療法をもた 昭和前半　　　　　ぬ暗黒時代 ○結核菌の発見　コッホ(1882) 　コッホの計画治療薬―旧ツベルクリン液の不評 ○闘病側　大気，栄養，安静の三原則とクレオソート丸の服用 ○一般大衆の悲惨 女工と結核 大正初，女工50万人中，30万人，20才未満，14〜15時間過重労働，寄宿制度→ざこね→集団感染 ○敗戦後の治療および予防医学の飛躍的進歩 （肺外科および抗生物質その他） 新憲法施行後の人権意識の伸長 生命の尊重 労働法の整備，労働条件の改善	 コッホの伝記 正岡子規 墨汁一滴 仰臥漫録 病床六尺 （岩波文庫） 国家医学上ヨリミタル女工ノ現況1 石原修 日本残酷物語 第五部 （平凡社） 女王哀史	社会科の学習を参照しつつすすめる。 大衆の手のとどかぬ三原則。 子規，長塚節，啄木の闘病。 （国語教科書との関連より「不如帰」の社会性も参照） 資本主義の発達と労働条件に関心を向ける。

219

4．保健の授業展開

			（岩波文庫）	
4	われわれは結核症からどのように守られているか。どんな医療を受けることができるか。衛生行政や医療の実態を明らかにし、これを改善し、増進するにはどうすべきかを考える。	結核予防法とはどんな法律か ツ反応　BCG　X線検査 何のためにするか。どんな効果を期待できるか。 集団検診現状 　昭和32年より無料、但し年1回予算は⅔のみ計上。受診率の低さーなぜ？　われわれの検診は、春秋2回、費用はどうなっているか？ 厚生省の対策の例 　X線自動車　52台増車 　患者登録　医療費負担の増額 もしわれわれが不幸にして結核症にかかったらどうなるか。 わたし（教師）の場合　健保 　　　　　　休職→退職 　　　　保健医療の現状	結核予防法 国民医療の現状 厚生の指標	BCG，ツ反応などについて予想される素朴な質問にあまり時間をくわぬこと。 教育要求、政治への要求を出させる。 不幸な級友の例 教師の場合 親戚・縁者 どんな健康保険に加入しているか。
5	まとめ	（学習結果を話しあいによってまとめる。予想されるまとめの骨組みとして） 結核症は 　医学の長足の進歩にもかかわらず、いぜんとして気の許せない国民病である。結核症にかかるのは個人的身体状況にもよるが、また決して個人のあやまちでは断じてなく文化的・社会的・経済的要因によっても著しく左右される。 　日本の現状では社会的貧困ときりはなすことはできない。自らの幸福追求のため個人衛生に留意し、合理的生活の実践によって病気（結核症）から身を守るとともに、憲法第3章25条の趣旨にもとづき社会福祉、社会保障および公衆衛生の向上などすべての生活面について、矛盾にみちた現状が改善されていくように国政が拡充されることを不断に要求していかなければならない。		評価 　テスト 　作文（授業後の感想と今後の心構えなどを書かせる） 社会科の憲法学習をおもい出させる。 日本経済の今後と社会保障について検討し見通しをつける。

また目標でみると，ヘルスプロモーションの考え方を導入したこと，保健体育審議会答申に基づき，心の健康，食生活をはじめとする生活習慣の乱れ，生活習慣病，薬物乱用，性に関する問題，感染症の新たな課題，自然災害等における安全の確保といった健康の現代的課題を取り上げ，それらを解決する実践力の育成を強調している。

　「『健康の保持増進のための実践力の育成』とは，健康・安全についての科学的な理解を通して，心身の健康の保持増進に関する内容を単に知識として，また記憶としてとどめることではなく，生徒が現在及び将来の生活において健康・安全の課題に直面した場合に，科学的な思考と正しい判断の下に意志決定や行動選択を行い，適切に実践できるような資質や能力の基礎を育成することを示したものである。」（文部省『中学校学習指導要領解説保健体育編』東山書房 1999 年）

　この「実践力の育成」について，現行の『中学校学習指導要領解説 保健体育編』（文部科学省，2008 年）では，上記の下線部に「実践していくための思考力・判断力など」を補足し，実生活・実社会に生かす学習を重視している。
　また，前回改訂で特に強調された「心とからだの一体性」の視点は，体育の「体ほぐし」の内容等と関連づけた指導を引き続き求めている。
　もう一つの特徴は，望ましい行動を選択する個人の心理社会的能力（スキル）が強調され，ロールプレイング，ブレインストーミング，ディベートなど多様な学習方法を推奨していることである。
　現在，「心の健康」への対応として，心理療法の交流分析や構成的グループ・エンカウンターなどを取り入れた学級活動や保健授業も増え，エクササイズを通して自己理解や他者理解を深めようとしている。知識から態度・行動変容を図るのではなく，からだの訓練法やワークによって身体的な緊張をほぐし，心をリラックスさせる〈健康教育への身体的アプローチ〉[7]も広がっている。
　こうした学習指導要領ならびに教科書の目標・内容を，生徒の意識や行動

を思い浮かべながら検討をすることから，保健授業の展開構想づくりは始まる。

B. 中学生期に必要な保健教育内容を考える

　教科保健の内容の中核は「心身の構造と機能」である。心身の科学は，人間の生存や健康・発達，病気・障害などとの関わりをもつものである。つまり「主権者としてのからだと心」の形成・維持・促進・回復，それぞれの段階において，「心身の構造と機能」との関わりの理解が必要である。したがって，その学習は生理学的な身体の知識と心の科学知識を個別に教えることに止まらず，現代社会と文化の影響を刻み込んで生きている子どもの身体，つまり文化的身体を学習の対象・内容と考えたい。

　「心」は感情・思考・意志といった機能の総体であり，目に見えないものである。思春期の峠にかかっている中学生期も生活の中で「自分さがし」を行う日々であり，「心」が身体機能から遊離して存在するものではない。少年事件の続発，不登校の増加，いじめや暴力・非行など，大人社会に対する〈子どもの反乱〉ともいえる現状を考えると，子どもたちにとっての「心の科学」も，「生活するからだ」の中で実感的に認識させる必要がある。このように「からだと心の一体性」は，自らが文化的身体であることを知り，学ぶことで達成できる。

　例えば藤田和也[8]は今の中学生に必要な学習内容を5点あげている。

①こんにちの生活様式とからだの関係についてわかる学習
②身心相関のメカニズムが自己の体験や実感を通してわかる学習
・身心相関については，中学生自身が日常の生活の中で体験しているものであり，「緊張すると汗がにじむ」「興奮すると心臓がドキドキする」といった体験から暗示や心身症的な体験などまでを題材にしながら，身心相関のメカニズム（当然，大脳新皮質と辺縁系との関係についての大脳生理学的生理も含む）を学習し，自己の身体症状を客観的・分析的にとらえられるようになることも，こんにちでは必要になっている
・ストレスについての心理学的・生理学的認識についてもこんにちの臨床的な研究の成果に学びながら整理し，教材化される必要があろう

③こんにちの環境問題と日常の生活・健康との関連がわかる学習
　④高齢化社会のあり方を身近に考えることができる学習
　⑤日本社会における労働や医療にかかわる健康問題を考える学習

また，数見隆生[9]も中学校段階で必要な教材を次のように述べている。

　　中学校段階で重要な教材は，心身の発達に関する内容であり，今の自分たちがどういう発達の段階にあり，どういう発達課題があるのかを明確にすることである。とりわけ，思春期の生理学的特徴（心肺臓器や筋肉の発達など）や生殖にかかわる器官，そしてまた心理的な発達としての「第二の誕生」，すなわち自分の心を相対化するもう一人の自分を発達させる時期であること，などをしっかりつかませることである。

　前回改訂の学習指導要領に示された「心の健康」の重点内容は，小学校「自他の違いに気づき肯定的に受けとめること，不安・悩みへの対処，人とのかかわり方」，中学校「自分らしさの形成やストレス対処」，高等学校「自己の可能性を最大限に生かし自己を高める大切さ，欲求・ストレスへの対処」となっている。これらは道徳教育や学級活動等と重複した目標・内容である。例えば，道徳教育の小学校高学年・中学校では「児童生徒の悩みや心の揺れ，学級や学校生活における具体的事柄や葛藤などの課題等を積極的に取り上げ，人間の心や生き方等について話し合い，自己や他者との関係を深く見つめられるようにすること」とあり，保健の教科内容としての独自性が問われている。
　澤山信一らは「精神の発達と心の健康」の授業プラン作成にあたって，学習指導要領の発達観を問題にしている[10]。すなわち学習指導要領では，発達を一人ひとりの個体の能力がどう伸びていくかに焦点づける個体能力発達論に立っており，そのために人間のもつ共同性が捨象されるか，あるいは付随的位置におとしめられることを懸念している。人間の能力は決して個人的なものではなく，他者との共同性によってつくりあげられるという立場から，他者を肯定し合う経験を通して互いに癒し合い，励まし合い，繋がり合う関

4. 保健の授業展開

資料 4-4 「精神の発達と心の健康」領域で何を教えるべきか

大　項　目	小　項　目	ね　ら　い
脳の発達とその条件 (1時間)	(1)脳の発育経過 (2)脳細胞の連絡 (3)発達の条件	脳重量の発達は生後2,3歳頃に急速に増大する。その生理学的メカニズムは脳の神経細胞の連絡が複雑になることによるものであるが，それを可能にするのは母親や周囲の人々との生理的，情動的な共生的交流，身体や姿勢活動の一体化，身振りやことばのやりとりなど共同的な関係を通してである。
中学生期の精神の発達と自己形成 (1時間)	(1)日本の子どもの自己評価 (2)他者を肯定し合う (3)同世代からの手紙	日本の子どもたちの自己評価が他の国の子どもたちよりも低いのは排他的な受験競争の中で，他者との相対比較に強く縛られ，常に自己の位置を確認させられているからである。そのために，日本の子どもは自己の存在に不安と怖れをいだき，自己を信じ愛することができず，否定的自己像を形成していく。こうした中で，他者を肯定し合う経験を通して自尊感情を高め，互いに癒し合い，励まし合い，繋がり合う共同的な関係をつくりあげることの大切さを知らせたい。
心身の相関と健康 (1時間)	(1)自我意識の芽生え (2)自己評価 (3)心身症	自分とは何かをまさぐりはじめる思春期は他者の評価に過敏に反応する時期である。それは他者の目を借りて自分を点検し，それを通して古い自分を脱ぎ捨て新しい自分を確立しようとするあらわれである。しかし，排他的な受験競争は対人関係を敵対的なものにし，そのために他者の目は自己に対して抑圧的に作用し，その結果新しい自己像の確立を妨げるばかりか，他者に同調する自己をつくりだす。このために偽りの自己と本当の自己との間に抗争や葛藤が生じ，自己否定，自己嫌悪などの危険のつまずきをくり返すことになる。この過程で対人恐怖症などの心身症的なトラブルが生じるのである。

係を育てることを主張する。この観点から「授業書」方式による保健授業プランを公表している（資料4-4）。

C.「精神の発達と心の健康」の授業展開を構想する

　a. 実践力を育てる学習活動の工夫

　前回改訂の学習指導要領では「心身の機能の発達と心の健康」の目標・内容として，新規にストレス対処を取り上げた。それにそった授業はどのよう

3. 保健授業の展開事例

資料4-5 「欲求やストレスへの対処」（調べ学習を取り入れての展開）

時間	項目	主な学習内容と方法	
1	欲求やストレス	○欲求には生理的な欲求と心理的・社会的な欲求がある。 ○欲求に適切に対処することにより、精神的な安定が図られること ○欲求やストレスを感じることは自然なことであり、適度なストレスは精神発達上必要であること ○ストレスとは外界からの刺激に対する防御反応であり、心身に負担がかかった状態であること ○ストレス対処法には、いろいろな方法があること	ストレスチェック 講義形式による授業 ・次時には、ストレス対処法を体験し合う。 グループ毎に、紹介するストレス対処法を決めて、練習や準備をしておく。
2	欲求やストレスへの対処法	発表会「ストレス対処法の体験」 ○リラックスできることを体験する。 ・マッサージや音楽などのコーナーを設定し、体験してリラックスした状態を感じ取る。 ・体ほぐしの運動は体育で行う。	発表会 体験学習 ・体ほぐし運動との関連を図る。
3		悩み相談をもとにすすめる学習 ○相談者へのアドバイスカードを書く。 ○いろいろなストレス対処法を活用する。 ○自己の欲求やストレスへの適切な対処方法を取り入れる。	事例を用いた学習（ケーススタディ）（⇒P 72） （相談に答える）
4	心身の調和と心の健康	○欲求やストレスへの適切な対処により心の健康が保たれること ○精神と身体には密接な関係があり、互いに影響しあう。 ○心身症は、特定の人だけの病気ではなく誰でもかかる可能性があること ○心の健康を保つには、自己や他人に対する理解を深めること	講義形式による授業 ・前時までの学習を生かす。

に構想されるのかを考えてみる。紹介するのは「欲求やストレスへの対処」という4時間計画の授業プランである（資料4-5)[11]。

　この授業プランは、1時で欲求やストレス、2・3時にストレスへの対処法を配置し、4時に心身の相関を講義形式でまとめている。その意味では実践力を養うための学習活動に重点が置かれている。具体的には次のような意図と活動である。

4. 保健の授業展開

第2時　欲求やストレスへの対処法―発表会「ストレス対処法の体験」
　［意図］「ストレスへの対処法」を知識として理解するのではなく，体験して感覚的に理解できれば，実践化が図りやすくなると考えられる。体ほぐしの運動や音楽，お茶，肩たたき，目の体操など，リラックスできる感覚をつかめるように実際に行いたい。また，体験発表会までに，その効果を調べたり，やり方を練習できたりする時間をとって取り組めるとよい。

第3時　欲求やストレスへの対処法―悩みの相談活動を通して
　［意図］事例を用いた学習（ケーススタディ）による「相談活動」は，実際の場面での対処法を学ぶこと，相談できる人をもつことなどコミュニケーションの方法を身につける具体的な場になる。

　悩みの相談活動では，「保健室での相談事例から，誰にでも起きそうな身近な事例」を4つ取り上げている。ここでは2例だけ示す。

［手紙1］私の悩みは友達関係です。中学校に入って，小学校での仲よしとはクラスが離れてしまいました。クラスが離れていやだなぁ～と思っているうちに，クラスの友達関係に出遅れてしまいました。友達がほしいと思っても，それぞれ仲良しのグループが決まってしまっているので入りにくいです。このまま友達ができなかったらと思うと不安です。

［手紙3］私はこの頃体調がよくありません。カゼかと思うのですが，熱はないし，咳もでません。特に朝起きるとき，頭が痛くなります。それで何日か休んだのですが，家にいると午後とかはとても私はこの頃体調がよくありません。少し頭が痛いのです。カゼかなと思うと楽になります。でも次の日の朝は，余計頭が痛いような気がします。頑張って学校には来るのですが，学校ではやっぱり痛くなります。肩が痛い日や目が痛いときも時々あります。

　実際に授業を行った上でのプランと思われるが，残念ながら生徒たちがど

3. 保健授業の展開事例

のようなアドバイスをしたのか，それについて相談者はどう思ったのかについての記述はない。授業者の感想には「悩みに対して，最初はどのようにアドバイスをしたらよいのかわからないグループが多かったが，これまでの学習を生かすことで多くのアドバイスが出てきた」とある。

授業が教師の側からの一方的な説明・解説では，生徒は黙って聞くしかない。その意味で，生徒を動かす作業や学習活動，ここでは「ストレス対処法の体験」発表会も，悩みの相談活動も，活動自体は必要な工夫である。しかし大切なのは，教師の意図することと活動の内容・方法，ならびに展開上の位置づけは妥当であったかを吟味することである。

例えば大学生を対象に，筆者も同様な学習活動を取り上げているが，そこではアドバイスの内容の適切性に焦点をあてた[12]。その経験を，悩みの相談活動に適用して，「手紙1」を授業の冒頭の発問で用いてみたい。

> あなたなら，どんなアドバイスをしますか。書いてみてください。

- かつて同じような経験をしたことのある人はいるか／その時にどのような対処をして切り抜けたのか［経験的把握］
- 何がきっかけか，どこに問題があるのか／本人および周囲にはどのような対処が有効なのか［臨床科学的把握］

この段階を経た上で，手紙2・3・4といった事例を考える活動をしくむことで，何を知り，何がわかればよいのかといったアドバイスのポイントを理解することができる。ただし，手紙3は，「専門機関への受診や相談が必要であることに気づかせたい」事例としているように，一般的なストレス対処法，リラックス方法をアドバイスするだけでは解決しそうにない。その意味で，第4時の心身相関についての学習はどのように行うのか，まとめの講義ではなく，心身相関の基礎的な理解を先行させる構成も考えられる。

保健授業づくりの立場からみると，まず学習方法ありきではなく，内容的契機と統合した教材や学習活動を工夫することが大切である。生徒を動かす授業は，生徒が自ら動く授業へと発展させる契機なのである。

4. 保健の授業展開

b. 発達的観点からの「心の健康」教育

岡崎勝博は，生徒の問題行動に対処するのが保健教科の「心の健康」であるのかを自問し，授業で求められるのは，「心の発達がどのように行われるのか，自分はどのように発達してきたのか，そして今どのような状況にあり，これからどのような展望を持つことが必要なのか」について自己を振り返りながら考えることと捉え，「依存（甘え）と自立」を軸に7時間の授業展開を構想している（資料4-6)[13]。

ここでは岡崎がどのように保健授業を構想し，実施していったかを振り返ってみる。

まず「心の健康」で教える内容として，以下の3点から検討している。

(1) 心の発達は，年齢を重ねれば自然に発達するというものではなく，適切な時期に適切な刺激がなければ十分には発達しない。
(2) 「心の健康」を発達的視点でとらえる。問題行動を念頭に入れつつも，対症療法的に取り扱うのではなく，どのように心が発達するかを考え，今の時期を振り返りながら，将来に向き合っていけるような内容を提供したい。
(3) 中学生期をどうとらえるのか。この問題の把握の仕方により，教育内容が大きく異なってくる。

そして，小浜逸郎の所説を参考に，現在の中学生を〈自立できない「大きな子ども」〉ととらえ，思春期の教育課題を「今の自分の状況をみつめ，自立衝動を育てるための方向性を見いだすような力をつける」ことに置き，親との関係をどのように再構築するのかが自立へ向けての道であり，自己実現への第一歩と考えている。

そのための教材として椎名誠の『続　岳物語』の風呂場の散髪場面―小学生のころは楽しかった父親の散髪も，中学生になった岳は素直に受けられない―を取り上げ，読んだ後，父子の会話に対する演出ノートの作成，演出者・父親役・岳役を選びシーン1・2を演じる，そして教師が「岳がやったように自分の頭をわしづかみにしていた父親の手首を逆ににぎり，父親をに

3. 保健授業の展開事例

資料 4-6 「精神の発達と心の健康——依存（甘え）と自立——」の授業の全体構成

	時間	大項目	小項目	ねらい
依存（甘え）と自立	第1時	導入	(1)心の多様性 (2)アンケート	教材：「イメージ伝言ゲーム」 　親子・友人関係，自己の心の発達について
	第2時	心の発達の条件	(1)発達のための刺激の必要性 (2)発達するための条件 ・適切な発達刺激 ・適切な時期—「臨界期」	教材：「ジーニー」の話　「授業書」作成 　「人間」となっていくためには，数々の発達刺激を外部環境（特に母親・家庭など）から得ないと「人間」とはならないこと。しかも，その刺激も発達を促すにはある程度適切な時期があり，その仕組みが人間の「養育」にくみ込まれている。
	第3時	基本的信頼感と自我・自己の芽生え	(1)基本的信頼感の形成 (2)自己・自我の芽生え—第一次反抗期	教材：「微笑み」反射の意味 「離乳時の出歯」 　人間は社会的動物である。母親や家庭，社会の中で依存することにより発達していく。この依存は，母親的なるものとの「基本的信頼感」の形成により成立し，それは人間の心の発達の根幹をなしている。 　2，3歳になると，子どもは母親などとの交替やりとり遊び（能動—受動の役割交替）の中で自分の中にもう一人の自分を見いだしていく。 　教材としては，「子どもの自己会話」を用いた。
	第4時	自己形成に向けて（幼児期から小学校期）	(1)身体的依存と精神的依存 (2)精神的自立に向けて	教材：映画「となりのトトロ」より，メイの自立過程を素材とした 　映画「となりのトトロ」では，メイの心の発達がドラマチックに描かれている。身体的（身の回りの行動）にも精神的にも依存していたメイが，「母親の死の影」という「現実」を受け入れていくことにより，姉への精神的依存から自立へと向かう。 　授業では，メイと姉の会話を演出することにより，メイの心情を理解するようにした。
	第5・6時	中学生期の心の発達	(1)心理的離乳 (2)依存と自立の再構築 自己形成にむけて	教材：椎名誠『続　岳物語』 　この物語では，自立に向かう岳と子ども像の変わらぬ父とが，岳の散髪をめぐって衝突とした。親への愛と，しかし自分は自分だという思いへの衝突。互いに言葉が足りず，感情が錯綜する。しかし，岳の自立期に向かっている変化だということを認め合うようになっていく。ここでも授業は，演技指導によるお互いの心情を理解するという方法を用いた。
	第7時	心身相関	(1)心身相関の仕組みと心身症	教材：身体を織り込んだ言葉 　心から身体への影響として心身症を取り上げ，反対に身体から心への影響として「あがり」への対処を題材にして，心とからだの結びつきについて説明した。

4. 保健の授業展開

らみつけることができるだろうか」を問う，という学習活動の流れである。

　文学作品を「読む」ことを通して自己を対象化していくことはそれほど簡単ではない。保健授業での自己形成への切り口として依存と自立の再構築への手がかりをつかませることは重要な内容であるだけに，身体認識や身体像と自己形成の関係など明らかにするべき課題もある。

　それらを踏まえると，中学生期では，大人が心配する健康課題ではなく子どもが直面する健康課題をしっかりとつかみ，それを保健の教科内容とするための検討を深める中から，新たな授業展開の構想も生まれる。そのためにも，多くの保健授業担当教師が，日々の実践を公表するなり，授業検討の輪に加わること，まさに〈自立と適切な依存〉を期待したい。

(注および引用・参考文献)
1) 引用は『第29次教育研究集会大阪府報告書』1980年。なお，「からだのしくみとその発達」の実践の詳細は『健康教育の実践（中学校編）』（ベースボールマガジン社，1981年）を参照のこと。
2) 「中学校での保健学習から」教育科学研究会第22回高知集会（1983年）における「身体と教育」分科会レポート。引用は当日の発言を含む。
3) 志摩陽伍『生活綴方と教育』，坂元忠芳『子どもの発達と生活綴方』，村山士朗『生活綴方実践論』（いずれも青木書店）など参照のこと。
4) 小倉学「小出義人氏の結核症の授業」『体育科教育』1976年5月増刊
5) 小出義人「中学校の保健学習(1)」『学校保健研究』1961年3月
6) 小出義人「中学校の保健学習(2)」『学校保健研究』1961年4月
7) 参考図書として，神奈川県予防医学協会健康教育センター『気づき，学び，育てる保健活動―新しい健康教育との出会い―』ライフ・サイエンス・センター，1996年
8) 藤田和也「中学校保健科の新しい知と学び」『体育科教育』1999年11月
9) 数見隆生『生きる力を育む保健の授業とからだの学習』農文協，2001年，77頁
10) 保健教材研究会『新版・「授業書」方式による保健の授業』大修館書店，1999年，25頁
11) 『実践力を育てる中学校保健学習のプラン』日本学校保健会，2001年，33-40頁
12) 筆者が教材に用いているのは，森昭三『わたしたちはどう生きるか―中・高校生の心のカルテ』（白揚社，1988年）である。この本は森田療法の考え方をもとに，具体的な悩みや不安をQ&A方式で整理してあり利用しやすい。
13) 岡崎勝博「『精神の発達と心の健康』をどう教えるか」『体育科教育』1999年12月

　　　　　　　　　　　　　　　　　　　　　　　　　　　　（友定保博）

3 高等学校における保健授業

〈要約〉——保健教材研究会が開発した高校保健「授業書」の中から「新潟水俣病の不思議」の授業プランを取り上げ、"仮想"追試のプロセスを詳細に述べるとともに、追試実践のための「修正」プランを提案した。

❶模倣から創造へ

"模倣から独創が生まれる"という。授業もまた然り。目標とする実践家の授業をまるごとマネてみることが、"独自なものを生み出していく出発点"となる。

だが、高校保健の授業実践にかぎっていえば、"模倣"をする手がかりをみつけることさえ困難、というのが実情であろう。実践の積み上げがきわめて乏しいのである。

そうした中にあって、保健教材研究会（代表・森昭三）が1991年に公刊した「続『授業書』方式による保健の授業」（大修館書店）は、13のテーマに多様な角度からアプローチし、それを追試可能な形式（「授業書」）にまとめた画期的な"授業プラン"集であり、注目に値する。

なかでも、住田実が作成した授業書「新潟水俣病の不思議」[1]は、追試の意欲を喚起させる、完成度の高い魅力的な"作品"に仕上がっている。

「とにかく追試してみる」のもよいが、その前に"仮想"追試に挑戦することにしよう。追試のための修正プランを作成するために、先行"作品"の「問題」とその配列・教材構成に焦点をあてて検討し、成果と問題点を析出するのである。

ここでは、授業書「新潟水俣病の不思議」を素材に"模倣から創造"へのプロセスを追体験していただくことにしよう。

❷授業書「新潟水俣病の不思議」に学ぶ

住田は、「新潟水俣病の汚染源をめぐる科学論争は、いわば環境汚染と健康問題をめぐる〈日常的・常識的な論理〉と〈科学の論理〉との"壮大な対

4. 保健の授業展開

決"だった」[2]ととらえる。「水俣病研究史上の典型的な誤謬とその克服のプロセスを生徒とともに『追体験』しよう」[3]とする意図から生まれたのが，授業書「新潟水俣病の不思議」である。

「授業書」は，〈問題①下流限局発生の不思議〉と〈問題②法廷での金魚実験の結末〉という２つの〈問題〉から構成されている。

以下，「授業書」の展開に沿って検討していこう。

A.「くり返された」水俣病

〈前時の復習〉を兼ねて，不知火海周辺の熊本水俣病患者分布図を子どもたちに配布するところから，授業は始まっている。「患者の発生地区は，汚染源となった工場の周辺に集中している」[4]（傍点は住田）ことを「さりげなく『確認』」[5]（傍点は住田）するためだ，という。

続いて〈お話①「くり返された」水俣病〉のプリントが配布される。要点は，以下の通りである。

- 1965年6月13日付「朝日新聞」見出し（「新潟に『水俣病』？／類似症状で二人死ぬ／有機水銀中毒と断定／阿賀野川流域」）を提示する。
- 患者（Aさん）に関する情報…新潟地震（1964年6月）により田畑壊滅。阿賀野川で獲れた川魚の行商をして生計をたてるが，とくに美味でないニゴイは売れ残ることが多く，余った魚は，毎日（多いときは1日3食），Aさんはじめほとんどの漁師が自ら食べていた。
- 患者の発生状況……1967年には30例。1974年までに520例に拡大。

(1)有機水銀中毒と症状，(2)患者の食生活（魚中心），の２点を伝えることで，熊本水俣病との類似性を印象づける。さらに，田畑が壊滅するほどの大地震がその前年に起こったことを紹介する。周到な伏線のはり方である。〈問題①下流限局発生の不思議〉の"お膳立て"は整った。

B.「下流限局発生」の不思議

〈問題①〉阿賀野川の河口より60キロメートル上流には，熊本のチッソ水俣工場と同様の「アセトアルデヒド合成工程」を有する昭和電工鹿瀬工場

3. 保健授業の展開事例

があり，排水を川に流していました。そこで汚染源として，この工場がクローズアップされることになりました。

　さて，それでは，初期の患者（30例）は，阿賀野川のどの流域に発生したのでしょう。予想を立てて，その発生地域を図の中に黒く塗りましょう。また，どうしてそう思うのか，みんなの考えを出し合ってみましょう。

（予想）ア）上流　イ）中流　ウ）下流　エ）全流域　オ）その他
（理由）

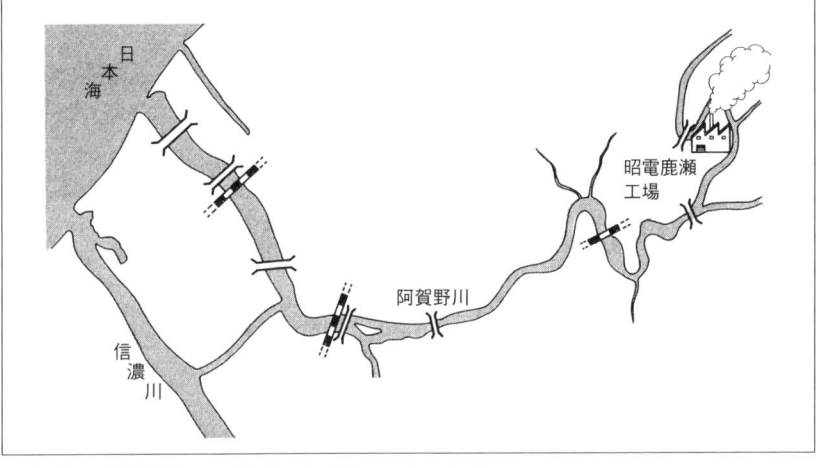

まず，〈問題①〉の意図から検討していこう。

住田は，「第1問」には，「〈日常的・常識的な直観〉と鋭く対立するような衝撃的な『問題』と『実験（検証）』が配置される」[6]べきだ，と言う。

住田が〈日常的・常識的な直観〉というとき，〈問題①〉の場合，おそらく次のようなものの見方・考え方を指しているのだろう。

> 熊本水俣病と同様の症状の患者が発生したということは，"犯人"は有機水銀を排出している工場にちがいない。廃液は阿賀野川流域に排出されるから，一番先に被害が現れるとしたら工場に最も近い流域（上流）となろう。熊本水俣病でも，工場周辺に集中発生していたではないか。

4. 保健の授業展開

　なぜなら，続く〈お話②新潟水俣病患者の「下流限局発生」の不思議〉で，「下流限局発生」（河口より10キロメートル以内）という"衝撃的な事実"が告げられるように「授業書」は構成されているからだ。

　"直観"が"事実"によって覆されるだけでなく，〈日常的・常識的な直観〉とその事実との"鋭い対立"を逆手にとって，工場側が身の潔白を証明する，というドラマティックなストーリーまで用意されているのである。

　「有機水銀を排出したのは工場じゃなかったのかな？　確か公民の授業でそう習ったはずだけど…」。子どもたちの丸暗記の知識が揺らぎはじめたとき，追い打ちをかけるように登場するのが〈問題②法廷での金魚実験の結末〉である。

C.〈日常的・常識的直観〉と〈科学的論理〉との対立

　舞台は，工場廃液が"犯人"であるとして訴訟を提起した患者（原告）と「農薬説」（新潟地震により，河口近くにあった農薬倉庫から流出した水銀農薬が原因である）を主張する工場（被告）の法廷論争へと移る。

〈問題②〉そこで次のような実験が行われ，証拠として法廷へ提出されました。それは，問題となる工場排水と同程度の濃度の水銀を含む水で満たされたビニール水槽で金魚を飼ったのです。

①さて，これは原告（患者）側，被告（工場）側のどちらが行った実験でしょう。

②実験の結果はどうだったでしょう。

　（予想）
　ア）金魚は水銀中毒で死んだ。
　イ）金魚は死ななかったが，体内から蓄積した水銀が検出された。
　ウ）金魚の体内からは水銀はほとんど検出されなかった。
　　どうしてそう思いますか。みんなの考えを出し合ってみましょう。

---

3. 保健授業の展開事例

「よくぞまあ，この発問をこの位置に組み込んだものだ」と思う。それほどすごい。「工場側，患者側のどちらが行った実験でしょう」という問いがまたいい。

問題づくりの方法論に関わる，次のような視点なしには，〈問題②〉のような"問い"は決して生まれてこないはずだからである。

住田は，次のように述べている。

「かつての科学者の誤謬には日常的・常識的なそれなりの裏づけ，言い換えれば『一面の真理性』があったはずである。（中略）そのような誤謬に陥らせた論理の分析は，今日の子どもたちの〈日常的・常識的な直観〉と〈科学の論理〉とを鋭く対立させるような『問題』づくりにとって，きわめて有力なヒントになる」[7]（傍点は住田）。

授業記録の予想分布をみると，大多数の子どもたちが「イ）体内から水銀が検出された」（28人／42人）か「水銀中毒で死んだ」（9人／42人）と解答している。"犯人"は工場側である，と子どもたちは「習って，知っている」がゆえに，「工場廃液と同濃度の水銀を含む水を飲めば，当然，体内に入って蓄積される」という〈日常的・常識的直観〉に頼ってしまう結果となったに違いない。なぜなら，水銀の体内への蓄積を実証する実験を，工場側がするはずがないからだ。そんなことをしたら，「私が犯人でございます」と"自白"するようなものである。

ところが，〈お話③金魚に水銀がたまらない不思議〉によって，"常識"は見事に覆される。何と，工場側が行った実験だったのだ。しかも，実験結果は「ウ）」。つまり，「工業廃液は無害である」ことを立証するために，工場側が裁判所に提出した証拠だったのである。

再び，子どもたちの既存の知識が揺らぎはじめたところで，「授業書」には"謎"を解く鍵となる二つの概念が登場する。「食物連鎖」と「生物濃縮」である。

〈お話④"謎"の解明—「生物濃縮」と「食物連鎖」〉によって，金魚の実験には二つのトリックが隠されていたことが明らかにされる。「阿賀野川」に見立てた水槽には金魚の「エサ」もなく，また「間断なく排出されていた"大量の有機水銀"」の総量は，同濃度とはいえ水槽の水に含まれる水銀の量

4. 保健の授業展開

とは比べものにならない。工場側は、「食物連鎖」による「生物濃縮」のプロセスを意図的に隠そうとしたのである。

D.「下流限局発生」の"謎"は解明されたか？

残された"不思議"は、初期患者の「下流限局発生」の"謎"を解き明かすことである。

〈お話④〉を読み進めていくと、「患者の『下流限局発生』の不思議は、このような科学者たちの地道な研究成果により解消されることになりました」[8]（傍点は住田）という記述に出会う。そこでは、「生態系からのアプローチ」[9]による研究成果（①上・中流で生育した生物は流下物として下流へ運ばれ、それを下流の大型の魚がエサとして「食物連鎖」「生物濃縮」を重ねていた、②人間が食べる魚介類の場合は、下流になるほど濃縮がすすんでいる）、が紹介されている。

この論理でいけば、初期の患者が「河口より10キロメートル以内の地区に限局して集中発生」した理由は、下流の住民が、汚染濃度のより高いニゴイなどの魚介類を食べていたからである、ということになる。ここで想起されるのは、〈お話①〉で情報として紹介されていた下流住民の食生活（川魚の行商をして生計をたてるが、とくに美味でないニゴイは売れ残ることが多く、余った魚は、多いときは1日3食、ほとんどの漁師が自ら食べていた）である。

この後、「なお、図は昭和49年までにおける患者の分布図です。初期には下流にのみ限局していた患者発生地区も、しだいに全流域に広がっていったようすがわかります」とだけ述べて、新潟水俣病研究を肯定的に評価する、次のような〈まとめ〉へと続いている。

　　以上のように、第二の水俣病の解明にあたっては、地道でしかも綿密な生態系からのアプローチとともに、疫学的な方法論によって早くから一人ひとりの面接による住民のアンケート調査、医学的な精密検査が大規模に行われ、水俣よりはるか底辺の問題、例えば軽症例や境界領域にある患者の研究や診断技術がすすみました。

3. 保健授業の展開事例

　以上が，住田実が1988年に発表した授業書「新潟水俣病の不思議」である。

❸授業書「新潟水俣病の不思議」の教育内容を吟味する
A. 中・上流域患者はなぜ1971年以降に発生したのか？

　こうして"仮想"追試をしてみると，"謎解き"のおもしろさだけでなく，住田の〈科学的な論理〉へのこだわりがひしひしと伝わってくる。

　ところで筆者は，ここ数年「健康科学教育論」「環境教育論」（いずれも対象は大学の地域科学部3年生）の講義の中で，実際にこの授業プランの追試を行ってきている。追試を重ねる中で，筆者は"ある事実"に気づいたのである。〈お話④〉に掲載された図を見ていただきたい。

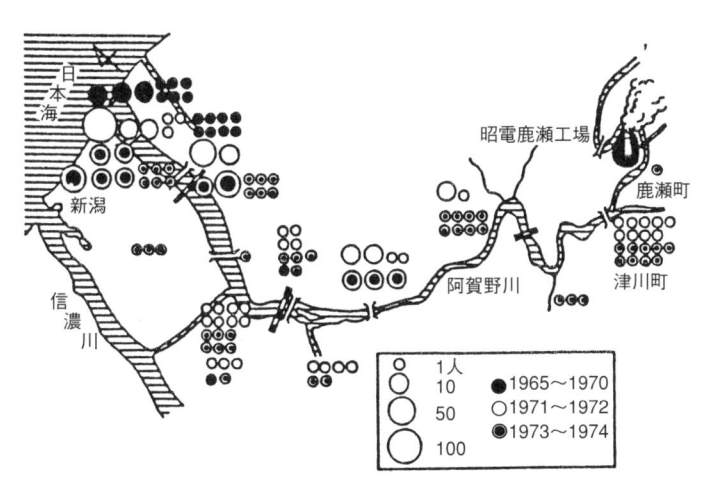

椿忠雄「新潟水俣病の臨床疫学」『水俣病』青林舎より

　患者の「発生」した年に目をやると，上・中流の患者はほぼ例外なく1971年以降に「患者」になった者であることがわかる。第1号患者（下流）が「発生」したのが1965年だから，6年以上たってから「発生」したことになる。

　こんな素朴な"疑問"が浮かんできたのである。

4．保健の授業展開

> 〈まとめ〉に書かれているように，「疫学的な方法論によって早くから一人ひとりの面接による住民のアンケート調査，医学的な精密検査が大規模に行われ」ていたのなら，なぜ，上・中流の患者の「発生」を防ぐことができなかったのだろう？　せめて，なぜもっと早期に発見できなかったのだろう？

「授業書」は，「なお，図は昭和49年までにおける患者の分布図です。初期には下流にのみ限局していた患者発生地区も，次第に全流域に広がっていったようすがわかります」と記されているだけで，それ以上は語っていない。

B．初期の対策は，「下流域」に"限局"されていた！

筆者にはどうしても納得がいかなかったのである。そこで，新潟水俣病関係の文献を参考にして，患者が「発生」した当時の，行政・研究機関が行った対策を中心とする「年表」をつくってみることにした。

'65　5.31　新潟大学（椿・植木教授）から県に対し，原因不明の水銀中毒患者が阿賀野川下流域に発生している旨報告。

6.12　阿賀野川下流域に第二の水俣病が発生していることを，新潟大学椿・植木教授と新潟県衛生部が発表。

6.16　椿教授，「原因は川魚」と新聞発表。

6.16～26　<u>第1回一斉検診第1次調査（新潟市，豊栄町）と第2次調査（横越村，豊栄町，京ヶ瀬村）。調査対象は計29130人。</u>

6.28　<u>県対策本部，阿賀野川下流の魚介類を採捕しないように行政指導実施決定（期間は7.1～8.31，横雲橋より河口まで14km）。</u>

7.12　県衛生部，食品衛生法に基づき阿賀野川産の川魚の販売禁止の行政指導。

7.26　県研究本部，受胎調節指導（頭髪水銀50 ppm以上の婦人）を行うと決定。

8.23～9.18　第1回一斉検診第3次調査（全流域の10市町村，39057人）

確かに，県当局は速やかに検診・調査を開始している。「原因は川魚」と特定してからの対策（採捕禁止，販売禁止）もすばやかった。

しかし，アンダーラインを引いた箇所をよく見ていただきたい。初期の対策は，いずれも「下流域（横雲橋より河口まで14 km）」に限定されているのである。

それにしても，県当局はなぜ，初期のころから全流域を対象として調査・対策に取り組まなかったのだろう。

こんな"仮説"を立ててみた。

> 初期の調査・対策を「下流域」に限定したことが，数年後，上・中流域に患者が「大量発生」することと関係しているのではないか。

C. 立証された"仮説"

この"仮説"を実証するには，社会科学の力が必要である。そして筆者は，期待に見事に応えてくれることになる1冊の学術書と出会うことができた。飯島伸子・船橋晴俊編著『新潟水俣病問題―加害と被害の社会学―』（東信堂，1999年）がそれである。

「1991年より97年に至るまでの継続的な現地調査に基づいて，初の未認定患者アンケート調査など，オリジナルな資料に立脚した」，「新潟水俣病問題についての初めての社会学的研究書」（はしがき）の研究代表である飯島伸子（当時東京都立大学教授，故人）は，その本の中に「阿賀野川下流への関心の集中」と題する以下のようなコラムを寄せている[10]。

①実際には，阿賀野川下流の横雲橋から下流の区域のみでなく，中流域や上流域にも発生していたため，初期の対策において，阿賀野川流域に患者を限定したことは，後の大きな社会問題を引き起こす基本的な要因となってしまった。

②新潟県が，初期時点で，下流に限定したのは，公表時点で確認されていた患者の居住地が下流域であったこととの関連であって，厳格な検討があって定められたものではなかった。

4. 保健の授業展開

　③新潟県は，発生区域が下流に限定されてはいないことに気づき，下流域に限定しない行政措置に切り替えたが，範囲の変化を明示しなかったこと，当初の報道の印象がきわめて強烈だったことから，中流域と上流域の住民は，「下流域」措置の情報を信じ込み，漁獲や食用を継続した例が少なくなかった。
　④したがって，有機水銀に汚染された魚類を食し続けた中流・上流域の患者の多くは，初期における一連の措置が，その発病に間接的にではあるが関与しているといえる。
　⑤初期の措置によって「汚染地域」の印象を植え付けられた下流域住民は，他地域から有形無形の差別を受けることになり，二重の重荷を負わされることになった。

　下流域に限局した初期対策が，被害を拡大させる要因を形成したことは否めない。また，患者を分断する結果となり，中・上流域だけでなく下流域でも，〈差別〉から逃れるために，受診を拒否することで，あるいは認定申請をしないことによって，「水俣病の症状を訴えながら，水俣病"患者"にはならない選択」[11]をした人々を生み出した点でも，初期対策の誤りは厳しく総括されるべきであろう。
　また，「授業書」記述に即して言えば，「初期には下流にのみ限局していた患者発生地区も，次第に全流域に広がっていったようすがわかります[12]」(傍点は筆者) という評価は，こんにちの社会科学の研究水準からみて明らかに誤りであり，「授業書」発表以降の研究成果に学んで，速やかに修正が施されるべきである。

❹授業書「新潟水俣病の不思議」の修正プラン

　以下，授業書「新潟水俣病の不思議」（作成・住田実）に対する「修正プラン」である（紙幅の関係で，改訂の要点のみの紹介であることをお断りしておく）。

　1）前時の復習（改訂）

3. 保健授業の展開事例

- 不知火海周辺の地図（㈶水俣病センター相思社編『絵で見る水俣病』世織書房，1993年，154頁）を拡大したものを黒板に掲示する。
- 「不知火海周辺の地図です。すでに学んだように，1956年5月1日，水俣保健所に『原因不明の奇病患者が発生している』として届け出がされました。この日が熊本水俣病の公式発見の日とされています（「授業書」93頁の年表には「昭・31・3……熊本で水俣病正式発見」とあるが誤植であろう）。これを受けて発足した『水俣病奇病対策委員会』が調査したところ30名の患者が確認され，その後，1991年3月末までに，2249名が水俣病に認定されました」と伝える。
→「患者の発生地区は，汚染源となった工場の周辺だけでなく，不知火海沿岸に広がっていることを『さりげなく確認』」する。

2) お話①……「くり返された」水俣病（変更なし）
- プリント（「授業書」99頁）を配布する。最後の部分を次のように加筆する。「…までに520例，そして1984年までに690例に上りました。それ以降，現在まで1例も認定されていません」。

3) 問題①……下流限局発生の不思議（改訂）
- 地図（飯島伸子・船橋晴俊・編著『新潟水俣病問題―加害と被害の社会学―』東信堂，1999年，ＸＶ頁）を拡大したものを，不知火海の地図と並べて黒板に掲示する。

〈問題①〉阿賀野川の河口より60キロメートル上流には，熊本のチッソ水俣工場と同様の「アセトアルデヒド合成行程」を有する昭和電工鹿瀬工場があり，排水を川に流していました。そこで汚染源として，この工場がクローズアップされることになりました。

これは，1996年7月現在，水俣病と認定された患者690例の分布図です。上流にあった旧昭和電工鹿瀬工場から河口まで，阿賀野川流域にまんべんなく患者が発生していることがわかります。

それでは，初期の患者（30例）は，阿賀野川のどの流域に発生したのでしょう。

予想を立てて，その発生地域を図の中に黒く塗りましょう。また，どう

241

> してそう思うのか，みんなの考えを出し合ってみましょう。
>   （予想）ア）上流　イ）中流　ウ）下流　エ）全流域　オ）その他
>   （理由）
>
>   ＊下流の境は「横雲橋」，中流の境は，「馬下橋」とする。

4) 問題②····法廷での金魚実験の結末（変更なし）

5) お話③····金魚に水銀がたまらない不思議（変更なし）

6) お話④····"謎の解明"——「生物濃縮」と「食物連鎖」（「授業書」105頁の4行目以降を以下のように全面修正）

　「もう一度，〈お話①〉で紹介した下流域住民の食生活（川魚の行商をして生計をたてるが，とくに美味でないニゴイは売れ残ることが多く，余った魚は，多いときは1日3食，ほとんどの漁師が自ら食べていた）を思い起こしてください。汚染源であった工場から最も遠く離れた下流域から患者がまず発見された背景にはそんな事情が隠されていたのです。

患者の発生を確認した県当局は，直ちに対策に乗りだします。〔「年表」のプリントを配布〕

年表（前掲の「年表」からアンダーラインを解除したもの）を見てください。検診・調査の実施，「原因は川魚」と特定してからの対策（採捕禁止，販売禁止）も迅速に行われたことがわかりますね。〔地図（「授業書」105頁）を配布〕

しかし，患者の『発生』した年をみると，中・上流域の患者はほぼ例外なく1971年以降に「患者」になった者であることがわかります。第1号患者（下流）が「発生」したのが1965年ですから，6年以上もたってから「発生」しはじめたことになります。

県当局の迅速な対応にもかかわらず，なぜ中・上流域にまで患者は広がってしまったのでしょう？　どこにミスがあったのでしょうか？」

7) 問題③····下流限局発生の"謎"（新規）
　・「その"謎"を解く鍵は，「年表」の中にあります。そうだと思う箇所にアンダーラインを引いてください」と指示する。

3. 保健授業の展開事例

- ・「中・上流域の住民」の視点から予想（推理）の交流をさせた後，"鍵"にあたる箇所を一緒にマークする。
- →初期の対策は，いずれも「下流域（横雲橋より河口まで14 km）」に限定されていたことを確認する。

8）お話⑤‥‥下流域に限局した初期対策が，被害を拡大させた！（新規）
- ・飯島伸子のコラム「阿賀野川下流への関心の集中」（前掲，要約）を印刷して配布する。
- →下流域に限局した初期対策が，被害を拡大させる要因となったことは否めないことを知らせる。

9）お話⑥‥‥認定されない「水俣病患者」（新規）
- ・年表記載事項（「7.26　県研究本部，受胎調節指導（頭髪水銀50 ppm以上の婦人）を行うと決定」）に注目させた後，『新潟水俣病問題―加害と被害の社会学―』所収の「1. 水俣病差別の形成」（102～106頁）を紹介する。
- ・再度，「問題①」で掲示した地図に着目させ，「お話①」のプリントを見るように指示する。次の箇所（「1984年までに690例に上りました。それ以降，現在まで1例も認定されていません」）にアンダーラインを引かせ，未認定患者（阿賀野川の魚類を新潟水俣病発生時に日常的に食しており，医師によって『新潟水俣病』と診断されたが，認定申請しても認定審査会によって棄却され，未だ新潟水俣病と認定されていない人々）は，1064人（1996年3月現在）に上っていることを知らせる。
- →下流域に限局した初期対策は，患者を分断する結果となり，中・上流域だけでなく下流域でも，〈差別〉から逃れるために，受診を拒否することで，あるいは認定申請をしないことによって，「水俣病の症状を訴えながら，水俣病"患者"にはならない選択」をした人々を生み出した，という点も押さえる。
- →水俣病は，まだ終わっていない。

以上が，筆者の修正プランである。
ここまで，住田実が10数年前に公表した授業書「新潟水俣病の不思議」

4. 保健の授業展開

を素材に,"模倣から創造"へのプロセスを紹介してきた。あらためて,新潟水俣病問題を,「追試の意欲を喚起させる,完成度の高い魅力的な"作品"」に仕上げられた氏に敬意を表したい[12]。

模倣から創造へ。保健教材研究会(代表・森昭三)が1991年に公刊した『続「授業書」方式による保健の授業』(大修館書店)には,他に12編の「授業書」が収められている。追試実践のための"宝庫"である。

健康問題の自然科学・社会科学的研究の進展を視野に入れながら,日々の教材研究に励み,追試実践に臨みたいものである。

(注および引用・参考文献)
1) 住田実「水俣病に学ぶ旅(全4時間)」の第3〜4時。保健教材研究会編『続「授業書」方式による保健の授業』大修館書店,1991年所収,97-106頁
2) 前掲1) 96頁
3) 前掲1) 97頁
4) 前掲1) 97頁
5) 前掲1) 97頁
6) 住田実「『授業書』方式による保健の授業」,森・和唐編『保健の授業づくり入門』大修館書店,1987年所収,237頁
7) 前掲6) 249-250頁
8) 前掲1) 105頁
9) 前掲1) 105頁
10) 飯島伸子・船橋晴俊編著『新潟水俣病問題―加害と被害の社会学―』東信堂,1999年,20頁より筆者要約
11) 前掲10) 104-106頁
12) 前掲1) 105頁
13) 筆者は,この作品が雑誌『体育科教育』(1988年4月号)に掲載されたとき,「『発問』論,『問題配列・構成』論,そして『教材』論への問題提起を含む魅力に富んだ『授業書』であると評して,作品分析を試みたことがある(拙稿「私が選んだ保健の『授業書』」『体育科教育』1988年8月増刊号所収,56-62頁)。

(近藤真庸)

(追記)
『続「授業書」方式による保健の授業』(保健教材研究会編,大修館書店発行,1991年)は現在品切となっています。

3. 保健授業の展開事例

④「授業書」方式による保健授業

〈要約〉──「問題─予想─討論─実験（検証）」という一連のプロセスによって，楽しく科学を学ばせることを目指した「授業書」方式による保健授業。ここでは，「授業書」に出会い，その方式によって自らの保健授業を魅力あるものにしようと願ったＳ先生と私の数年間に及ぶ歩みをとおして，「授業書」づくりの視点と方法を考える。

❶「授業書」方式による保健授業とは
── Ｓ先生の笑顔から"不安と戸惑い"への軌跡に学ぶ──

A.「講義調」授業から脱皮したＳ先生に出会って

「いや〜，やっぱり『授業書』っていいですねぇ。生徒はもともとクイズが好きですし，とくに小グループに分けて予想を出し合わせたりするでしょ。すると，ふだんおとなしい子まで活発になるんですよ」

中学校の保健体育教師Ｓ先生に『「授業書」方式による保健の授業』（保健教材研究会編）[1]を紹介したのは，今から10年程前になる。

その年の春に知人の養護教諭を通して紹介を受け，健康教育推進指定校の研究主任としての訪問だった。「授業書」方式による保健授業は，その折に紹介したものだった。

B. 授業書「人間の精神を考える」から

その中でも，Ｓ先生の目に興味深くとまった教材は，授業書「人間の精神を考える」[2]だったという。

「この教材，生徒にも好評ですよ。ちょうど，この単元の指導は毎年困っていましたから。それまでの『教師用指導書』だけに頼っていた解説調の私の授業とは，まるで内容が違うんですから」。

パブロフとその弟子たちによる「人間の思考活動の特徴（抽象的思考）」を具体的な動物実験により地道に明らかにしていったという一連の研究。その科学者たちの「試行錯誤」の歩みを生徒たちとともに辿ることによって，まさにそれまで，「抽象的にしか教えることが出来なかった精神のはたらき

や抽象思考の本質」に迫っていく。Ｓ先生にとって，いささかマンネリ化していた自らの保健授業を見直す契機になったという[3]。

Ｃ．Ｓ先生自作の「授業書」づくりの試みと挫折
　　——「模倣から創造」のプロセスにおける試練に対処して——

　ところが，その後，公開授業を間近にひかえて，「授業書」方式の授業運営に"ある種の不安"を感じて仕方がないという。じつはＳ先生なりに自作の「授業書」づくりを始めて間もない時期の話だ。

　「本に載ってる教材をただそのまま真似るだけよりも，もっと自分なりに何かやってみたくなって」。

　他者による「授業書」の模倣（追試）から，自作の教材への創造へ。熱心な実践者だからこそ，当然のプロセスである。しかし，その先に大きな壁があったという。

　「一応，私なりに①選択肢を入れた【問題】を与え，②予想を出し合わせて③討論させた後，④〔お話〕を与えているのですがねぇ…。確かに生徒たちは各々の【問題】に予想を立てて挙手してはくれます。場合によっては『まわりの人たちと予想を自由に出し合ってみなさい』と指示すれば，それなりにガヤガヤと話し合いもします」。

　Ｓ先生は，さらに話を続ける。

　「でも，何かがおかしい…。最近は生徒たちの私語も多くなり，何といったらいいか，授業に集中してくれないんですよ」。

　　　　　　　　　　　　　　　＊

　Ｓ先生が「授業書」方式と出会い，自らの保健授業に「【問題】プラス〔お話〕」のパターンを積極的に取り入れてから数か月。はじめは，「クイズ番組みたいだ！」と面白がっていた生徒たちも，しだいに"内職"をする子もでてきたとか。

　それにしても，ある意味では「クイズ番組のパターン」を取り入れたともいえる授業には，しょせん，このような"限界"があるのだろうか。そもそも授業のクイズ化は，教育の本筋を離れたものであり，"飽きられる運命"にあるのだろうか……。

　いや，その後，内地研究員として私と共同で実践的な授業研究をするよう

になったS先生によれば，むしろ「授業書」に対する理解が深まれば深まるほど，あの"不安や戸惑い"もいつの間にか解消していったというのだ。

「授業書」による授業研究に出会い，その方式に学んで自らの保健授業を魅力あるものにしようと願うとき，S先生の笑顔が再び戻るまでの数年間に及ぶ軌跡は，一般に多くの教師の力量形成にとっても貴重な"共有経験"だと思われる。

そこで以下では，「授業書」方式による保健授業づくりの視点と方法や課題を考えるにあたって，S先生と私の共同研究における「会話の再現」も適宜折り込みながら検討していくことにしよう。

❷「授業書」方式による保健授業の視点と方法
A.「授業書」とは何か──仮説実験授業と「授業書」

「授業書」は，仮説実験授業における一種の「指導案・教科書・ノート兼用の印刷物」であり，それは授業そのものに課題を与えるのみならず，「授業の具体的な展開方法」までも指示したところに大きな特色がある[4]。また，「授業書は従来個々の教師の熟練とカンに頼っていた授業を標準化することによって技術化し，教師の技能を越えた授業の成果を技術的に保証しようとする意図で作成される」[5]ともいわれる。

また，その仮説実験授業とは，1963年に板倉聖宣氏によって提唱された〈科学上のもっとも基本的な概念や法則〉を教えることを意図した科学教育のための授業理論であり，「問題─予想─討論─実験（検証）」といった一連のプロセスが授業の中心に置かれている。そこで，「授業書」方式による保健授業とは，この仮説実験授業に学んで行われる保健授業を意味する。

ところで，仮説実験授業の初期は，「授業書」といえば『ばねと力』『ものとその重さ』といった理科分野の中でも「力学」関係の教材が主であったが，その後『花と実（たね）』『足はなんぼん』といった生物教材から，化学，地学へと広がり，さらには算数・数学，国語・外国語，社会，家庭科，道徳，そして保健科などの教科へも広がりをみせている。これは板倉氏が仮説実験授業の提唱の当時から主張してきたように，本来は自然科学教育だけに適用されるものではなく，社会科学も含めた広い意味での科学教育の改造

4. 保健の授業展開

をめざした理論であったことを示している[6]。

S先生 「まず,もともとの仮説実験授業の『授業書』をみてみたいのですが」

私 「例えば下がそれです。仮説実験授業研究会による授業書〈ものとその重さ〉における「②ものの変化と重さ」の第1問です」

S先生 「なるほどね。で,これ何年生が対象?」

私 「小学校の3年生以上だそうですよ」

S先生 「えっ,これは大人の僕でも,ふと迷うなあ。『あれっ? 木片が水に浮いている分,秤にかかる重さはどうなるかな?』と」

---

② ものの変化と重さ
〔問題 1〕
　ここに木のきれはし(木ぎれ)があります。その重さをはかったら□グラムありました。
　つぎに,水のはいったいれものを,台ばかりの上にのせたら,はかりの目もりは□グラムのところをさしました。

　これをそのまま台ばかりにのせておいて,その水のなかにさっきの木ぎれを浮かしたら,はかりの目もりはどうなるでしょう。

予 想
　ア　木ぎれの重さだけふえる。
　イ　木をいれるまえと同じでかわらない。
　ウ　木ぎれの重さの半分くらいふえる。
　エ　木をいれるまえより重さがへる。
　オ　そのほかの考え。

討 論　どうしてそう思いますか。みんなの考えをだしあって討論しましょう。
　　　実験の結果 [　　　　　　　　　]

(仮説実験授業研究会による)

私 「これは,庄司和晃氏が『科学的思考とは何か』[7]の中で『数ある授業書の中でももっとも成功している例』として紹介しているほど。私の経験からも,一度,他教科のあらゆる『授業書』をじっくり見て〈見る眼〉を養ったうえで,改めて保健授業を見直すほうが近道

かも知れないなんて思うほどですよ」

〔視点と方法①〕〈科学者の認識活動〉を教室の子どもたちに

　S先生「それにしても『授業書』って，すべてこのパターンなんですか？」
　私　「注意してもらいたいのは，これらは決して単発的でバラバラなクイズの集合体ではないということ。つまり，【問題】の積み重ねや前後の流れによって，何を教えようとしているのかを見てほしいのです。と同時に，やはり次のようなパターンを踏むことが特徴ですね」

---

(1)見かけは違うが，本質的には同一の概念・法則に支配される一連の「問題」を次々と与えて，
(2)各人に「予想」を立てさせ，
(3)その考え（仮説）を出し合わせながら「討論」させた後，
(4)「実験（予想の成否を確かめようとする活動一般）」によって，どの「予想」が正しかったのかを知らせるうちに，目的とした概念・法則を確実に身につけさせようとする。

　私　「といってもこのパターン，本質的には同一の科学上の概念・法則に支配される【問題】が『科学的認識の成立過程』として慎重に配列されていることに注意しておきたいのです」
　S先生「というと…？」
　私　「じつは，『授業書』方式の保健授業といえば，『クイズを出して討論させて，お話を与えておわり』という授業だと誤解されがちだから」

　仮説実験授業は，クイズの形式と科学教育とをうまく結びつけた一大発明なのである。しかし，このクイズ形式が科学教育と結びつかず，いわゆる「単なるクイズ」になる危険性はいつも存在する。（中略）「クイズ」の語には，知識を問うという性格がつきまとっている。仮説実験授業は「問題」の質を工夫することによって，この制約を克服したといえる[8]。

4．保健の授業展開

S先生 「ええ，やっぱりクイズのパターンが特徴的ですからねぇ。それにしても，このような【問題】，いったいどのような着想から生まれるのでしょうか」

私 「私もはじめはそれが知りたいと思いましたよ。じつは板倉氏によれば，仮説実験授業はもともと『科学史』と『認識論』の研究から生まれたというんです」

S先生 「う〜ん，何だか難しそうだけど…」

私 「つまり，科学が成立してきた歴史とか，科学者の認識活動（試行錯誤の繰り返しも含めた『仮説—実験』）をひも解いていくと，そこにはきっと子どもたちが目を輝かせるような教育内容や方法が秘められている，というのですね。そこで板倉氏は，『仮説実験授業では，子どもが学校で科学を学ぶ場合の認識活動も，基本的には〈科学者の認識活動〉と同じでなければならない』[9]と言う」

S先生 「そうか。パブロフとその弟子たちの実験の【問題】も，そういえば科学者の実験を教材に使ったわけでしたよね」

〔視点と方法②〕〈科学史的な探求方法〉と【問題】づくりの着想

私 「そのような教育内容・方法に対する着想は，【問題】づくりにとっても有効ですよね。板倉氏によれば，『ああ，これはよい問題だ！面白い実験だ！』と心が踊って仕方がないことがあるそうです。それがきっかけで『授業書』作成が本格的に始まることが少なくないからだそうです」

S先生 「でも，そんな問題，なかなか思いつきませんよねぇ‥‥」

私 「そうですね。そこで，板倉氏はさらに次のように言うのです」

●よい「問題」「実験」の発見[10]
　私はそのような問題・実験を探しだすのに，これまで「科学史的な探求方法」を用いてきた。
①まず，科学の飛躍的発展のキイ・ポイントになった「正しい考え方」が，いつ誰によって，どのようにして提起されたかを明らかにし，
②それ以前，あるいは同時代の科学者たちの間で，どのような「間違った

3. 保健授業の展開事例

> 考え方」が普及していたかを探し,
> ③それと同じような「間違った考え方」が,こんにちの子どもや大人の間にも存在していないかどうか探して,
> ④もしもそのような「間違った考え方」が普及していることが明らかになったら,科学史上でそのような「間違った考え方」の誤りを示し,「正しい考え方」を裏づけたすぐれた「実験」にどんなものがあったかを調べて,こんにちの教育にそのまま採用できるものがないかどうかを調べる。

私　「この中で,かつて科学者にもあった『間違った考え方』がこんにちの子どもや大人の間にも存在していないか,という視点は【問題】づくりの有力なヒントになりますよ」

S先生　「えっ？かつて科学者にもあった『間違った考え方』が今の子どもや大人にも存在する？そんなことって,ありますかねぇ…」

私　「例えば,『生物』の分野では,日常生活の中での現代人の動物分類の考え方は,今でも18世紀以前の分類とほとんど変わらないそうなんです。そのような常識的な分類ではどうしていけないのか,そのことをシャープに打ちだすためにも動物学史の上で現在のような分類体系ができたプロセスを明らかにする必要がある[11],というのです。それを逆の側面からみると,『ガリレオとかニュートンとかの天才の頭によってのみ生み出し得たと思われる考えを,今日の小中学校の教室で,子どもたちの思考活動の中に再現する』こともできる[12]という」

S先生　「では,それを保健教育に当てはめると？」。

私　「かつての有田市コレラ騒動ではどうでしょう。重大な伝染病が突如として発生したとき,そのパニックの様相は現代でも不思議なほど変わらないですよね[13)14]。そこで,『病気の予防』領域を考えるとどのようになるのか,考えてみましょう。例えば,保健教材研究会による次の授業書「病気の発生要因」[15]における【問題】は,疫学の成立史ではあまりにも有名な「ブロードストリート事件」に焦

251

4. 保健の授業展開

問題2 ところで，イギリスの医師ジョン・スノーは，コレラ菌が発見される30年前に，独自の方法でコレラの発生源をつきとめ，大流行の防止に成功しています。
　スノーはまず下のようにコレラ死亡者の発生場所を地図に印をつけました。するとブロード・ストリートに集中していることがわかりました。この事実からコレラになった人に共通していることは何かを推理しました。さて，君たちの推理は？

ロンドン市ブロード・ストリート共同井戸付近の
コレラ死亡者発生地点

○○ 井戸の位置
… コレラ死亡者
--- ブロード・ストリート共同井戸と他の井戸との等距離線

(重松逸造『疫学とはなにか』講談社 P.54)

　　　　　点をあてたものです」
S先生　「なるほど。これも面白そうですね。でも，図のコレラ死亡者や井戸の位置のプロットが不鮮明なのが残念ですね」
　私　　「ええ，授業者が自分で図をよく見ながら作図し直すのもいいですが，岡田博著『現代の疫学』[16]に鮮明な図が掲載されていますから利用したいですね」
S先生　「それと，スノーの提言によって，その後死亡者は激減したんでしょ？」

3. 保健授業の展開事例

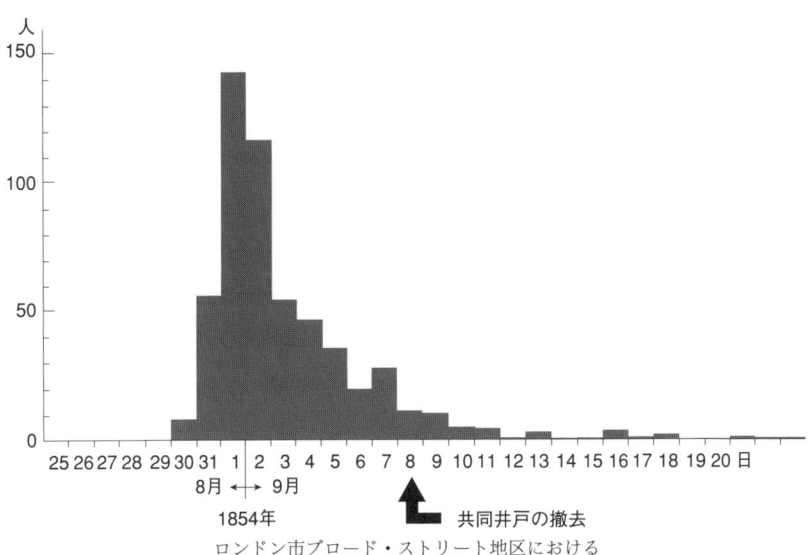

ロンドン市ブロード・ストリート地区における
コレラ死亡者の発病月日（1854年）
（重松逸造『疫学とはなにか〜原因追究の科学〜』講談社，P.55）

私　　「そうです。なのに共同井戸の封鎖前後での劇的な患者数減少のデータも示されていないのも残念ですね。そのもっとも大切なデータがあって，初めて『スノーの仮説の正しさが証明された』わけですから」

S先生　「それが上の図ですね。やはり説得力は格段にアップしますね」

私　　「それにしても，古典的な事件でありながら，たとえ『真の原因が不明であっても，現象を集団的にきびしく観察することによって原因を予測して対策をたて，被害の拡大は防ぐことはできる，という現代にもそのまま通用する考えを実証してくれた』[17]ことの意義は深いですね。水俣病やサリドマイド，スモンをはじめとする現代の公害・薬害事件でも，まったく同様の手法でもって真の原因を絞り込んでいった[18)19)]わけですから」

S先生　「でも，後に続く『お話』では，ブロードストリート事件については詳しいのに，この学習を現代の事例に当てはめる部分は抽象的か

253

4. 保健の授業展開

　　　　　なあ」
　　私　「スノーの疫学的な手法が，上のケース以外でも，例えば記憶に新
　　　　しい『O—157の究明過程』などで具体的にどのように応用された
　　　　かですよね。でも，かえって中学・高校生だったら，そこからはあ
　　　　えて〈課題学習のテーマ〉として与えてはどうでしょう」
　S先生　「なるほど，むしろそのほうが，自らの課題意識をもって取り組め
　　　　ますね！」
　　私　「ともあれ，出会う【問題】の興味が深いほど，そこから『もっと
　　　　知りたいこと』，『手に入れたい資料・データ』が次々とイメージで
　　　　きるものですね」

B.「授業書」方式による保健授業

　S先生　「これまで『授業書』方式の保健の授業記録集として刊行されたも
　　　　のを集めたいのですが」
　　私　「保健の授業研究で，初めて本格的な『授業書』方式の授業記録が
　　　　発表されたのは，森　昭三氏による『「授業書」による保健授業の
　　　　試み〜中学1年生「土ふまず」の授業〜』（1979年）という論文で
　　　　すが，書籍として刊行されたものは，その後，森氏らの編集による
　　　　『〔別冊／学校体育〕誰でもできる保健の指導』『同Ⅱ』（日本体育
　　　　社，1985年，1987年）があります。
　　　　　また，同じく森氏が代表となっている保健教材研究会は「授業書」
　　　　方式による保健授業を現場教師と研究者が組織的に研究しているこ
　　　　とで知られ，まずは，中学校を対象とした『「授業書」方式による保
　　　　健の授業』（大修館書店，1987年），その後も，高校を対象とした『続
　　　　「授業書」方式による保健の授業』（大修館書店，1991年），中学校の
　　　　改訂版として『新版「授業書」方式による保健の授業』（大修館書店，
　　　　1999年），さらには，小学校を対象とした『小学校「授業書」方式に
　　　　よる保健の授業』（大修館書店，2002年），高校の新版として『最新
　　　　「授業書」方式による保健の授業』（大修館書店，2004年）がありま
　　　　す。
　　　　　いずれも，同研究会による継続的な実践研究による成果です」

3. 保健授業の展開事例

C. S先生の「オゾン層の破壊と健康」の「授業書」づくりから

では，S先生の突き当たった壁に話題を戻してみよう。

当初は，「授業書」方式の保健授業に好意的だった生徒たち。ところが，しだいにS先生による自作の「授業書」教材に集中しなくなったのだという。いったい，それはなぜだろうか。

そこで以下は，S先生による自作の「授業書」による授業の一部再現である。

T：地球環境について，いま社会ではどんな問題がクローズアップされているかな？グループで知っていることを出し合ってみよう。

C：地球温暖化，大気汚染，酸性雨，オゾン層の破壊，異常気象…etc.

T：では，ここで【問題】です。

【問題】

　フロンは地表から20〜30kmあたりにある大切なオゾン層を破壊します。それでは，このオゾン層が破壊されると，どのようなことが起こるのでしょうか。みんなで予想を出しあいましょう。

　（予想）

　　ア．地球が温暖化して気温が上昇する。

　　イ．有害な紫外線により皮膚がんが増える。

　　ウ．酸性雨が降り注ぐ。

　　エ．異常気象が発生する。

私　　「この【問題】の後には？」

S先生　「予想を出し合わせて，何人かの生徒にその理由を言わせた後，準備しておいた『〔NHK特集〕地球大紀行（第11集）バリヤーが守る生命の星』の映像を見せました」

私　　「ところで，この【問題】を作ったきっかけは？」

S先生　「たまたま『教師用指導書』にあった大雑把な発問例に，自分なりの予想選択肢を工夫して加えてみたものです」

255

4. 保健の授業展開

〔視点と方法③〕「本質を問うな，現象を問え」

　　私　　「なるほど。確かに『予想選択肢』を組み入れることで，問いかけの具体性は格段によくなりますよね。ただ，ここで率直な感想をいうと，この【問題】，『オゾン層の役割は何か』という知識の有無を問うているだけですよね」

　　S先生　「いや～，私も薄々感じていたのですが…。これでは，やっぱり討論なんかは無理でした」

　　私　　「ええ。もちろん授業を進める上で，教師が子どもたちの知識の有無や程度をしっかり把握するために『問診的な発問』の意義は否定できませんね。でも〈知識の有無〉の問いかけを連発していくと，子どもたちが次第に萎縮していくこともありますね。例えば，関連した内容で次のような【問題】[20]もあるのですが，どうでしょうか」

【問題】
　北極圏航路を飛ぶ定期便の旅客機のアクリル製窓が，1970年代後半より非常に傷つきやすくなったといわれています。その原因を予想してください。

　　私　　「正解は，冬になると北極圏に向かう風に乗って各国の汚染物質が運ばれ，幅160km，厚さ300mもの帯になって滞留しているのが原因だというのです」

　　S先生　「ほう，このエピソード，すごく興味深いですよねぇ。でも，正解を知っていないと…，ちょっと答えられませんねぇ」

　　私　　「私も同感です。ものすごく面白いネタですよね。だから，ぜひ子どもたちにも知ってほしい。できれば，子どもたちに参考文献（石弘之『地球環境報告』岩波新書）を読ませて発表させたい。ただ，いきなり本質をつく問いかけ方は難しいですね。『本質を問うな，現象を問え』[21]は，仮説実験授業に限らず，授業研究一般で指摘されていることですから」

　　S先生　「なるほど，『現象を問え』か。でも…，私のつくった【問題】は，

> **お話 1**　地球規模での汚染
>
> 　北極は地球上でもっとも清浄な地と信じられてきましたが，今やスモッグに覆われた地となってしまいました。最寄りの工業地帯から数千 km 離れているのですが，冬になると北極圏に向かう風に乗って各国の汚染物質が運ばれ，幅 160 km，厚さ 300 m もの帯になって滞留しているといわれます。その汚染度もひどく，東京でもっとも大気汚染がひどいときでも煤の含まれる量はせいぜい 1 m³ あたり 300 μg 程度であるのに，700 μg もの煤が含まれていることが明らかにされました。
>
> 　　　　　北極へのスモッグ飛来ルート
>
> （*Natural History*, *Who's Polluting the Arktic?* May 1894
> 他，石弘之：「地球環境報告」岩波新書 P.193）

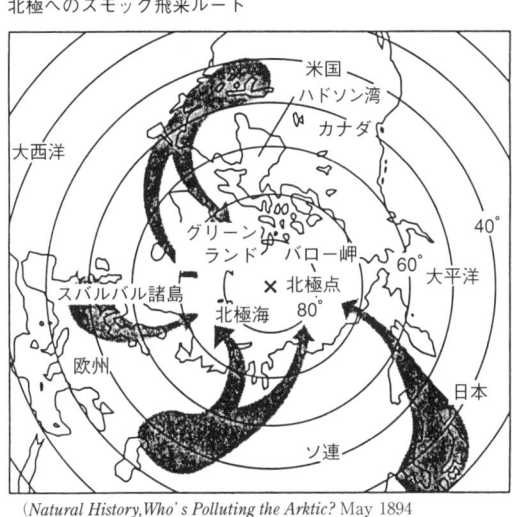

わざわざ予想選択肢を入れて『現象』を問うたつもりだったのですが…」

〔視点と方法④〕予想選択肢をめぐる"緊張関係"
——「ピヨピヨ大学」と 3 人の博士——

　　私　「そうですね。問いかけは自体は，『温室効果で気温が上昇する？』『酸性雨が降り注ぐ？』と具体的ですよね。にもかかわらず，子どもの反応は悪かった…」

　S先生　「そうなんです」

　　私　「私は思うのですが，『知識の有無を問う』あり方には，たとえ選択肢があっても単に正解はどれだというだけで，"論理的な対立関係"

4. 保健の授業展開

　　　　　はないですよね。このことを考える上で，板倉氏が紹介している
　　　　　『ピヨピヨ大学』[22)23)]がとても参考になるんです」
S先生　「えっ，『ピヨピヨ大学』？」
　私　　「仮説実験授業・誕生の契機となったといわれる伝説のラジオ・クイズ番組ですよ」
S先生　「仮説実験授業は，もともとクイズ番組からヒントを得たもの？」
　私　　「そうです。『ピヨピヨ大学』というのは，まず1つの【問題】を出しておいて，それに対して『おんどり博士』『めんどり博士』『ちゃぽ博士』という3人の博士がいて，『ああでない，こうでもない』という視聴者を迷わせるような議論をする。そうしておいてから視聴者に答えを選ばせ，最後に正答を出す，という仕掛けでできた番組です。それが大変よくできている」
S先生　「うん。つまり，知識を問うだけの【問題】では，『ああでない，こうでもない』という議論は生まれないっていうことですね」
　私　　「そうなんです！　単に選択肢を設定するだけでは，討論は成立しない。そのためには，選択肢の間に各々それなりに『もっともな理由』が成り立つような"緊張関係"が存在しなければ…」
S先生　「なるほどね。私が作った『授業書』には，そうした"ヤマ場"がないんだ」
　私　　「そこで，予想分布と討論の可能性について，庄司氏は次のように分類[24)]しているんです。やや詳しい考察になりますが，引用してみましょう」

A. 予想の全員の一致があるとき
　●全員正答なる予想
　●全員正答ならざる予想（全員総はずれ）
B. 予想の少数派と多数派の場合があるとき
　●三者以上の対立関係（クラス内の予想が三つ以上に分かれる）
　●二者の対立関係（クラス内の予想が2派に分かれる）
C. 同一予想で，理由づけの違う場合があるとき

> D. 同一もしくは類似の理由づけで，予想の違う場合があるとき

S先生 「へぇ～，こんなに分類できるんですか…」
　私　 「ええ。庄司氏は，さらに次のように言うんです」

> ①討論になるのはB，C，Dであり，Aはそうにはならない。
> ②しかし，AでもCの条件を備えて表面化してきた場合，および教師が意図的に（故意に）反対側に立って意見を出しはじめた場合，などには討論になるときもある。
> ③これによってもわかるように，対立関係が明確になるということが，討論を呼び起こす必要条件である。

S先生 「いや～，もっともですね。〈対立点〉が明確でないと討論になりませんもの。こんな当たり前のことなのに，いざ教材づくりとなると僕はわかってなかったのだなあ…」
　私　 「ですから，予想の理由を出し合わせたり討論させたりする指示も，そういった対立点というか"緊張関係"がある場合に限らないと。だからこそ【問題】づくりや『予想選択肢』の設定が『授業書』づくりの最大のポイントになりますね。すでに公表されている『授業書』方式による保健教材も，同様の視点から見直してみたいですね」

〔視点と方法⑤〕「お話」による検証の有効性―よい「問題」の４つの基準―
S先生 「ところで，保健の『授業書』づくりで，とても気になるというか，心配なことがあるのですが…」
　私　 「えっ，何でしょう？」
S先生 「理科の分野なら，『どの予想が正しいのか』，実験で決着がつきますよね。ところが，保健の場合は，ほとんどが『お話』による検証になってしまう。もちろん，その中に『写真・図』を含めたりもしますが。この点が，実験のできる理科に比べると保健分野の限界なんですかねぇ」

4. 保健の授業展開

　私　　「ええ。藤岡信勝氏が次のような『よい問題の４つの基準』[25]という視点を提唱していますよね。これは広く発問づくり一般に役立つ視点ですが，先生の心配はそのうちの『〔B〕検証可能性』に関わることですね」

〔A〕具体性…問題を構成する諸要素がひろく子どもの経験と結びついていること。

〔B〕検証可能性…問題に対してどの予想が正しいか，調べる手立てが存在すること。

〔C〕意外性…予想と正答との間に何らかのズレがあり，結論が思いがけないものになること。

〔D〕予測可能性…その問題を学習した結果として，同類の新しい問題に対して学習者がより正しい予想ができるようになり，また関連した多くの問題に予想が立てられるようになっていくこと。

S先生　「そうですね。やはり【問題】を与える以上は，納得のいくように検証させたいし…」

　私　　「もっともですね。そこで，下の『授業書』を見てください。仮説実験授業研究会の授業書〈ものとその重さ〉における最後の【問題】なのですが，ほら『実験』では，『つぎの「読み物」には，昔の科学者のやった実験のはなしがでていますから，それを読んでみましょう。どの予想が正しいかわかるでしょう』とありますよね」

S先生　「あっ！本当だ。それと，ずいぶんと長いお話ですね」

〔問題7〕
　赤ちゃんの体重(たいじゅう)をはかったら，6,500グラムありました。そのあとすぐに，200グラムのミルクをのませて，そのまたすぐあとで，もういちど赤ちゃんの体重をはかりました。
　赤ちゃんの体重はどのくらいになっているのでしょう。
予　想
　　ア　6,700グラムよりおもくなる。
　　イ　ちょうど6,700グラムになる。
　　ウ　6,700グラムより少なく，6,500グラムより多い。
　　エ　6,500グラムのままでかわらない。

3. 保健授業の展開事例

> 討　論　どうしてそう思いますか。みんなの考えをだしあって討論しましょう。
> 実　験　つぎの「読物」には，昔の科学者のやった実験のはなしがでていますから，それを読んでみましょう。どの予想が正しいかわかるでしょう。
> 　100グラムくらいまでくわしくはかれる体重計があったら，まず，はじめに自分の体重をはかって，それから牛乳などを少したくさんのんで，それからすぐ重さをはかる実験をするのもよいでしょう。

サントリオ・サントロの実験

　いまから，350年ほど昔のはなしです。イタリアのパドバ大学という有名な大学にサントリオ・サントロ（1561年〜1636年）という先生がいました。
　このひとは，医学の先生でしたが，そのころの，ふつうの医者とは，たいへんちがうところがありました。
　それは，サントロが，いろいろなどうぐを使って医学の問題を，数量的に研究することをはじめたからです。たとえば，サントロ先生は，世界中ではじめて，温度計を使って病人の体温をはかることをはじめました。
（以下，略）

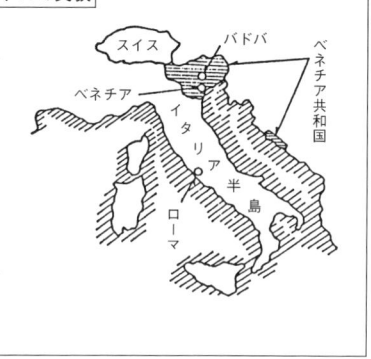

（仮説実験授業研究会による）

　私　　「ええ，字数を数えてみると約3700字もあるんです。しかも，これは典型的な『読み物』ですよね。このように仮説実験授業では，内容によっては『検証』として読み物を利用するばかりでなく，科学史的な発明発見物語によって科学者たちがどのような動機で何のために研究を進めていったのか，その道筋の中に子どもたちを誘うことも重視されているのです」[26]

　S先生　「ふ〜ん，『サントロ先生は，こんないいかげんなやり方が気に入りませんでした』なんて，教科書的な文章とは全然違いますね」

　私　　「ええ。科学者の内面に迫っていく表現が採用されていますね。ですから『予想の正否』を確かめる『説得性のある手立て』としては，広く『読み物』や『視聴覚教材・機器』利用なども含めて，豊かな可能性を考えていきたいものですね」

　S先生　「わかりました。なんだか自信をもってやれそうな気がしてきましたよ」

❸「授業書」方式による保健授業の展開と課題
―― 授業記録「〈オゾン層〉を守ろう！～『宇宙船地球号』と共に生きるために～」を通して ――

さて、次に紹介する「授業書」方式による保健の授業記録は、S先生が一度は挫折した「フロンと地球環境」の題材をその後の教材研究を踏まえて実践したものである。

しかも、本授業実践の大きな特色としては、(各発達段階に合わせて表現・内容は考慮しているものの) 基本的に同一内容の「授業書」により小学校高学年 (17クラス) から中学校 (6クラス)、高校 (3クラス) さらに大学 (計1850名) までを対象として実践してきたところにある[27]。また、以下の授業者はS先生であるが、「子どもの反応」の記述では各発達段階における典型的と思われる「反応」もあわせて収録している。

そこで以下では、授業記録をもとに「授業書」方式による保健授業の展開とその課題について考えてみよう。

〔授業記録〕
「〈オゾン層〉を守ろう！～『宇宙船地球号』と共に生きるために～」
～小・中・高・大学における授業実践から～

A.「授業書」の構想について
―『宇宙船地球号』をめぐる興味深い2つの事実―

本授業書のねらいは、日常的な直感としての「無限大にありそうな空気の層・大気」も、じつは地球的な規模からみれば、限りのある「きわめて薄くてデリケートな層にすぎない」という事実[28]に驚きをもって気づかせることにある。

では、なぜ今の子どもたちに、このような「気づき」が必要なのか。それは、地球規模の緊急課題といわれる「オゾン層の破壊による紫外線の害」「地球温暖化」「異常気象」「酸性雨」など、こんにちのあらゆる環境問題の理解の基盤となる事実[29]の「気づき」となるからだ。

3. 保健授業の展開事例

　ところで，授業づくりの立場から，ここにきわめて興味深い「2つの事実」を発見することができる。

　その一つは，じつは意外なことに，「フロンは，空気よりも重い気体である」ということだ。とすれば，当然のことながら疑問が生じる。

> 　では，なぜ「空気よりも重いフロン」が，はるか上空のオゾン層を地球的規模で破壊できるのか？[30]

　この疑問は言われてみれば，児童生徒のみならず，大人にとってもきわめて興味深い内容に違いない。

　そして，そのような疑問への主体的な問いかけを通して，

> (1)「大気は太陽光線で暖められて膨張して上昇し，上空で冷えて下降する」という〈対流〉の存在を改めて認識することができ，
> (2) 一方で，そのようなダイナミックな大気の動きが，じつは「有害ガスや汚染物質までをも地球規模で拡散させる結果」にもなっている。

という驚くべき"皮肉な事実"の発見へと誘う。

　さらに二つめは，「地球を取り巻く大気の層の厚さは，地球の直径と比較すると，あまりにも薄い存在である」ということだ。例えば，仮説実験授業研究会による授業書〈地球〉[31]によれば，もしも「直径が130 cmの風船を地球に例えた場合，地球のまわりの空気の層は1ミリ程度にすぎない」と言う。

　板倉は言う。

　「私たちの呼吸できる空気はそのくらいしかないわけです。こう考えると，『宇宙船地球号の空気を大切に』というのも切実になってきます」。[31]

　さらに，「宇宙船地球号」という表現の使用についても，

　「こういう授業をやっておくと，公害問題を考えるときの基礎のイメージ

4. 保健の授業展開

ができます。」[31]

　このように見ると，以上の二つの事実は，単なる"意外性のあるトピック"としてだけの価値に止まらない。多様でダイナミックな地球の環境問題を考えていく上で，きわめて根源的な価値を有し，その後の地球環境問題の学習発展にとっても，より多くの「関連した課題の発見」を促し，追究の原動力となると思われる。

B. 授業の展開

　はじめに，NHK・TV『NHKジュニアスペシャル・地球大紀行（第6回）多重バリアーが守る生命の星』から，スペースシャトルの発射場面の映像をビデオにより放映する。

宇宙への旅立ち！
　写真は，スペースシャトルに乗って，宇宙に飛び立ったところです。
　いま，ものすごい爆音とともに，スペースシャトルは飛び立ちました。

打ち上げは大成功！
発射40分後には，あっという間に地上300 kmの地点。

3. 保健授業の展開事例

ここは、もうすっかり宇宙空間です。

眺めは壮大です！青く輝く海。あざやかなオレンジ色の砂漠。それらが真っ暗な宇宙を背景に、今、眼下にまばゆいばかりに浮かんでいます。

「地球って、やっぱり青かったね！」

「そうだね。このように地球が"青く光る"のは、地球を取り巻く大気に"酸素"があるからだよ」

「大気って？」

「地面より上の空気の層のことだよ」

【質問】

それでは、もしも地球を「リンゴの大きさ」にたとえると、大気はどれくらいの厚さになるのでしょう？　下の円を地球としたとき、それを取り巻く「大気の厚さ」を書き入れましょう。

T　では、グループごとに予想を見せ合ってみようか。

下は、小学生、中学生、そして大学生にみられる「典型的な予想図」である。ほとんど予想は、いずれも地球を大きく取り巻く厚さである。

また、次の〔お話〕にあるような1ミリに満たない幅（0.2ミリ）の線を引くには、事実上、普通の鉛筆ではほとんど無理である。そこで、次の〔お話〕後、さらに「では、0.2ミリの線を引いてごらん」と指示することによ

265

4．保健の授業展開

って，改めて「大気の層の薄さ」に気付かせた。

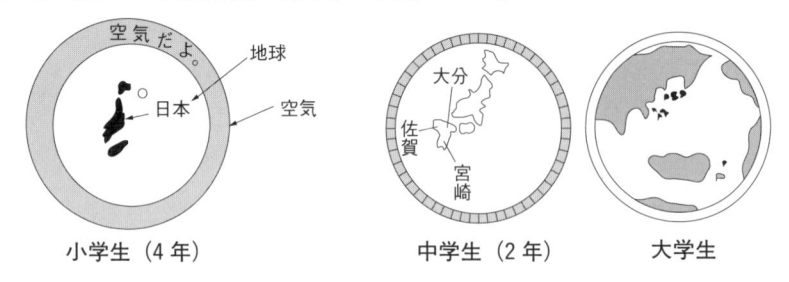

小学生（4年）　　　　中学生（2年）　　　　大学生

もしも地球を"りんご"にたとえると，
大気の厚さは"りんごの皮"

「もしも地球をリンゴの大きさとするなら，大気はその"皮の厚さ（0.2ミリ）"にしかならないんだよ」
「えっ！"大気の層"って，そんなに薄いの…」

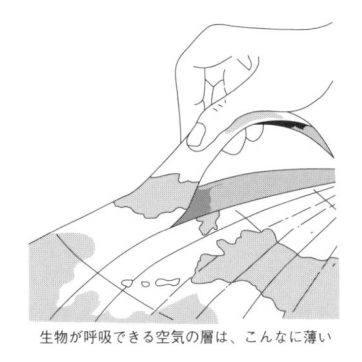

生物が呼吸できる空気の層は，こんなに薄い

　右上は，宇宙から見た大気の層です。この写真では，地球のふちの部分のおよそ1ミリの幅のところが，大気の層になります。だから，地球をりんごの大きさにたとえると，その1ミリにも満たない薄さ（0.2ミリ）になってしまうのです。

〈オゾン層〉は地球のパラソル
～〈オゾン層〉ができて，初めて地上の生物は栄えた!!～

　ひときわ強く輝く太陽の光。その太陽からは，さまざまな波長のエネルギーが放出されています。その中でも強力な紫外線は，皮膚を通過して内部の細胞をこわしたり，遺伝子をキズつけたりして，私たちの健康に害を及ぼします。
　でも，大丈夫。「成層圏」という所にある〈オゾン層〉によって，有害な紫外線は地上に届く前に，ほとんどカットされるからです。
　ところが，いまこの〈オゾン層〉をめぐって，大変心配な問題がクローズアップされています。冷蔵庫やスプレーなどで長い間広く使われてきた「フロン」という物質が，なんと上空を取り巻く〈オゾン層〉をこわしてしまうというのです。

● 20世紀最大の発明──「夢の物質・フロン」
　フロンガスの平均寿命は約100年。大変こわれにくく，また無害なガスとして，これまでスプレーをはじめクーラー，テレビ，冷蔵庫などさまざまな電気製品に使われてきました。それは，あまりにも便利なガスとして「夢の物質」「20世紀最大の発明」とも称されてきました。
　　　　　　　　　　　　　　＊
　ところが，このフロンが分解されないまま成層圏にたどりつき，その化学変化によって〈オゾン層〉をこわすということがわかってきたのです。
　アメリカの人工衛星ニンバス7号が測定した南極上空の〈オゾン〉の量では，1979年とくらべて，10年後の1989年には上空の〈オゾン〉が明らかに減っていたことが確認されました。

4．保健の授業展開

地球の大気のしくみ

300km　紫外線C

100km　紫外線B

太陽風
スペースシャトル
オーロラ

50km　紫外線A
流星

成層圏　オゾン層
気球

10km
対流圏
ジャンボジェット機

蒸発・降雨

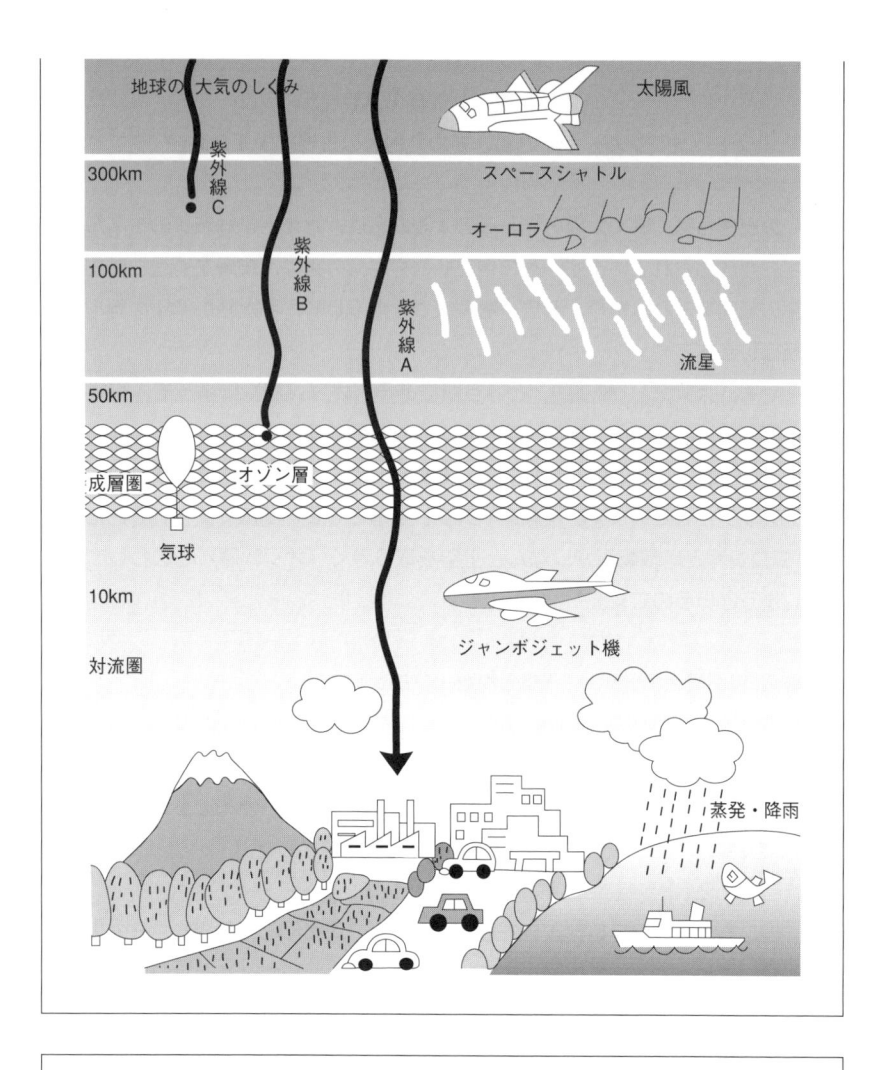

【問題1】
　かつて，私たちの生活に密着したさまざまなスプレーから"シュッ"と空中に放出されたフロン。それでは，このフロンの重さはどれくらいなのでしょう。
　（予想）ア．空気より重い

268

イ．空気とほぼ同じ
ウ．空気より軽い

T　では，予想の理由を聞いてみようかな。はじめに（ア）を選んだ人から，どうかな？

表4-1　S先生の授業の予想分布
（人数）

ア、空気より重い	1
イ、空気とほぼ同じ	3
ウ、空気より軽い	35

表4-2　【問題1】に対する学校種別の予想分布（％）

	小学生（計520名）	中学生（計210名）	高校生（計125名）	大学生（計1850名）
ア、空気より重い	2	4	4	5
イ、空気とほぼ同じ	4	7	9	12
ウ、空気より軽い	94	89	87	83

以下，子どもの発言のうち，（小）は小学生，（中）は中学生，（高）は高校生による典型的な発言内容である。

C：（小）なんとなくだけど…。スプレーの下に溜まっているから。
C：（中）殺虫剤なんか，噴射した後のガスはみんな下に落ちているから。
C：（高）空気より重くないと，スプレーから噴射した瞬間にすぐ上に広がってしまう。
T：えっ？じゃあ，どうして，上に上がっていくのかな？
C：（中）（高）空気に触れた瞬間，シンナーみたいに蒸発するから…。
T：なるほど。では，（イ）を選んだ人の理由は？
C：（中）（高）重さが同じでないと，ヘアスプレーなんかガスが髪に届かないでしょ。
C：（小）（中）やっぱり，空気中に出ると反応して軽くなる。
C：（小）（中）空気で温められると軽くなる。

4．保健の授業展開

  C：（中）化学反応を起こして軽くなる。
  C：（高）同じスプレーの中の他の薬剤と結合しているから重い。
  T：なるほど。では，（ウ）を選んだ人の理由は？
  C：（小）（中）（高）<u>軽くなきゃ，おかしいよ。上空のオゾン層に上がっていくから。</u>
  T：うん，そうだよね。では，いろいろな考えが出たから，もう１度だけ，予想の変更を認めることにします。

 ここで授業者は，下線部の「軽くなきゃ，おかしいよ。上空のオゾン層に上がっていくから」という「圧倒的多数の論理」の後に，あえて「予想の変更」を認めている。ところが，その後，興味深い事態が生起している。「討論後の予想分布の変更」である。きわめて興味深いことに，「大多数の予想」から，何名かの小・中・高・大学生があえて「少数派」に鞍替えしているのである。これは何を意味するのか。それは，まさに「少数派の論理」に共感あるいは納得した結果であり，何よりも生徒たちが「自分の頭」で主体的に考えた証だ。

 そして，このような「予想分布の変更」の事実は，事後の感想文との綿密な照合によりいっそうの分析を可能にする。例えば，S先生の授業では，(ウ)から(イ)へ「予想変更」した３人のうちの１人（K君）は，「授業後の感想文」で次のように述べている。

表 4-3　S 先生の授業の討論後の予想分布の変化（人数）

ア、空気より重い	1⇒2
イ、空気とほぼ同じ	3⇒6
ウ、空気より軽い	35⇒31

表 4-4　【問題 1】に対する討論後の予想分布の変化（％）

	小学生 (計 520 名)	中学生 (計 210 名)	高校生 (計 125 名)	大学生 (計 1850 名)
ア、空気より重い	2⇒3	4⇒5	4⇒6	5⇒7
イ、空気とほぼ同じ	4⇒6	7⇒9	9⇒11	12⇒13
ウ、空気より軽い	94⇒91	89⇒86	87⇒83	83⇒80

3. 保健授業の展開事例

「今日の授業のクイズは，最初はテレビ番組みたいだなと感じていたけど，それよりもっと面白かった」。

地球の危機！　フロンによる〈オゾン層〉の破壊

私たちの生活に密着したスプレーから"シュッ"と空中に放出されたフロン。ところが，このフロンは「空気より重い」のです。

【問題2】

フロンは「空気より重い」？　だったら，どうして成層圏のようなあんな高い所まで上がって行けるのでしょう？

もしも，〈オゾン層〉がなくなったら…

もしも，地球を取り巻く〈オゾン層〉がなくなったら―――
当然，大量の紫外線の地表面にふりそそぎ，硬いウロコや殻におおわれたゴキブリなどを除いて，地上の生物のほとんどは絶滅します。
また海面下10mくらいまでは，魚もすめなくなるでしょう。

人間のからだへの影響

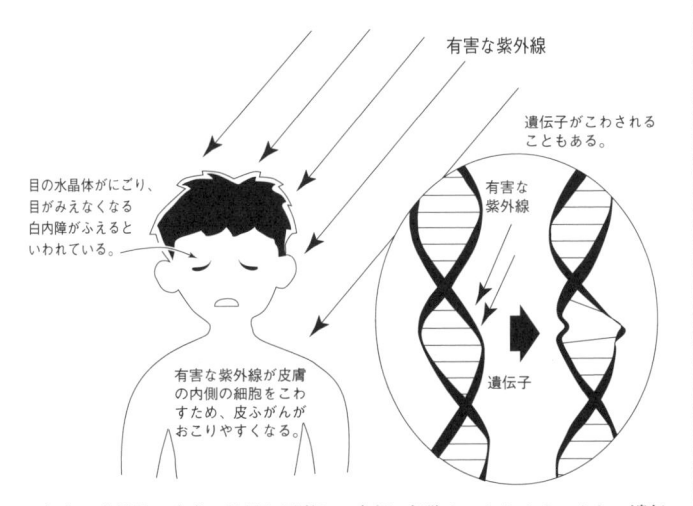

有害な紫外線

遺伝子がこわされることもある。

目の水晶体がにごり，目がみえなくなる白内障がふえるといわれている。

有害な紫外線

遺伝子

有害な紫外線が皮膚の内側の細胞をこわすため，皮ふがんがおこりやすくなる。

有害な紫外線は皮膚の外側を通過して内部の細胞をこわします。また，遺伝子をキズつけたり，皮膚がんをおこしたり，老化を早めたりします。
（『〔地球の環境問題シリーズ⑥〕フロンガスがオゾン層をこわす～紫外線をふせぐオゾン層～』ポプラ社，p.27より）

4. 保健の授業展開

　ここで，補足が必要となる。【問題2】は，明らかに「本質を問うな，現象を問え」の原則に反している。ここでは，「正答を示す問題としてではなく，正答を決めずに多様な見解を許容しつつ，いろいろな角度から考えてみるという検討課題」[32]から設定したものである。

　　T：さて，どうだろう。グループで出た考えを発表してくれる？　まずは，
　　　　1班はどう？
　　C：(小) 太陽の熱で蒸発して，気化するから。
　　C：(小)(中)(高) やっぱり，空気と混ざると化学反応で軽くなるんだ。
　　C：(小)(中)(高) 気流に乗って舞い上がる。
　　C：(中)(高) 時間が経つと，だんだん軽くなる。
　　C：(小)(中)(高) えっ〜，全然，わかりません。

〈オゾン層〉破壊の秘密

「空気より重いフロン」は，どうして成層圏のようなあんな高い所まで上がって行けるのでしょう？

　もっともな疑問ですね。その謎を解くキーワードは，空気の「対流」です。

　①大気は太陽の光で暖められて膨脹し，
　②上空で冷えて下降するという「対流」をいつもくり返しています。

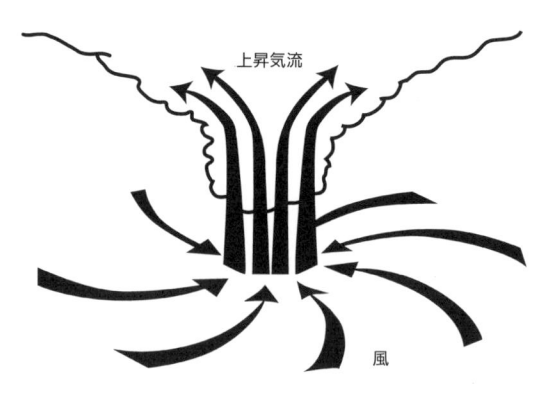

上昇気流

風

3. 保健授業の展開事例

　そこで，このような大気の動きに乗って，フロンも上空の〈オゾン層〉まで達してしまうのです。
　そこで，地上よりも，さらに強力な紫外線と出会って，分解をはじめ，塩素原子を放出します。この塩素原子の破壊力は大きく，原子1個で数万個のオゾンが壊されてしまいます。

＊

　ところで，地上で放出されたフロンは，成層圏の上のほうに届くまでには10年以上もかかります。しかも，フロンの平均寿命は，なんと約100年。
　だから，たとえ今すぐにフロンの使用をやめたとしても，今後何10年にわたって，なおオゾンは壊され続けていくのです。

地球が皮膚病になった！
～『宇宙船地球号』と共に生きるために～

　私たちの住む地球は，『宇宙船』です。秒速29.78kmという猛スピー

4. 保健の授業展開

ドで，太陽のまわりを回っているのです。
　でも，この『宇宙船地球号』は，とても薄い空気の膜でおおわれているだけです。それが最近，心配なことがわかってきました。まるで"皮膚病"になったというのです。オゾン層にもっと大きな穴が空いたら…，21世紀の私たちは，どうなるでしょうか…。

【課題研究】

　そこで，いまオゾン層を守るために，世界中の国々が集まって協議をしています。いや，オゾン層の問題ばかりではありません。最近，よく耳にする「地球温暖化」とは？「酸性雨」とは？「異常気象」とは？
　いったい，世界中の人々は，今，どのようなことについて話し合っているのでしょう。そして，私たち1人ひとりにできることとは…？
　それでは，グループで，どのようなテーマに興味があるか話し合って，役割りを決めて資料（新聞記事，本，雑誌，ホームページなど）を集め，発表し合いましょう[33]~[38]。

　Ｓ先生の「授業書」づくりをめぐる"不安や戸惑い"は，以上の授業づくりやこれまで述べてきた５つの〔視点と方法〕への理解を深めることで，実感をもって解消していったという。
　前にも述べたように，「授業書」による授業研究に出会い，その方式に学んで自らの保健授業を魅力あるものにしようと願うとき，Ｓ先生の笑顔が再

3. 保健授業の展開事例

び戻るまでの数年間に及ぶ軌跡は，一般に多くの教師の力量形成にとっても貴重な"共有経験"だと思われる。

同時に，「授業書」方式による保健授業づくりは，保健科の教育内容と方法を「科学的保健認識の成立」の観点から改めて見直し，子どもたちにとって価値ある学びを創造していく活動といえるだろう。

(引用・参考文献)

1) 保健教材研究会編『「授業書」方式による保健の授業』大修館書店，1987年
2) 沢山信一「人間の精神を考える」，前掲書1)
3) その後の教材づくりを発展させたものとして，次の一連の教材がある。住田実「連載〔教材づくりの〈眼〉から保健授業・指導を見る⑥〜⑧〕『脳と心の秘密』の授業づくりを追って(1)〜(3)」『学校保健のひろば』No-11〜No-13，1998年10月〜1994年4月
4) 板倉聖宣『仮説実験授業』仮説社，1974年，p.26
5) 板倉聖宣『科学と方法』季節社，1969年，p.225
6) 仮説実験授業研究会による「授業書」の分野別リストについては，板倉聖宣『仮説実験授業のABC』仮説社，pp.104-143に詳しい。
7) 庄司和晃『科学的思考とは何か』明治図書，1978年
8) 藤岡信勝「ゲーム・クイズは授業に何をもたらすか」『授業研究』1985年11月号
9) 板倉聖宣『仮説実験授業入門』明治図書，1965年
10) 板倉聖宣『仮説実験授業の研究論と組織論』仮説社，1988年，p.75
11) 板倉聖宣『「いたずら博士の科学の本」の意図と解説』『授業科学研究』，No.10，1982年
12) 板倉聖宣「創造性の心理学」『〔講座：現代の心理学④〕知能と創造性』小学館，1981年，p.245
13) 藤岡信勝「〔実践社会科授業論(3)〕『集団コレラ災害』の教材化の試み」『現代社会』No 9，1982年
14) 岩川隆「〔連載〕コレラに襲われた町」『潮』1977年10月号〜1978年4月号
15) 友定保博「病気の発生要因」，保健教材研究会編『新版「授業書」方式による保健の授業』大修館書店，1999年
16) 岡田博『現代の疫学』勁草書房，1981年，p.91
17) 重松逸造『疫学とは何か―原因追究の科学―』講談社，1977年，p.56
18) 重松逸造「疫学的アプローチの原則―スモンを例として―」『神経研究の進歩』17巻1号，1973年
19) 東田敏夫「健康被害の疫学―その理論と実際―」『公衆衛生』45巻1号，1981年
20) 岡崎勝博「地球環境の保全」，前掲書15)
21) 前掲書10)
22) 板倉聖宣『科学と仮説』季節社，1971年，pp.286-287

4. 保健の授業展開

23) 住田実「ピヨピヨ大学と新しい保健の授業像」『体育科教育』1991年8月号
24) 庄司和晃『仮説実験授業と認識の理論・増補版』季節社，2000年
25) 藤岡信勝『教材づくりの発想』日本書籍，1991年，pp.44-49
26) 板倉聖宣「科学読物と科学教育―その歴史的考察―」『理科教室』1978年8月号
27) 中学校における「全3時間編成（課題学習としてのグループ発表含む）」の本授業記録については，次の文献を参照されたい。住田実「『授業書』による保健の授業をどう進めるか」，(財)日本学校保健会編『新しい保健学習のモデル―中学校における課題学習，「授業書」方式，ライフスキル―』，(財)日本学校保健会，2000年，pp.53-73
28) NHK取材班『新地球物語・宇宙船「地球号」のゆくえ』日本放送出版協会，1988年
29) NHK取材班『地球大紀行 (6) 多重バリアーが守る生命の星』日本放送出版協会，1989年
30) NHK「クイズ百点満点」制作班『NHKクイズ百点満点・環境問題総集編』徳間書店，1990年
31) 板倉聖宣「授業書〈地球〉の構想と解説」『たのしい授業』創刊号，1983年
32) 藤岡信勝「授業研究における理論の有効性とは何か」，日本教育方法学会編『子どもの人間的自立と教育実践』明治図書，1982年
33) 桐生広人・山岡寛人『〔調べ学習に役立つ環境の本③〕オゾンホールの謎』童心社，1999年
34) 川口啓明『〔地球環境・子ども探検隊④〕ぼくらは大気のパトロール隊』フレーベル館，1997年
35) トニー・ヘアー著，三原道広訳『フロンはなぜオゾン層をこわすのか？』偕成社，1992年
36) 佐藤群巳監修『〔地球環境とわたしたちの生活〕オゾン層の破壊をふせごう―日光・大気・健康―』ほるぷ社，1998年
37) 奈須紀幸・伊藤和明編『〔地球の環境問題シリーズ⑥〕フロンガスがオゾン層をこわす―紫外線をふせぐオゾン層―』ポプラ社，1991年
38) 住田実「〔連載〕ビジュアル探検：からだと健康の小宇宙 (74) 地球を包む大切な宇宙服（大気・オゾン層）を守ろう！―多重バリアーが守る生命の星―」『健康教室』2008年3月号

謝辞：本教材におけるNASA（アメリカ航空宇宙局）の写真引用にあたり，NASAジャーナリスト・若居亘氏にお世話になりました。深く感謝申し上げます。

（住田　実）

3. 保健授業の展開事例

5 課題学習による保健の授業

〈要約〉——前回改訂の学習指導要領は，小学校，中学校，高等学校の各段階で，「課題を解決したりしていくような学習（課題学習）を行うなど指導方法の工夫を行うこと」を強調している。
　ここでは，実地調査，文献・情報検索，ディスカッション，ディベートなど多様な指導方法を採り入れた，小・中・高校の実践プランを紹介しながら，課題学習のあり方・進め方について述べる。

❶小学校における課題学習
　——探検！発見！「点字ブロックは本当に人にやさしいのか？」——

　筆者らが開発した「"バリアフリー"社会を創る」（小6）という授業プランがある[1]。

　その導入場面で，教師は子どもに"ある教具"を提示することになっている。それが「点字ブロック」（視覚障害者誘導用ブロック）である。

　筆者が行った授業の記録から，その場面を再現してみることにしよう。

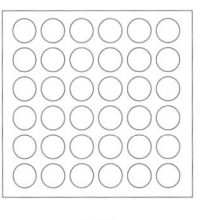

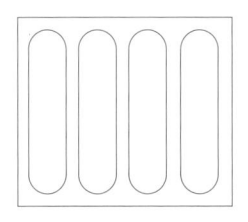

図①　　　　　　図②

どこ（場所）で，見ましたか？
ヒント，「道路標識」です。ただし，道路に埋め込まれています。グループで相談して，その「場所」を二つ「固有名詞」であげてください。
時間は1分間。

4. 保健の授業展開

C：刈谷駅のホーム。駅の構内。
C：UFJ銀行の前。
T：点字ブロックといいます。図①は「点状ブロック」，図②は「線状ブロック」と呼ばれています。
T：点字ブロックは，何色でした？
C：黄色。
C：ぼくが住んでいたニュータウンの団地の道路は，白や緑色だったような気がする。

> 刈谷駅のホームに線路に沿って並んでいるのは，どちらでしょう？
> ①でしょうか？ ②でしょうか？ ヒント。「危険ですから，黄色の線までお下がりください」って，いつもアナウンスをしてるよ。

C：（①がわずかに多いが，ほぼ半々に分かれている）
T：①は「止まれ」，②は「進め」を意味する"標識"なのです。もし②だったら，「落ちなさい」ってことになってしまうね。

> 「点字ブロック」は誰のためのものでしょう？

C：目の見えない人！
T：どうして，「ある」ってわかるの？ 見えないのに…。
C：デコボコになっているから，踏めばわかる。
T：踏めばわかるんだから，色をつける必要はないはずだよね。
C：みんなにわかるように，目立つ色で作ってある。
T：どうして，「みんな」が「わかる」必要があるの？
C：わからないと，自転車を置いたりしちゃうから。だって，銀行の前なんて，黄色なのにずらーと並んでるよ。ぼくは今日初めて知ったんだけど，大人もみんな知らないんじゃない。
T：そうだね。もっともっと宣伝していかなくてはね。それに，駅の周辺や銀行，ショッピングセンターなんかでは見かけるけど，住宅街ではあま

り見かけないね。
　今日は、「目の不自由な人」の世界に目を向け、誰もが安心して暮らせる社会を実現していくために、自分たちでできることを一緒に考えていきましょう。

　授業はこの後、〈シナリオ〉に示された授業展開に基づいて、公衆電話機やテレフォンカード、紙幣やシャンプーに施されている工夫、さらには「点字の話」、ブレインストーミング（テーマは「もっとこんな工夫をしたら、目の不自由な人だって安心して街に出られるよ、いろんな活動にも参加できるよというアイディアを、グループで話し合ってみよう」）へと進んでいった。
　さて、この授業の場合、「課題を解決したりしていくような学習（課題学習）」に発展させていくとしたら、どんな「課題」を設定し、それをいかなる「方法」で「解決」していくような指導計画が思い浮かぶだろう。
　例えば、最後のブレインストーミングで出されたアイディアを整理して、「目の不自由な人が安心して暮らせる刈谷市、未来マップ」をグループごとに作成させるという作戦はどうだろう。
　テーマが決まったら、次は「方法」である。頭に浮かんだことを列挙してみると……。

a) 点字ブロックがどこにあるか、実際に街を歩いて地図にマークする。
b) アイマスクをして街を歩き、危険な箇所をチェックする。
c) レストランや喫茶店に、点字メニューが用意されているか調べる。
d) 駅に行って、目の不自由な人が安全に乗降できるように、どんな工夫がされているか駅員さんにインタビューしてくる。
e) 福祉関係の事務所に行き、目の不自由な人を紹介してもらい、困っていること、改善して欲しいこと（要望）を聞いてくる。

　だが、「おもしろそうだから、意義があるから」というだけで実行するわけにはいかない。高学年とはいえ、まだ小学生であることや、グループ行動

に伴う安全面の配慮も考えなくてはならないからだ。一つずつ、その実現可能性について検討していこう。

　a)については、授業時間内ではなくて、放課後であれば、地域を分担してやれば、自転車で移動が可能だろう。インスタントカメラを携帯させ写真を撮ってこさせることを忘れないようにしたい。

　b)はどうだろう。交通量の多いところでは、危険が伴う。だが、それだけでなく、ふだん目に頼って生活している者が、アイマスクを着用したからといって、「目の不自由な人」にはなれない、という点を考慮するならば、さほど意味をもたない。

　c)の着眼はなかなかおもしろい。NTTのイエローページで電話取材するという方法も考えられる。調査の目的を告げることで、関心をもってもらえる効果もあるからだ。ただし、ランチ時間帯は避けるなどの配慮は必要である。できるなら、直接訪ねさせたい。お店までのアクセス、トイレなど店内の設備も調べてみるのも重要。もっとも、点字メニューを用意しているようなお店は、比較的そうした配慮も行き届いているにちがいない。

　d)はとくに重要であろう。自家用車を運転することはまず考えられないだけに、主たる移動手段である公共交通機関の使い勝手は、目の不自由な人の社会参加の可否を左右する。ぜひとも、調査させたい。

　e)は、教室に招いて、質問したり、一緒にゲームをしたりするような形態で実現できそうだ。「当事者に聞く」ことで、誤った見方や思い込みに気づいたり、想像もできなかった事実に出会うことだってあるからだ。

　このようにみてくると、授業時間内でできることは限られてくる。また、放課後のグループ活動も、塾や習い事の関係、郡部では校区が広すぎるなどの理由から、「意義はわかるが、現実問題として実現は困難」というのが実状なのかもしれない。

　ということであれば、テーマを変更せざるを得ない。思い切って、何か一つ代表的な「モノ」に絞って、それをいろんな角度から追究していくことにしたらどうだろう。

　そこで目をつけたのが「点字ブロック」である。

　筆者には、「"バリアフリー"社会を創る」(小6)という授業プランを開

3. 保健授業の展開事例

発したころから，ずっと気になっていたことがあった。「点字ブロック」の規格についてである。ブロック1枚の大きさ，色，材質，突起の数・大きさ，突起と突起の間隔，どれをとっても統一した規格がなさそうなのだ。

それだけではない。「点状ブロック」と「線状ブロック」の区別がなく，同一デザインのブロックを並べ方を変えることで「止まれ」と「進め」を表している都市や，同じ都市でも，設置者が異なるために，さまざまな点字ブロックが混在しているケースもある。

海外研修旅行から戻ってきた同僚にたずねても，「点字ブロックなんて見た記憶がない」という返事が返ってくるのである。私自身，ロンドンを訪れたときに気づいたことだが，歩道から車道へ出るところに「止まれ」を意味する薄っぺらな「点状ブロック」があるだけで，「進め」を意味する「線状ブロック」はどこにもなかった。

そんなことから，筆者は，点字ブロックに関する"ある疑念"を抱きはじめたのであった。

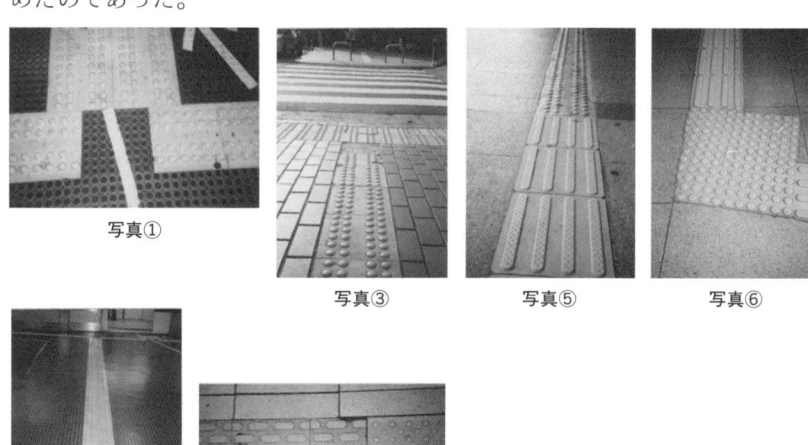

写真①

写真③　　写真⑤　　写真⑥

写真②　　写真④

（神戸・三宮駅周辺では，さまざまな「点字ブロック」が混在している。2001年12月26日，筆者撮影）

281

4. 保健の授業展開

> 点字ブロックは，本当に人にやさしいのか？

疑念の中身を，もう少し具体的に記しておこう。

ア）福祉先進国といわれるスウェーデンやデンマークなど北欧の国々では，点字ブロックはどのくらい普及しているのだろう？　もし，目立つほど普及していないとしたら，なぜ必要ないのだろう？

イ）日本に統一的な規格がないということは，何を意味しているのだろう？　もし外国のマネをしたとしたなら，国際的な規格もないことを示している。誰が考案し，いつ，どこで最初に点字ブロックが誕生したのだろう？

ウ）点字ブロックがなかった時代は，目の不自由な人は何を頼りにして移動していたのだろう？

エ）目の不自由な人にとって，そもそも点字ブロックは役に立っているのだろうか？　むしろバリアーになっているケースはないだろうか？

オ）車椅子やベビーカーで移動している人だけでなく，一般の歩行者にとって，点字ブロックがバリアーになることはないだろうか？

こうした疑念は，点字ブロックに関心をもつようになってから芽生えたものであり，意識的に観察するようになっていっそう大きくなってきたものである。まさに"学習の成果"なのだ。

したがって，「点字ブロックは，本当に人にやさしいのか？」を，課題学習のテーマとして採用したいのならば，筆者が疑念をいだきはじめたころから現在までの"学習"を，子どもたちに"追体験"させてやればよいのである。

オリエンテーション学習の〈シナリオ〉を以下に示す。

T：〔「止まれ」と「進め」に同一のブロックを用いている神戸市営駅ホームの，実物の写真①を提示する〕

3. 保健授業の展開事例

> これは，"止まれ"を意味する点字ブロックでしょうか？それとも，"進め"を意味する点字ブロックでしょうか？

C：（全員が迷わず）"止まれ"
T：〔ブロックが進行方向に伸びて並んでいる写真②を提示しながら〕"進め"を意味するブロックです。

> "止まれ"の点字ブロックはどんな形をしていますか？

C：同じ形をしている。
T：そうです。この駅の周辺を歩いてみたら，〔写真③を提示〕"止まれ"も"進め"も同じ形のブロックでした。
C：混乱しちゃう。
T：そうですね。この町の人は慣れているから平気かもしれませんが，例えば，刈谷に住んでいる人がそこに旅行したら困るはずです。困るどころか，いのちに関わる重大問題といえるでしょう。
T：〔ロンドンの交差点で撮影した点字ブロックの写真（略）を提示〕

> これは，ロンドンで見つけた「点字ブロック」です。
> "止まれ"でしょうか？ "進め"でしょうか？

C："止まれ"です。
T：正解。

> ロンドンでは，"進め"はどんな形をしているでしょう？
> 想像して描いてください。

C：（同じ形を描いた者。日本の「線状ブロック」を描いている者もいる）
T：じつは，探したのですが見つかりませんでした。

283

C：ないの？
C：困らないのかな？
T：さて，どうなのでしょう？〔駅周辺で撮影してきた点字ブロックの写真を1枚ずつ黒板に貼りながら〕じつは，市営駅につながっている，JR駅，阪神駅，阪急駅では，こうなっており〔写真④⑤⑥〕，いろんな点字ブロックが混在しているのです。日本の各地でも，同じようなことが起こっているかもしれませんね。
日本に住んでいる目の不自由な人は，点字ブロックを便利だと思っているのでしょうか？　点字ブロックは，本当に人にやさしいのだろうか？

最後に，「イ）」の課題に取り組んだ子どもの「学習ノート」を紹介する。

> 　点字ブロックを最初に使ったのが，日本だと知って驚いた。いまから30年ほど前（1967年）に，岡山市の盲学校前の信号のところに敷かれたのが始まりだそうだ。
> 　私は，北欧の福祉が発達している国だと思っていたので意外だった。目が不自由なのに点字ブロックがなくても安心して外出できるのは，みんなが親切だからだろうか。

❷中学校における課題学習
―― 検証「クルマが"人間にやさしい"社会は実現できる！」――

現在，日本全国で毎年500人以上の子どもが歩行中もしくは自転車利用中にクルマによってひき殺され，70,000人もの子どもたちがけがを負わされている。

こうした状況に対して，学校では，かなりの時間を割いて「交通安全＝歩行者教育」を行ってきている。「道のどちら側を歩くべきか」「横断歩道を横切るときはどうするか」など，交通指導員や警察官を招いて話を聞かせたり，時には，ビデオやダミー人形を使って自動車事故の恐ろしさを知らせ，だから「注意しなさい。気をつけなよ」と説くのである。

3. 保健授業の展開事例

まるで,「いじめっ子」にいじめられないように,「いじめっ子が来ないかどうかいつも注意しなさい」,「もし,いじめっ子に出会ったら,立ち止まってやり過ごしなさい」と言っているかのようである(クルマを運転しない子どもは,いつも「いじめられる」側にあり,「いじめっ子」はハンドルを握る大人たちなのだ)。

もっとも,「科学的な理解」を標榜する教科保健では,さすがにそんな一面的な指導は許されない。前回改訂の学習指導要領では,「交通事故の防止」について次のように述べている(傍点引用者)。

- ●「周囲の危険に気付いて,的確な判断の下に安全に行動することや環境を安全に整えること」(小学校)
- ●「傷害の多くは安全な行動,環境の改善によって防止できる」(中学校)
- ●「車両の特性の理解,安全な運転や歩行など適切な行動,自他の生命を尊重する態度及び交通環境の整備などが重要である」(高等学校)

すなわち,「安全な行動」と並べて「環境の整備」をもう一つの柱にすえているのである[2]。

さて,そこから「交通死傷対人事故の防止」をメインテーマに,どんな課題学習が構想できるだろう。

例えば,子どもたちに"歩行者・自転車利用者の視点"から通学路の実地調査を行わせ,死傷対人事故が起こらないように交通環境をどのように整備したらよいかを「報告書」にまとめさせる,というプランはどうだろう。グループ学習を中心とした課題学習である。

学習計画(全5時間)の概要は以下の通りである。

---

1)通学路「危険マップ」をつくろう!(第1時)
　通学区域をもとに,3〜4人くらいのグループに分かれて,"ハッ"とした体験を交流し合いながらその現場を特定し,地図に位置を記入する。危険な箇所を1人一つずつ分担し,1週間後に現場写真(通学時間帯)を撮影

4. 保健の授業展開

してくることを確認する。
2) 現場検証「通学路は"危険"がいっぱい！」（第2時）
写真を見ながら，その場所で起こり得る死傷対人事故を想定して，事故の状況をできるだけ詳しく「事故報告書」として各自がまとめる。
3) 通学路での交通死傷対人事故を防ぐための対策会議（第3時）
グループごとに，「事故報告書」をもとにして，死傷対人事故を防止するにはどうしたらよいか，1件1件検討し，それぞれ担当者が作成する。
4) 「対策レポート」のグループ別検討会（第4時）
各自の「死傷対人事故防止のための対策レポート」をグループで検討し，1本のレポートにまとめる。
5) 全体での「対策レポート」報告検討会（第5時）

「(交通事故によるけがを防ぐには) 周囲の危険に気付いて，的確な判断の下に安全に行動することや環境を安全に整えること」（「小学校」，傍点引用者）をすでに学んでいる中学生であるから，「対策レポート」では，当然，「安全な行動」と「環境の整備」という二つの観点から具体的な対策に言及してくれるに違いない。

しかし，子どもは，「環境の整備」として，信号，横断歩道，ガードレール，ミラーといった「交通安全施設」の充実は訴えるが，クルマ（ドライバー）対策（通行規制，速度規制など）の有効性までは考えが及ばないようだ。

せっかくの課題学習である。ここで終わりとしないで，さらに追究を継続させたい。せめてあと3～4時間，「クルマ社会」そのものを対象にして，死傷対人事故を起こさないための根本的対策を追究させるのである。

「検証：クルマが"人間にやさしい"社会は実現できる！」というのはどうだろう。「…実現できるか？」ではない。「実現する」ための方策を子どもたちになんとかして見つけさせるのである[2]。

確かに，現状を見ると，「実現」までの道のりは遠く，困難であろう。しかし，スウェーデン，オランダ，デンマーク，ドイツなどでは，すでに1970年代から「交通の鎮静化」政策に取り組み始め，死傷対人事故の激減という大きな成果を上げているという報告（杉田聡，今井博之『クルマ社会と子どもたち』岩波ブックレットNo.470，1998年，46-49頁）があるように，日本でも近い将来「クルマ社会」を見直す時期がやって来るに違いない。

そのとき，この学習の真価が試されることになるのである。「調べて，まとめて，発表しておしまい」というわけにはいかないのだ。前回改訂の学習指導要領は，「保健」の目標を次のように述べているではないか。

「健康・安全についての科学的な理解を通して，現在及び将来の生活において健康・安全の課題に直面した場合に，的確に思考・判断及び意志決定を行い，（中略）環境の改善を適切に実践できる資質や能力，即ち実践力を育成することを目指している。」（「中学校」）

追究すべきテーマとしては，次の三つが考えられる。

A) クルマはなぜ死傷対人事故を起こすのか？　死傷対人事故を起こさせないことは可能か？
B) クルマによる死傷対人事故を激減させた諸外国の経験に学ぶ
C) 専門家・市民団体に学ぶ，「今すぐできるクルマ追放作戦」

まず，各自に上記の三つの大きなテーマから一つずつ選択させる。さらに，テーマごとに3〜4人ずつの学習グループを組織し，「どのような方法で追究していくか」を検討させることにしよう。

おそらく，どのグループも文献調査が中心となるだろう。だが，可能なかぎり，インターネットや電話・FAXを活用して専門家や市民団体と直接コンタクトをとらせたい。その際，「クルマ社会を問い直す会」（1995年に結成した市民団体）の代表でもある杉田聡（帯広畜産大学教授）さんの著書が

4. 保健の授業展開

参考になる。

 ① 『人にとってクルマとは何か』（大月書店，1991 年）
 ② 『クルマが優しくなるために』（ちくま新書，1996 年）
 ③ 『クルマ社会と子どもたち』（共著，岩波ブックレット，1998 年）
 ④ 『クルマを捨てて歩く！』（講談社＋α新書，2001 年）

《テーマ A》から検討していくことにしよう。
　杉田さんは，「クルマには本質的な欠陥がある」として，死傷事故につながる必然性について考察をしている。すなわち，

1) 自動車は，レールがないという点からいって，安定性を著しく欠く乗り物であるだけでなく，一定の年齢に達し一定の資格試験に合格しただけの，いわば素人が私的利用のために運転することを許している。
2) 自動車は，とくに制限された場所以外はどこでも運転が許されている。それゆえに，人々の生活空間に入り込み，歩行者・自転車利用者と接触する。
3) 自動車は，その重量と速度ゆえにきわめて大きな運動エネルギーを有する。そのため，無防備な歩行者・自転車利用者を巻き込んだ対人事故は，死傷事故とならざるを得ない。

というのである。（文献上掲②，156-157 頁，要約）
　こうした考察を踏まえて，杉田さんは，死傷対人事故を防止するためには，自動車使用の実態を根本的に転換させるしかないとして，次の 3 点を主張している。（文献上掲②，158-161 頁，要約）

1) 自動車の走行空間は，列車のそれと同様に，一般の生活空間から厳重に隔離されかつ専門的管理者によって管理される。【走行空間の限定】
2) 自動車は，特殊な技能を身につけた専門家にして初めて運転が許される。【運転を専門的エキスパートに委ねる】

3）自動車は，生活空間を走る場合には，仮に対人事故が起こったとしても歩行者や子どもの身体にまったく損傷を与えないほどに，運動エネルギーを小さなものにするために，速度を小さくする。【走行速度の抑制】

大胆な提言である。
ドライバーである大人たちからは，すぐさま反発・反論が返ってきそうな意見であるが，"非ドライバー世代"であり，近い将来，運転免許取得を望んでいるであろう中学生が，杉田さんの主張に対してどのような反応をするか，きわめて興味深い。「文献③」（16〜24頁）は，中学生にも理解できるように平易に記述されているので，読み物教材として活用するには最適である。活発な議論を期待したい。

《テーマB》について。
杉田さんは，「文献③」で，「交通鎮静化」政策の一つとして，1970年代後半からオランダ，デンマーク，ノルウェー，ドイツ，フランス，イギリスに広がった「道路をその使用目的によって階層化する（幹線道路はそれらしく，居住地の道路は安全を第一にする）手法」を紹介している。
例えば，オランダの「ボンエルフ」（居住地区）は，①優先権を自動車に与えない，②道路で遊ぶことを禁止しない，③歩道に駐車させない，④高速（人間より速く）で走らせない——という四つの理念に基づいて制定された交通法規が適用され，それを実効あるものにするために，さまざまな工学的手法（ハンプ，柵，狭窄，蛇行など）が取り入れられているという。
また，デンマークでも，「ゾーン30」と呼ばれる，時速30キロメートル制限の居住者優先・歩行者優先地域を広げていく政策が，すでに20年以上前から進められており，ドイツもそれに学んで「ゾーン30」を各地に導入し，ローカル道路については，ハンブルグでは30％が，ハイデンベルグでは50％がすでに30キロ制限になっており，それぞれ死傷対人事故の激減という成果を上げているというのだ（文献③ 47〜49頁）。

最後に，《テーマC》についてみてみよう。

4. 保健の授業展開

「生活空間を完全な『禁車ゾーン』にすることは困難かもしれません。でも，歩行者優先に徹した『歩車共存』の空間をつくることなら今すぐにでも可能」（文献④176頁）である，と杉田さんは言う。

どうしたらこんにちの日本でそれが実現できるのだろう？

杉田さんは，地元の役所や警察に働きかけながら，自宅周辺の生活道路に「クルマ止め」を置くことで危険なクルマを追放した自らの体験を紹介しつつ，クルマの走行速度を強制的に落とさせる"仕掛け"として，ハンプの設置，花壇の活用，横断歩道の「横断車道」（交差点歩道）化，さらには横断歩道への「クルマ遮断機」（バリア，スクリーン）の設置を提案する（文献④168〜190頁）。

しかし，クルマ優先社会を歩行者優先社会に根本的に転換し，死傷対人事故を起こさない社会（「クルマが"人間にやさしい"社会」）を実現するためには，市民の力だけでは限界があり，関係諸機関がその課題を真摯に受けとめて，できることを直ちに行うことが必要である。

いま，「できること」「直ちに行うこと」にはどんなものがあるだろう？

杉田さんは，メーカー・ディラー，自動車学校，クルマ利用者，政府に対して，全25項目に及ぶ要望をまとめるとともに，弁護士，医師，教師，国際機関，ならびに行政の責任者に「クルマが"人間にやさしい"社会」を実現するための共同行動を呼びかけている。

例えば，教師の役割についておよそ次のように述べている。

> 毎朝，登校中の子どもたちを道の両側に追い散らすようにして通り抜けてマイカー通勤する教師に，他人をいたわり，他人の命を大事にしようとする気持ちを伝えられるのだろうか？ 通勤用マイカーのための駐車場が子どもたちの大事な遊び場を奪っているという事態について，教師はどう考えているのだろうか？ マイカー通勤の是非について教師は敏感であってほしい。マイクロバスを借り切ってでも，マイカー通勤と駐車空間の削減に努力し，子どもたちのグランドを確保する義務があると思う。
>
> （文献上掲③205〜206頁，要約）

教師のマイカー通勤と校内駐車場の問題をどのように考え，解決していったらよいか，歩行者・自転車利用者である中学生と当事者（教師・校長）とでディスカッションをしてみるのもおもしろいであろう。そして，出されたアイディアをもとに，学校現場という"社会"で「クルマが"人間にやさしい"社会」づくりの"実験"をしてみるのである。
　いま一度，前回改訂の学習指導要領に記されている，「保健」の目標を確認しておこう。

　　「健康・安全についての科学的な理解を通して，現在及び将来の生活において健康・安全の課題に直面した場合に，的確に思考・判断及び意志決定を行い，（中略）環境の改善を適切に実践できる資質や能力，即ち実践力を育成することを目指している。」（「中学校」，傍点引用者）

　すなわち，「クルマが"人間にやさしい"社会」を創るための「健康・安全についての科学的な理解」を，まず学校生活という「現在の生活」において「的確に思考・判断及び意志決定を行い」「環境の改善を適切に実践」できるかどうか，課題学習ではその「実践力」の真価が問われているのである。

❸高等学校における課題学習
　――"ディベートの手法"を生かした課題学習の実践プラン――

　「学び得たものを情報発信していく」ことは，課題学習の重要な要素となっている。したがって教師は，模造紙やOHP，パソコンをうまく活用して，いかに"わかりやすく"プレゼンテーションができたかを重視する。子どもたちも，高い評価を得るために，発表のための資料づくりに多くの時間を割くことになる。
　しかし，個人個人（各グループ）がプレゼンテーションのための資料づくりにエネルギーを費やしたわりには，発表会当日の観客（生徒）の反応は鈍く，「何か質問はありませんか？」という司会者の声だけが教室に響きわたるという光景はめずらしくない。

4. 保健の授業展開

　考えてみれば，誰もが自分（たち）の発表のことだけで頭がいっぱいなのだ。他人の発表などはうわの空で聞いているのである。もっとも，発表がどんなにわかりやすいものであっても，予習（予備知識）もなしに聞かされるのであるから，「とくに質問はありません」ということになる。当然である。
　そうした事態を回避するには，どうすればよいのだろう。
　こんな方法はどうだろう。

> 紙上発表（「レポート集」）を原則とし，プレゼンテーションは，2～3人（グループ）に絞る。教師によって指名された者（グループ）は，遅くとも3日前にはレジュメをクラス全員に配布する。

　発表者（グループ）をしぼり，あらかじめ内容（概略）を知らせることで，予習なしで発表会当日を迎えさせるという"最悪の事態"だけは避けられそうである。質問はでるだろう。それに対するやりとりも，そつなく行われることだろう。だが，これでは内容が深まったとはいえない。そこに，パソコンを活用したビジュアルなプレゼンテーションが登場しようものなら，子どもたちは，"情報発信"の方法に目を奪われてしまい，肝心の"学び得たもの"の吟味はどこかへいってしまうだろう。これでは本末転倒である。
　そこで思い浮かんだのが，「ディベート」の手法である。ディベートとは，「重要な意見の是非をめぐって，多様なレベルの論点を突き合わせて検討する」論争的討論のことで，「視点が固定されて，その中で個々の論点の関係が深められる」点で，ディスカッションとは異なる（杉浦正和・和井田清司編著『授業が変わるディベート術！』国土社，1998年，155頁）。
　「ディベート」では，ある論題について，本人たちの意見とは無関係に肯定側と否定側それぞれ数人のチームに分かれた論争（立論，質疑，反駁，最終弁論）を行い，聴衆による判定を受けるスタイルで進んでいくのが一般的である。その際，論題の設定が論争の成否を左右するほど重要な意味をもっていることは容易に想像できる。
　筆者が，"ディベートの手法"に学ぼうとしたことの一つは，課題学習のテーマ設定のしかたである。ディベートトレーナーの梶原建二さんは，「教

3. 保健授業の展開事例

室ディベート」の論題づくりの要件を，以下の8点に整理している。

> ①興味喚起性……子ども自身の問題となる。楽しい雰囲気でできる。自分から調べたくなる。日常的にあまり考えない。
> ②話題性……マスコミで話題になっている。家庭でも，話題になっている。タイムリーである。誰もが知っている。
> ③リサーチ可能性……双方の資料が集めやすい。インタビューなどがしやすい。手元にも資料がある。父母も巻き込んでリサーチできる。
> ④ディベータブル……社会的に賛否が分かれる。論点をだしやすい。2つの立場が噛み合う。
> ⑤レディネス……学習者の実態にあっている。すでに学習または経験している。伸ばしたい力に適合している。勉強が苦手な子もできる。
> ⑥思考・価値観の揺さぶり……本音と建前がはっきりしている。当たり前なことを考え直す。考え方の多様性が引き出せる。現実の人間関係を混同しない。
> ⑦指導が可能……教師が分析・批評できる（講評できる）。教師がリサーチの方法を知っている。教師がナンバリングやラベリングができる。
> ⑧ディベート後の変化……子どもの生活や意識に変化がある。知識が深まる。授業外で発展していく。
> （梶原建二「論題づくり・8つのポイント」，別冊『教室ディベートへの挑戦（第2集）』所収，学事出版，1996年，7-8頁）

これらの要件に照らしながら，高校保健の授業で設定可能な論題を思いつくだけあげてみることにしよう。

ア）日本は，自販機によるたばこの販売を禁止すべきである。【喫煙と健康】
イ）日本は，高校生にも飲酒を認めるべきである。【飲酒と健康】
ウ）我が校は，授業時間を5分短縮すべきである。【休養と健康】
エ）「3ない運動」（免許をとらない，バイクに乗らない，バイクをもたない）はやめるべきである。【安全な運転のための資質】

4. 保健の授業展開

オ）我が校の購買部には，コンドームの自販機を設置すべきである。【避妊法とその選択】

カ）「経済的理由」による人工妊娠中絶は禁止すべきである。【人工妊娠中絶】

キ）15歳以上の国民は，臓器提供意志表示カード（ドナーカード）に意志表示をすべきである。【脳死・臓器移植】

以下，ディベートの手法を生かした課題学習の実践プラン（全10時間）を紹介する。

《第1時》論題の決定，「事前レポート」から"仮想ディベート"へ

オリエンテーションの授業（第1時）では，まず教師側が選んだ論題（既習の範囲にテーマを限定する）を複数提示し，課題学習の進め方を説明する。その要点は以下の通りである。

1) 複数ある論題の中から，興味があるものを1つ選択させる。
2) 論題ごとにグループに分かれ，二人ずつペアをつくる（奇数の場合は，一人のところがいてよい）。
3) ペアは，肯定側か否定側かに分かれる（ジャンケンで決めてもよい）。

ここまで説明したら，1)～3)の作業に入る前に，子どもたちに次のような指示を出す。

「これまで保健授業で学習した内容に関連するもので，他におもしろそうな論題があれば，私が提示した論題の表記のしかたにならって提案（板書）してください。相談時間は10分間です。」

子どもたちが提案してくれた論題がすべて板書されたところで，すべての論題を対象に，1)と2)の作業をするように指示する。

続いて，ディスカッションへと移る。選択した論題についてペアで意見を交流するのである。さらに，その議論をふまえて，「レポート（事前）」を作

3. 保健授業の展開事例

成させる。論題に対する率直な自分の見解（肯定，否定の立場を明確にした上で，その理由も明示する）を400字程度でまとめさせ，提出させておくのである。20分くらいの時間は必要であろう。

そのうえで，3)の作業に進ませる。自分の見解とは異なる立場を"選択"する場合も出てくる。ディベートの意義はまさにそこにあるのだ。

その後，「学習プリント」（A4判）を一人1枚配布する。そこには，①論題とジャンル，②"仮想ディベート"メモ（肯定側はメリット，否定側はデメリット。両陣営の主張を予想して論点を3つずつ記入），③リサーチ情報（立論の根拠となるデータをどのような方法で収集するかのアイディア）を記入する欄が設けてある。

引き続き，③のガイダンスを行い，以下の情報（留意点）を伝える。

- 論題に関連する文献資料の一覧プリントを配布し，図書室の「保健・課題学習」コーナーに実物が展示してあること（年度始めに，基本図書は数冊ずつ購入しておく。貸し出しの状況をみて，適宜補充していく）。
  また，年刊の用語事典（『現代用語の基礎知識』『イミダス』『知恵蔵』等）や年鑑（『朝日年鑑』『読売年鑑』等），各種白書，新聞の縮刷版，新聞切り抜き情報誌も図書室にあること。
- これまで先輩たちが収集してくれた膨大な資料は，保健体育資料室にファイリングされて保管してあること。
- 統計資料や新聞記事については，インターネットを活用するとよい。
- 引用・参考資料の出典は，必ずメモしておくこと。

最後に，次の授業までに各自「学習プリント①〜③」を記入して忘れずもってくることを確認し，オリエンテーションを終える。

《第2時〜第4時》立論の草稿づくり

課題は，肯定側，否定側それぞれの立論の草稿をまとめさせることである。最低3時間くらいは確保してやりたい。必要であれば，図書室，保健体育資料室，コンピュータ室に出張してもよいことにしよう。

第2時では，まず立論（草稿）のイメージ伝えるために，以下のような

4. 保健の授業展開

「資料プリント」を配布する。「洗剤は合成洗剤でなく，石けんを使用すべし」という論題で行われた「高校・家庭一般」のディベート学習の記録からの抜粋である（杉浦正和・和井田清司編著『授業が変わるディベート術！』国土社，1998年，136-137頁）。

[肯定側立論]
①環境への影響。合成洗剤の界面活性剤はABSよりは分解されやすいLASに変わったが，実験室で8日間かけて分解されるというもの。生分解性が悪く，実際には日本の急流などでは1日で河川から海に流れてしまう。魚への影響が心配される。
②人体への影響。合成洗剤のLASは衣類に残りやすく皮膚から体内に入り，肝障害などを起こす恐れがある。補助剤も体に悪い影響がある。リンが追放されたとき洗浄力が落ちたので蛍光増白剤が使用されるようになった。汚れを落としているのではなく，白く染め上げているだけ。発ガン性が疑われ包帯やマスクなどに使用されない。
③洗浄力。石けんは高温の方がよく落ちるが，真冬の10℃ほどの水でも合成洗剤より落ちる。

時間内に完成しない場合も予想される。次の授業（第5時）までには草稿を書き上げて持ってくることを確認する。
　《第5時〜第7時》グループ学習；立論（原稿）の完成
　第5時に，全員でディベートしたい論題（1題）を決定する。
　次に，同じテーマの同じ立場の子どもたちでグループを結成させ，持ち寄った草稿を読み合わせさせる。第5時から第7時までの3時間の課題は，各陣営の立論を補強し，説得力のある立論に仕上げることである。資料集めに出かけるグループがあってもよいだろう。子どもたちの目の色が大きく変化してくるのはこの頃である。
　第7時の最後の10分間を利用して，「発表会」（第8時〜第9時）の進め方を説明する。要点は以下の通りである。
　《第8時》"グループ・ディベート"形式による発表会

1)発表会は，"グループ・ディベート"形式で実施する。
2)演者は，各グループの代表者1名が務める。
3)司会は，演者以外の者1名が務める（ジャンケンで決めてもよい）。
4)肯定側立論の発表（3分間）に続いて，否定側立論の発表（3分間）。
5)作戦タイム→肯定側質問→否定側回答→否定側質問→肯定側回答の順に各1分間（計5分間）。質問は，代表者以外の者が行う。各陣営2問。
6)その後，フリートーキング（6分間）。演者以外も発言してよい。
7)最終弁論は，肯定側（1分以内），否定側（1分以内）の順に行う。
8)終了後，陣営ごとに"アフター・ディベート"。立論の加筆・訂正を行う。

《第9時》全員参加による「ディベート形式での発表会」
1)全員で「ディベート形式での発表会」を行う。
2)演者は，"グループ・ディベート"と同じ者が務める。ただし，アフター・ミーティングを踏まえてバージョンアップした立論とする。
3)司会は，全員に発言の機会を与えるために，教師が務める。
4)以下，上記「4)～7)」まで同じ要領で進める。但し，「6)」のフリートーキングは，演者以外も全員発言してよい。
5)終了後，"アフター・ディベート"。その他のグループの者は，この日の論題について，自分の見解（肯定，否定の立場を明確にした上で，その理由も明示する）を300字程度でまとめ，提出する。

《第10時》総括；立論（最終原稿）の提出，「事後レポート」の作成
　立論の最終原稿の提出がすんだら，「事後レポート」の作成である。

> 自分が選んだ論題について，いまの率直な自分の見解を，800字程度でまとめなさい。

「事前レポート」と対照してみれば，深化の度合いは一目瞭然。異なる立場から検討・吟味させる意義はそこにある。ディベートの手法に学ぼう！

4. 保健の授業展開

（注および引用・参考文献）
1) 授業シナリオの全文は，近藤真庸著『〈シナリオ〉形式による保健の授業』（大修館書店，2000年，85-94頁）に掲載されているので参照されたい。
2) 交通事故の防止にとって「安全な行動」と「環境の整備」のどちらが有効であるかについては，すでに30年以上前に，スウェーデンの教育学者スティナ・サンデルスによって結論が出されている。

   すなわち，①「子どもというのは，道路交通が要求する多くの事態に対処できるだけの生物学的能力がない」ため「子どもを，道路環境に適応させることは不可能」である。②「交通環境を，子どもに適応させることはできる」し，子どもに安全であるような道路あるいは交通は，老人とか身体障害者などの弱者も同様に保護できる。③したがって，「交通場面での子どもに対する責任は，親だけでなく都市計画者，ドライバー，その他責任ある大人が等しく負うべきである」というのである（杉田聡，今井博之『クルマ社会と子どもたち』岩波ブックレットNo.470，1998年，45-46頁）。
3) 中学生には，もし将来ハンドルを握ることがあったとしても，こんにちの「クルマ社会」を，「人をあやめない，傷つけない，誰の命もおびやかさない社会」に変えていく人間になってほしいという切実な願いが，筆者の教材観の根底にある。

   筆者らが開発した授業プラン「"交通事故のない街"を創る」（対象・小学校5年生）も，交通事故に関わる環境要因に気づかせ，それを除去する方法原理を学ばせることによって，「交通死傷対人事故が起こらない社会」を創るための知恵を育てることをねらったものである（2-3-(3)参照）。

（近藤真庸）

6 ライフスキルの形成を意図した保健の授業

〈要約〉——健康行動に個人の心理状態や人間関係，社会環境が影響することから，これらに適切に対処する能力を高めることが必要である。ライフスキルの形成を意図した授業では，方法論の改善と進め方に，とくに留意が求められる。

●はじめに

　喫煙・飲酒・薬物乱用，性の逸脱行動といった子どもの健康に関する現代的な課題を背景として，こんにちの保健授業では，「健康・安全に関する理解を通して，自らの健康を適切に管理し，改善していくための資質や能力の基礎を培い，実践力の育成を図る」ことがめざされるようになっている。ここでいう「実践力の育成」は，「健康・安全について科学的に理解することを通して，心身の健康の保持増進に関する内容を単に知識として，また，記憶としてとどめることではなく，生徒が現在及び将来の生活において健康・安全の課題に直面した場合に，科学的な思考と正しい判断の下に意志決定や行動選択を行い，適切に実践していくための思考力・判断力などの資質や能力の基礎を育成すること」（中学校学習指導要領解説編保健体育）とある。

　そして，とくに，喫煙・飲酒・薬物乱用や性の逸脱行動などの学習内容を取り扱う際には，そのような行動に，個人の心理状態や人間関係，社会環境が影響することから，「それら個人の心理状態や人間関係，社会環境に適切に対処する必要があること」が強調されるようになってきた。

　「適切に対処する」ためには，個人の心理状態や人間関係，社会環境が健康行動に密接に関係していることを知るとともに，例えば，友人からの喫煙，飲酒，薬物行動などの誘いを断っていく能力や，自分の意志をきちんと示し伝えていく能力などが必要になってくる。このような能力がライフスキルである。人からの誘いを断る能力や，自分の意志をきちんと示し伝えていくといった能力は，何も健康行動に関係した時のみに必要なものではない。いわば，日常生活に関係した一般的な能力ということができる。これらの能

4. 保健の授業展開

力を身に付けることが，健康行動を促進したり，心の健康を保ったり，健康的な人間関係を促進する基礎となることが明らかになってきた。一方で，少子化や高度情報化社会など，わが国の社会環境が大きく変化し，それに伴って子どもの生活も変わり，このような日常生活に関係した一般的能力が低下していることも見逃せない。これらを背景として，保健においても，積極的にライフスキルの形成を意図した授業が展開されるようになってきている。

❶ライフスキルとは何か

　ここでは，あらためてライフスキルとは何かについて，整理しておこう。
　世界保健機関（WHO）は，1994年に『学校におけるライフスキル教育』という書物を著し，その中でライフスキルについて定義している[1]。それによると，「ライフスキルとは，適応性と積極性のある行動のための能力であり，毎日の生活において求められる要求と課題に対して，効果的に対処することを可能にするもの」である。そして，とくに青少年の健康にかかわって必要なスキルとして，次の10種類のものをあげている。

1) 意志決定スキル……いくつかの選択肢の中から，最良のものを主体的に選択できる能力。健康に関する行動について，子どもが選択肢の選択とその決定によってもたらされる影響を評価し，主体的に意志決定していくことによって，好ましい健康上の結果を得ることができる。
2) 問題解決スキル……問題を発見し，その問題を解決するために必要な方法を考え，各方法の良い点と悪い点を比較考察し，最も適切だと思われる解決方法を選択し，さらに実現するための計画を立てる能力。これらによって，重要な問題を解決し，精神的ストレスや身体的緊張を起こさないようにする。
3) 創造的思考スキル……情報を組み合わせて独創的な考えを創り出すことのできる能力。どんな選択肢があるか，行動あるいは行動しないことがどんな結果をもたらすかなどを考えることによって，意志決定と問題解決を助けることになる。創造的思考によって，直接経験しないことについても考えることができ，問題がとくに存在しなくても，また意志決定

を下す必要がなくても，毎日の生活状況に対して適応的に，また柔軟に対応することができる。

4) 批判的思考スキル……情報や経験を客観的に分析する能力。批判的思考によって，価値観，仲間の圧力，メディアなどといった我々の態度や行動に影響する要因を認識し，評価することができるようになる。

5) 効果的コミュニケーションスキル……言語的に，または非言語的に自分を表現する能力。意見や要望だけではなく，欲求や恐れなどを表現できること，そして必要な時にはアドバイスや助けなどを求めることができること。

6) 対人関係スキル……好ましい方法で他者と関わり，好ましい関係を維持できる能力。これによって，精神的・社会的健康にとって重要な友人関係を築いたり，維持できる。また，社会的支援という点で重要な家族との良好な人間関係も保つことができる。さらには，人間関係を建設的な方法で解消することをも可能とする。

7) 自己認識スキル……自分自身，自分の性格，自分の長所と短所，したいことや嫌なことなどを知る能力。自己認識を育てることによって，どんな時にストレスやプレッシャーを感じやすいかを知ることができる。自己認識は，効果的なコミュニケーションや人間関係だけでなく，他者理解や他者への共感性を育てることにも有効であることが多い。

8) 共感性スキル……自分がよく知らない状況に置かれている人の生き方であっても，それを心に描くことができるような能力。共感性があれば，自分とはまったく異なる他者を理解し，受け入れることが可能となる。また，共感性を持つことによって，世話や助け，あるいは寛容さを必要とする人々にたいして，勇気づけるような行動をもとれるようになる。

9) 感情への対処スキル……自分や他者の感情を認識し，感情が行動にどのように影響するかを知り，感情に適切に対処する能力。怒りや悲しみのような強い感情は，もしこれらに適切に対処しない場合，健康にとってよくない行動をとることに影響したりする。

10) ストレスへの対処スキル……生活上のストレス源を認識し，ストレスへの影響を知り，ストレスのレベルをコントロールする能力。これに

は，例えば物理的環境やライフスタイルを変えることによってストレス源を少なくすることも含まれる。また，避けられないストレスによる緊張が健康問題に進展しないように，リラックスする方法を身に付けることも含まれる。

　このようにライフスキルを整理してみると，それが技術的・実際的に役立つ「生活のためのスキル」とは区別されるべきもので，心理社会的な能力を指すものであることがわかる。これらの能力は，ただ一つの教科のみ，あるいは学校教育のみで育成していけるといった類のものではない。また，これらの能力を育成するためには，子どもが，学習過程に必然性をもって主体的に参加できるような方法論の改善が不可欠である。
　それらのことをふまえた上で，保健において積極的にライフスキルの形成を意図して作成された授業プランを紹介し，検討することにしよう。

❷ロールプレイングを用い，ライフスキルの形成を意図した授業

　喫煙・飲酒・薬物乱用の学習において，先に示した10種類のスキルのうち，効果的コミュニケーションスキルと対人関係スキルを高めることを意図し，ロールプレイング（役割演技法）を用いた授業が行われることが多くなった。高橋浩之は，喫煙防止に関して，1時間目に「なぜ喫煙はよくないのか」，2時間目に「なぜ人々はたばこを吸うのか」というテーマの学習後，3時間目に次のようなロールプレイングを実施する中学校の保健授業プランを紹介している[2]。

〔進め方〕
1. 会話を読んで，最後にBがどのように答えたらよいかを考える。
2. 考えたことを空欄に記入する。
3. 実際に会話を演じてみる。
4. 演じたことについて考える。
5. 会話1で1～4を行った後，会話2に進む。

---

3. 保健授業の展開事例

（会話1）
A「たばこが悪い悪いというけれど，いったいどんな害があるというんだい」。
B「　　　　　　　　　　　　」

（会話2）
A「たばこを吸おうぜ」。
B「たばこは健康に悪いから」。
A「健康に悪いといったって，いい点だってあるんだぜ。たばこはおいしいし，吸えば頭がすっきりするし，話の間も持てるじゃないか」。
B「　　　　　　　　　　　　　　　　　」

（会話3）
B「たばこは健康によくないよ」。
A「健康によくないものなら，自動車の排気ガスとか工場の煙とかたばこ以外にもたくさんあるじゃないか」。
B「　　　　　　　　　　　　　　」

（会話4）
A「仲間だったらたばこを吸えよ」。
B「　　　　　　　　」

　このロールプレイングのシナリオはとてもシンプルに，たばこを吸う側と吸わない側の二人の会話で構成されている。高橋はこのロールプレイングの意図を次のように述べている。

　「このようなものを用いた意図は，それまでの2時間で学んだことを元に実際の場面でも発言できるような力を育てたいからである。実際，会話1などは第1時間目に学んだことを自分の言葉で表現するために練習するという

303

ことは、それ自体大きな意義を持っているのではないだろうか。また、会話2についても、一見たばこの利点に見えるものは、じつはたばこの強い習慣性によるものであるということや、話の間が持てるといっても間接喫煙の問題があることをすでに学習させている。しかし、この会話の流れの中でそれを持ち出すことは案外難しく、練習をしておかなければ、実際場面において喫煙者にやり込められてしまう可能性が大きいであろう」。

　これまでわが国の喫煙防止の授業では、たばこの体への害についての知識を教えることがその中心となることが多かった。たばこの害についての知識はもちろん大切であり、喫煙防止には必要不可欠であるのだが、それだけでは十分でないことも否めない。近年、子どもの喫煙行動に関する調査によって、喫煙行動は、たばこに関する知識のほかに、自分を大切に思う気持ち、たばこを勧める友人がまわりにいるかどうか、あるいはマスコミの宣伝といった心理社会的な要因が影響していることが明らかにされてきている。この授業では、それらの要因を強く意識するとともに、実際に学んだ知識を効果的なコミュニケーションスキルあるいは対人関係スキルに生かし、それらのスキルを高めようとするものである。ロールプレイングは、ある意味でシミュレーション体験であり、それを通してスキルを高めようとしているともいえる。しかし、実際にスキルを高めるためには、留意すべき点も少なくない。何に留意すればこのロールプレイングを通して、それらのスキルが高まるのか、次に考察することにする。

❸ライフスキルの形成を意図する授業の留意点
A. 教室の雰囲気づくりやウォーミング・アップ

　高橋は、実際に先のロールプレイングを用いた授業を実施して、会話2、会話3などは中学生に難しすぎたことと、ロールプレイングをする前にグループディスカッションをしたり、グループでブレインストーミングするなどして、ウォーミング・アップをするべきだったことを指摘している。普段の授業時から、グループディスカッションをして友人との意見交換をしたり、リラックスした雰囲気の中で授業が進められていたりといったことが十分で

あればよいが，そうでなければ，なかなか会話ができなかったり，いろいろな考えがでてこなかったりしてしまう。児童・生徒がリラックスして活動に取り組み，柔軟に思考することができるような雰囲気づくり，ウォーミング・アップの工夫が求められる。

B. 進め方と十分な時間

先のロールプレイングを用いた授業は，①会話を読んで考える，②考えたことを空欄に記入する，③実際に会話を演じてみる，④演じたことについて考える，といった進め方で行われる。このような過程をふむには，余裕を持った十分な時間が必要である。授業の最後の10分や20分程度ではこの過程をふむことは不可能であり，結果として意図するようなスキルを形成するまでには至らない。

さらに可能なかぎり，会話や，演じたことについて考えたことを教室内で交流する時間をとることが必要であろう。このように，進め方を教師が理解して，丁寧にロールプレイングを進めていくことが必要である。

C. 基本的な学習

ロールプレイングを進めていく上で，そのシナリオに関係する基本的な学習がなされているかが重要である。先の授業の場合は，①喫煙がもたらす短期的および長期的な影響，②喫煙に関係する要因の学習，といったものになるだろう。さらにロールプレイングによって獲得しようとする効果的コミュニケーションスキルは，自分の考えをしっかり主張できる自己主張的なコミュニケーションであろうから，それはどのようなコミュニケーションか，そして他にはどのようなコミュニケーションがあるか（表4-5）について，事前に，もしくは，ロールプレイングを通して学習していくことが必要になる。これらをふまえて行わないと意図したスキルの形成は難しい。

D. 演じて感じたことをじっくりふりかえる

Bとやや重複するが，ロールプレイングを実際に行って，感じたことをじっくりふりかえってみる時間をとることが必要である。

筆者は，高橋のこのロールプレイングを用いた授業を，大学生を相手に模擬的に行った経験がある。この時学生から出た感想には，「たばこの害については，いろいろ知っていると思っていたが，あらためて聞かれると答えら

4. 保健の授業展開

表4-5 コミュニケーションの3つのタイプ[3]

コミュニケーションのタイプ	身ぶり	言　　語
受動的コミュニケーション　屈服したり，あきらめたり，他人が自分の権利を認めてしまう。	ためらい 伏し目 貧弱な姿勢 はっきりしない話し方 自信のない声	「もしよろしければ…」 「あまり重要でないかもしれませんが…」 「そっとしていてください」 「私には，無理です」 「ええ，でも」
攻撃的コミュニケーション　相手を犠牲にしてでも自分の欲求を通そうとする。	おどしのジェスチャー 速くて，大きく，おどすような言い方 相手の話をさえぎる 威圧するような目つき	「気をつけたほうがいいぜ」 「冗談いうんじゃねーぜ」 「…しといたほうがいいぜ」 「言うとおりにしなよ」
自己主張的コミュニケーション　自分の権利を論理的，合理的に主張する一方，相手の話を聞き，権利を尊重する。おどしたり，けなすことなく，自分の要求を伝える。	よい姿勢 しっかりした落ち着いた声のレベル 視線を合わせる	「私はこう感じます」 「これはどう解決できますか」 「あなたはどう思いますか」 「わたしは…したい」

れない」,「自分はたばこの害がわかっていないことがわかった」,「簡単に断れるだろうと思っていたけれど，うまく断れなくて誘いにのってしまいそうだった」,「『仲間だったら……』と言われるとつらいものがある」などがみられた。学生は，ロールプレイングをすることによって，自己を見つめている，あるいは自己を振り返っているといってもよいだろう。シミュレーション的に体験することを通して，あいまいな自分，知識のない自分，勘違いしている自分に気づいているのである。これは，喫煙に誘われたときに断ることは，そんなに単純ではなく，また自らに関係する問題だとそのことを学ぶ必要性を気づかせるものになっている。これは，単に暗記や単純な知識理解の範疇ではなく，自ら課題を見つけ，よりよく課題を解決していくために貴重な学習をする機会になったといえる。

（参考文献）
1) World Health Organization『LIFE SKILLS EDUCATION IN SCHOOLS』
2) 高橋浩之『健康教育への招待』大修館書店，1996年
3) 日本学校保健会『新しい保健学習のモデル―中学校における課題学習，授業書方式，ライフスキル学習』日本学校保健会，2000年

（植田誠治）

5 保健の授業研究と評価

5. 保健の授業研究と評価

1 保健の授業研究

〈要約〉——授業研究のめざすものは,「よい研究」ではなく,「よい授業」を生み出すために役立つ研究である。そのためには臨床的に研究を進める必要がある。これまでに実施されてきた臨床的な授業研究の方法をいくつか紹介し,保健の授業研究の進め方について考える。

1 保健の授業研究

❶ある保健の授業研究の試み

　製作された「歯の健康教育プログラム」の効果を評価するために,中学2年生の4クラスを対象に授業研究が行われた。4クラスは授業群（3クラス）と対照群（1クラス）に分けられ,それぞれに同じ「事前調査」が実施された。その後,授業群の1クラスには「歯科保健学習」「自己口腔観察」「歯科保健指導」の3時間が,次の1クラスには「歯科保健学習」「自己口腔観察」の2時間が,最後の1クラスには「歯科保健学習」「歯科保健指導」の2時間が実施され,対照群には授業が行われなかった。授業群の授業が終了した1週間後には「事後調査1」が,1か月後には「事後調査2」が,4クラスに実施された。調査結果は数量的に記述され,統計処理によって分析され,対照群に比較して授業群が有意に高得点かどうかが検討された。そして最後に,これらの結果が考察され,このプログラムが科学的に妥当な知識・行動・態度の獲得をもたらした,と結論づけたのである。研究者は言う。「子どもたち自身が授業によってどのように変わったかということに関する情報を得ることは困難である。少なくとも事前・事後調査と対照群の設定は必要であろう[1]」と。

しかし，子どもの成長の援助を目的とした授業を研究するのに，対照群の設定が必要なのだろうか。「事前・事後調査」だけで授業を評価することについてはどう考えたらよいのだろうか。

❷授業研究における倫理性と量的研究法の限界

吉田章宏は授業研究に臨む前に，研究者の倫理性を問う。

「子どもたちは生きている人間です。そして，毎日の授業は，子どもたちにとってかけがいのない，また，取りかえすことのできない，貴重な経験であるはずなのです。『よい研究』のためだけに犠牲を強いることをどう弁解できるでしょうか[2]」と。

「授業」を研究するために，子どもから「授業」を奪う。対照群の子どもの貴重な「学び」を犠牲にした授業研究は，授業研究そのものの自殺行為となる。保護者や良識ある教師たちの批判を浴びて，保健の授業研究そのものの存在をも揺るがす危険性がある。

また，「事前・事後調査」だけで授業を評価する場合も，その適応範囲を十分考慮して実施すべきである。確かに，授業は教師がある内容の知識や判断や技能を形成するという認知的領域を中心に展開されている。しかし，それだけで「授業」が構成されているわけではない。

「ますます謎が深まっていったぞ，家に帰って調べてみよう」，「いつも静かなあの子はこんなことを考えていたのか，すごいや」，「あの子は自分の主張を論理的に話していた。間違っていたんだけど，すごい」という，子どもの認識の深まりと自立的な学びや，子ども相互の関わりも授業を構成する大切な要素である。さらにいえば，「あの子の悩みを授業で取り上げたい」，「あの子のつぶやきは何だったんだろう」，「今日の授業は失敗した。どこが悪かったのかな」，「今日の授業で，やっと保健の教師としてやっていける気がしてきた」などの，教師と子どもとの関わりの構築，教師自身のあり方や生き方の問い直しもまた，重要な授業の構成要素なのである。

「事前・事後調査」でわかることは，調査項目にもよるが，多くは教えられたことの再生・再現能力の検証である。「事前・事後調査（客観的・数量的といわれる測定）」だけでは，授業という複雑で奥深い「いとなみ」は浮

かび上がってこない。冒頭で紹介した研究者は，どうもプログラムのできばえにばかり目を奪われ，「教師」にも，「子ども」にも，「授業のいとなみ」にも，考慮が払われていなかったのかもしれない。

❸授業研究とは

　一般に，授業研究とは，授業を実施するうえでの工夫や改善のため，実際の授業について行う研究をいう。その多くは学校現場で個人および共同で行われ，さらに地域単位で共同研究や研究交流が行われている。また，全国規模の研究団体もつくられ，研究大会なども開催されている。

　ところで，授業は何よりも実践的な活動であるから，「研究」や「学」以前に具体的な活動がある。この具体的な活動が行われる中で，さまざまな工夫が積み重ねられ，改善に向けての試行が行われる。このことは個人のレベルでも行われるし，さらに一定のグループでも行われる。

　改善に向けての試行が工夫の積み重ねから生まれることもあれば，他から持ち込まれた方法や仮説について行う場合もある。歴史的にみれば，明治初期に欧米から授業方法が移入されたように，現在も欧米の授業形態や方法が移入，試行，普及されるという傾向はかなりある。また，授業方法や教材開発についての研究団体がつくられていて，そこで生まれた方法や教材が現場で試行され，その成果がフィードバックされて，さらに普及するということもある。

　一つの方法，形態，教材などが普及すると，それはやがて一つの定型となる。これを学び取って自分たちの実践に生かそうとする。これは一面では研修の性格をもつものであるが，自分なりの学び方，自分なりの実践への生かし方，さらには新しい工夫への発展という可能性を内包しているかぎり，広い意味での授業研究と呼んでよい。

　授業研究が専門分野として確立し，一定の研究成果が生まれると，それは当然現場における授業研究にも影響を与えることになる。よい面としては試行錯誤のムダを省き，研究としてのレールに乗せる役割を果たすが，わるい面では研究を概念化させ，実践でのリアリティを失わせることも起こる。

　伝統的で現在も広く行われているのは，ある教師の特定の授業を学校の教

師全員や同一学年とか同一教科に属する教師たちが参観し，授業後に検討会を開催し，共同討議を行うものである。提供される授業を「研究授業」，このような検討会を「授業研究会」と呼び習わしている。

授業研究会の成果は，各個人の教師に還元されて，その技量の向上に資し授業の改善がなされるものである。それが全体として，その学校の教育力を向上させることとなる。このような成果を学校として他に示すのが学校公開研究会である[3]。

＊

ところで，冒頭で紹介した授業研究のように，授業研究が研究的であろうとすればするほど，「実践」と「研究」とを分裂させ，実践場面で教師がもち得る生き生きとした具体的認識が失われ，平板な一般化と理論化が行われ，そのことによって「授業研究栄えて授業滅ぶ」という皮肉な現象が見受けられる[4]。「実践」と「研究」が結びついた授業研究はいかにあるべきか，それをこれまでに行われてきた臨床的な授業研究の中から紹介し，保健の授業研究をどう進めていけばよいのかに応えるのがこの項の目的である。

2 保健の授業研究の実際

「実践」と「研究」が分裂しないような授業研究の方法（授業分析）にあたっては，客観的・数量的な測定のみでなく，主観的・質的な測定も重要となってくる。ただし，この二つは決して排他的でなく補完的である。前者では教材や方法の設計や処方が重視されるのに対し，後者では教師の個別的判断・対応が重視される。森昭三は，近年，後者に属する授業研究が多くなってきて[5]おり，ここ数十年の保健の「授業分析」方法は「教育課程や教材に重点を置いた授業研究から，授業そのものに重点を置いた授業研究へ」，「実験（室）的授業研究から，臨床的授業研究」へ大きく転換した[6]という。

他方，授業研究の背景には，保健の教授学習理論（保健科の本質論，目的・目標論，内容論，カリキュラム論）などの研究があり，教授学習理論を支える基礎的研究（教師論，学習者論，保健科教育史，比較保健科教育学など）がある。臨床的研究といえる授業研究を推し進めていくことは，これら

理論的研究や基礎的研究の水準が問われることでもある[7]。

❶生活課題の克服と教師の教材への問いかけに重点を置いた授業研究

　斉藤喜博らの教授学グループの影響を受けた数見隆生を中心する『宮城保健体育研究会』が「生活課題の科学的追究」を掲げ，1973年に授業実践「鼻と健康」（小学校4年生）を公表した。後に数見が「具体的な授業を現場実践のレベルで一つ一つ積み上げながら，保健の授業像や教材づくりのあり方を下から上向的に明らかにしていこうというものであった。何を教えるのかということと，そのことによって目の前の子どもにどんな力が育っていくのか，ということを統一的にとらえながら，授業の創出を志した[8]」というように，教師自身が子どもの生活現実の中から教えるべき課題を見いだし，教材に問いかけ，子どもの既成概念を打ち砕き，揺さぶっていくような科学的認識を通してその意味を深めさせていくという授業研究の方法が取られた。

　この研究会のすぐれている点は，「分析単位」がしっかりしていたことと，「検討会」がもたれていたことにある。「分析単位」とは，①教材観や教材への願いの表明，②子どもの生活課題の把握，③指導計画・授業案の提示，④実践の記録，⑤子どもの感想文や自己評価である。「検討会」では，共同討議によって実践が省察され，再構成されながら，次の実践への下敷きとなっていった。

❷追試に支えられた「授業書」の教材づくりによる授業研究

　1979年，森昭三が「『授業書』を使っての保健授業の試み」を発表する。保健教材研究会（以下，教材研）は，板倉聖宣の仮説実験授業に学びながら「授業書」方式による教材づくりを通じて授業研究を開始する。「授業書（教案，兼教科書，兼ノート，兼読物）」という目に見える具体物は，授業へのイメージを一気に現実のものとした。教材研のメンバーによる授業書の作成は一気に進み始めたのである。1982年には「授業書による保健授業の試み」の連載が『体育科教育』紙上で始まる。

　保健の授業への「授業書」の導入は，教材の質，量を飛躍的に高めた。そ

れ以前においては，公表された授業を検討する方法がほとんどなかったからである。その理由は，①教材や授業過程がイメージしやすいこと（伝達可能性）と，②授業運営法を提示していることから容易に追試ができること（再現可能性）にあった。このことが，授業の具体的な展開形式まで想定した授業書を，教材研究を進めるうえでの「標準（スタンダード）」にし，教材の数を飛躍的に増やしたのである。

❸「授業書」方式による指導案

授業研究の第一歩は，まず「指導案」を書くことである。指導案は，教材研究の成果であり，授業のねらい・内容と展開を示した構想図あるいは設計図であり，授業を表現するためのシナリオである。指導案の書き方はとくに決まった方式があるわけではない。ここでは，友定保博らの「授業案（指導案）づくり」[9]を参考に論を進めたい。

一般に，指導案を書く目的は，授業研究などで参観してもらう人に，授業のねらいや内容を知らせるものである。あるいは，単に知らせるだけでなく，自分の授業の善し悪しを検討してもらうために，できるだけ詳しく書いた指導案もある。いずれにしても，他の人に伝えるために書く指導案である。そのため，どのような形式で書けば授業の意図がよく伝わるかが大切となる。

もう一つの目的に，自分のために書くということがある。これには，メモの類から詳細なシナリオまで，人によっていろいろである。自分のために書く場合も，よりすぐれた授業をめざして精進しようとする場合は，事後の自身での検討や，さらには他者を含めた事後の検討を意識した形式・内容がとられなければならない。

指導案づくりで大切なことは，どのような授業を構想するかということである。このことは作成者の信念（例えば，知識伝達型，触発型，追究型などどのような授業を組み立てるか）が問われることである。そして，その信念に沿ったねらいや内容，授業展開が指導案に書き込まれていくことになる。

その際に，何を教えたいのか，何を育てたいのかという，教育内容・教材観，どのような授業展開をイメージするかという授業（指導）観をあらかじ

め構想しておくことは不可欠な作業となる。もちろんそのうえに，教師の働きかけの具体的技術（教授行為）が結びついてくる。

さらに，指導案を読んだ人が，追試（追実践）可能なように書くことも授業研究としては重要である。これは，向山洋一らの法則化運動の中で，指導案は「追試可能なように記述すべきだ，そのためには①教材，②発問，③指示，④留意点が必要」と主張されるようになったことによる。この追試にも，いくつかの種類が存在する。大島哲也は追試を以下の三つに分類している[10]。

- ●追試実践……先行実践をその通りにやってみた実践
- ●修正追試……「先行実践」の「発問」「指示」などを十分に検討して，修正を加えてから行う追試
- ●構想追試……先行実践，先行研究を参考にして，主として「発問」「指示」は自分で考えて行う「追試」

保健の授業研究の分野で，追試可能な指導案の作成ということでは，板倉聖宣によって提唱された仮説実験授業に学んだ教材研の「授業書」がすぐれている。〈資料5-1〉の指導案は，中学1年生を対象にした「授業書」方式の保健学習「生命誕生280日間の感動のドラマ」からの抜粋である。

❹藤岡信勝の「ストップモーション方式」による授業研究

藤岡信勝が1988年に提唱した授業研究の進め方。授業を記録したビデオを再生・視聴するのであるが，ずーっと通して見るのではなく，時々ビデオを一時停止（ストップモーション）させて検討するのである。一時停止させて解説者が授業の背景を説明したり，教師の発問や指示の意味を解説したり，教材の特質を検討したり，授業の組み立てを分析，評価，批判したりする。また，教師が発問しようとする瞬間にストップモーションさせ，「このとき教師はどんな発問をするのか？」「子どもの反応は？」などを，参加者に問いかけ予想させるのである。また，授業の流れに身を浸す気分でビデオを見ていると，自分の経験に照らしてひとこと言いたいことが出てくる。そ

1. 保健の授業研究

資料 5-1　生命誕生『280日間の感動のドラマ』

段階	学習活動・内容	時間	発問・教師の働きかけ	予想される生徒の反応	指導上の留意点	資料・準備など
導入	1. 人の一生の「出発点」はいつからか問題-1の選択肢を手がかりとして考えをまとめ話し合う。	10分	○問題-1のプリントを配布し、人の一生の出発点について、選択肢から正しいと思うものを1つ選ばせ、その理由を手がかりとしてまとめさせる。 ア・・・母親のおなかで育ち始めて3〜4カ月たったとき イ・・・おなかで育ち始めてから3〜4カ月過ぎたとき ウ・・・「オギャー」と母体から出た瞬間として生まれてから1年後 エ・・・生まれてから1年後 ○予想分布について確認する。 ○発表が終わったところで、正解を確認させる。〔お話-1〕を配布し、正解を確かめさせる。	※「ア」の受精卵の瞬間から赤ちゃんになる卵が誕生できた時から人間の母体から多数を占めるだろう。 ●以前の学習で、人間の始まりは小さな卵からということを学んだから。 ●受精卵がおきた時からと思う。 ●受精後すぐにではなく、3〜4カ月過ぎると、心臓も動き始めるのでイが正しいと思う。 ●おなかにいっている時は、魚かニワトリか区別できない形だから、やはり出産の瞬間から。	※「ア」の受精卵の瞬間を選択する生徒が多数なので、選択されることが予測されるが、迷いや不安定感をもったため、出産時の産声のテープを聞かせる。 ・理由を発表する順序は、できるだけ少数派から行わせ、多様な考えを引き出せるよう配慮する。	赤ちゃんの産声テープ ◇〔問題-1〕プリント ◇〔お話-1〕プリント テープによる
展開	2. 受精卵の大きさについて図から選び、自分のルーペについて話し合う。	10分	○受精卵の大きさを図から想像させ、選択した理由をまとめさせる。 ○予想分布を確認し、その理由を話し合わせる。 〔問題-2〕 3cm　1cm　1mm　0.2mm ○VTRによって、成熟した卵子が卵巣から排出され、精子との出会いまでを視聴させる。	●子宮の大きさはスプーン一杯の水が入るほどの大きさがあると聞いたことがあるので、受精卵の大きさは3cm位だと思う。 ●すごく小さなものと聞いたことがあるので1mm位だと思う。 ●生まれるときは50cm位の身長3kgの体重で生まれるのに、いくらなんでも0.2mmでは小さすぎるのではないか。	・生徒には想像もできない神秘のできごとでもあるので、話し合いについてはあまり深入りしない程度で打ち切り、映像による科学的な理解に重点を置くよう配慮する。 ・〔お話-2〕は参考資料として配布し、感想文をまとめるときに活用させる。	◇VTR…卵子の成熟と排卵の瞬間、精子との出会い〔0'00"〜3'53"〕 ◇〔お話-2〕プリント

315

5．保健の授業研究と評価

段階	時間	学習活動	学習問題・予想される反応	指導上の留意点	資料
展開	15分	3．受精する精子は1つなのに、なぜたくさんの精子が排出されるのかについて、受精までにはどんな関門があるのかを理解する。	○1回の射精中に含まれる精子の数について選択肢から選ばせ、多くの精子が必要になるのか、たどり着くまでに待ち受けている難関について考えさせる。 [問題-3] ア…200～300個 イ…2千～3千個 ウ…2万～3万個 エ…2億～3億個 オ…20億～30億個 ●途中で疲れて死んでしまう精子が多いのではないか。 ●魚の卵のようにたくさん卵を付けないのではないか。 ●別の方向に迷ってしまう精子もいるのではないか。 ●一番早く、強いものが選ばれて受精するのではないか。 ●簡単に受精できないような防御があるのではないか。	・疑問、驚き、感動や生命誕生の厳粛さを大切に扱うようにする。 ・発表の少ない場合は、[お話-3]を参考資料として配布し、課題解決に活用させる。	◇VTR…精子のサバイバルレースの様相と受精の瞬間 [3'57"⇒8'52"] ◇[お話-3]プリント
展開	10分	4．胎児は、命綱のへその緒を通して母親から栄養や酸素をもらって成長すること、胎盤やへその緒のすばらしい仕組みについて理解する。	○「へその詩」のテープの働きに関心を持たせる。 [問題-4] ○へその緒の中には3本の血管があり、母親からの栄養や酸素などを胎盤から吸収し、胎児からは、不要になった二酸化炭素を胎盤の方に送ります。ところで、へその緒を流れている血液はどちらのものでしょう。 ア…お母さんの血液　　（　） イ…へその緒の中央が境界線（　） ウ…赤ちゃんの血液　　（　） エ…行きはお母さんの血液、返りは赤ちゃんの血液（　） ●お母さんの血液はへその緒の中央まで、中継地点で交換し合うのでは。 ●お母さんの血液で、栄養や酸素を運んでもらって、要らなくなったものは赤ちゃんの血が運んで行くので合うのでは。 ●お母さんの血液が止まっていると思う。母親と赤ちゃんはへそでつながっているとよく聞くし。 ●血液型が違っていては死んでしまう。母親とも血液型が交じり合っている。どこかで交じり合わない仕組みが働いているのでは。	・多様な考えを発表させ、疑問を出し合いで発展させる。 ・「お母さんの血液」の予想が多い場合は、兄弟姉妹の血液型は同じ型なのか、また、母親の血液型とはどうかについて考えさせる。 ・[お話-4]のプリントの読みとVTRの視聴によって、胎盤とへその緒の仕組みについて理解させる。	◇「へその詩」のテープ ◇[お話-4]プリント ◇VTR…胎盤とへその緒の働き [8'53"⇒11'00"]
終末	5分	5．本時の学習のまとめをする。	○排卵-射精-受精の瞬間-心臓の拍動-手足の指-へその緒や胎盤-赤ちゃん誕生までの280日間を振り返らせる。 ○本時の感想文のまとめ方について説明する。	・自分に生命を授けてくれた親への感謝の気持ちと、今後の自分の生き方や解決を感想文にまとめさせ両親にも見せて、できれば親からのメッセージを書いてもらうよう指示する。	◇280日間のVTR [11'01"⇒13'55"]

んなときは遠慮なく「ストップ」と声をかけ，質問，疑問，思いつき，批判，代案，分析等々，何でも出してもらう方式である。
　藤岡は，ストップモーション方式による授業検討会の有効性として，

> ①実証性のメリット（議論が授業の事実に即してなされる）
> ②生産性のメリット（問題を共有し定式化できる）
> ③平等参加のメリット（誰でも口出しできる）

の三つをあげ，「ベテランも初任者も解釈や意思決定が分かれるような場合，教材と授業の文脈に即して，それぞれがどのような意味と妥当性をもつのかを，あくまでも教材と授業の文脈から離れないように議論することで，教師自身の授業の力量を高められる[11]」と述べている。
　ストップモーション方式は，授業記録や授業観察よりも効果的に授業を検討できるようになった（なお，詳しい「ストップモーション方式」および「ストップモーション方式のためのビデオ撮影の方法」に関しては，藤岡信勝『ストップモーション方式による授業研究の方法』学事出版，1991年を参照のこと）。

❺教材研の「ミニ授業＋ストップモーション方式」による授業研究

　この方式は，藤岡が代表であった教科研（教育科学研究会）授業づくり部会から，教材研が学んだものであり，その特徴は「ミニ授業」＋「ストップモーション方式」にある。通常のセミナーなどでは，ナマの授業を直接見ることができない。その欠点を補い，セミナーにいわゆる模擬授業の要素を取り入れ，しかも，ストップモーションのよさも体験できる授業研究の方式である。ここでは，授業の事実（ミニ授業）を，参加者が実際に生徒役となって受けることを通して，教材の特質，授業の組み立て，発問などを批判的に検討する。もちろんその批判も，「自分だったらこう発問する」，「【発問②】と【発問③】を入れ替えた方が授業の構成がすっきりする」など，建設的な代案を提示することで，参加者だけでなく，授業者の「学び」にもつながることが大切となる。

5. 保健の授業研究と評価

●「ミニ授業＋ストップモーション方式」の具体例

教材研が主催している夏の『保健授業づくりセミナー』での「ミニストップモーション方式への招待」を例に，この方式の進め方について紹介する[12]。

a. 進め方と時間配分

【進め方と時間配分（全体3時間）】
①授業の背景の説明（10分）
②ミニ授業（60分）
・参加者を生徒役にして，ミニ授業を実施する。
③休憩（10分）
・この間に，ビデオ巻き戻し，テレビにセットする。
④まとめの作業（質問，疑問，代案等）（30分）
・先程行われたミニ授業の体験を自分の経験に照らし合わせて質問，疑問，思いつき，批判，代案，分析等々を書く。次にグループに分かれて，先ほど書いたものを，発表し合い，交流し，いくつかにまとめる。
⑤ストップモーションによる授業の検討（70分）
・ミニ授業のビデオを視聴しながら，グループ内でのまとめたものを出し合う。もちろんグループ内では取り上げられなかったことを出してもかまわない。言いたい場面では「ストップ」と声をかけてもらう。
　また，授業者自身も，この発問はどう考えたらよいのか，ここの組み立てはどうすれば展開しやすくなるのか，というような疑問があるはずである。それをビデオ場面でストップさせ，その疑問を話して，参加者に考えてもらってもよい。とくに，「導入」や「中心発問」は，授業展開を大きく左右する検討のポイント箇所となる。さらに，ミニ授業での生徒役になった参加者の発言の意味（例えば，予想とまったく違った反応だった場合など）を問題提起してもよい。

---

b.「ミニ授業＋ストップモーション方式」までに至る背景

卒業論文で，熊谷千賀，熊田裕子，柴山みどり，高橋奈穂子（宮城学院女

子大学の戸野塚厚子ゼミ）の四人が，共同で高校生を対象にした1時間の「授業書づくり」（題材名「コンドームから……」）に取り組んだ。

　卒論での仮説は「選択肢があった方が生徒たちの思考は活性化される」であった。これは，授業書の選択肢が生徒の思考を狭め，自由な発想を阻害しているのではないかという批判に対して，「選択肢があることによって，意見の対立点がはっきりし，議論が拡散せず，生徒は深く考えることができる」という主張を確かめることが最大の目的であった。その仮説を確かめる「選択肢のない場合」と「選択肢がある場合」が，「発問3」につくられている。なお，『第10回保健授業づくりセミナー』（1996年）のミニ授業では「選択肢がある場合」が実施された。

　c. 授業展開（一部抜粋）

> 「これから私が黒板に貼っていく4つのカードは，ある一つのものの昔の呼び名です。あるものとは，いったい何であるか，考えながら見ていてください」。
>
> （4つのカードを，黒板に貼っていく…「鉄かぶと」「ハート美人」「衛生マッチ」「突撃一番」）
>
> 「これから実際に，その「あるもの」を見せていきます。何かわかったところで答えてください」。
>
> （なるべく，コンドームとわからないものから順次見せていき，最後にコンドームを箱から出して提示する）
>
> 「みなさん，じつはこれは，コンドームです。これまでコンドームを見たことがありましたか。今日は，コンドームを通して性のことについて考えていきたいと思います」。
>
> 【板書】
> 「コンドームから」

5. 保健の授業研究と評価

【発問1】
　現在では，身近になったコンドームですが，日本では，1909年（明治42年）ごろから使われていました。では，一体どのような人が，何のために使うようになったと思いますか。

「まわりの人と話し合ってもよいので，1分間考えてみて下さい」。

【板書】
どのような人が何のために

（ランダムに指名する）
（予想される生徒の反応）
　　どのような人が……　　何のために……
　　　男の人　　　　　　　避妊のために
　　　お金持ちの人　　　　性病予防のために
　　　風俗業の女性　　　　避妊のため
「皆さんが言うように，コンドームには，避妊と性病予防の2つの働きがありますが，日本では，はじめ性病予防のために使われていました」。
「では，今から配るプリントを見て下さい」。

【お話1】
　コンドームは，1909年（明治42年）ごろ，男の人が，現在でいうソープランドやヘルスのような風俗街で，お金で買った女の人と性交をする際に，性病予防のために使用していました。
　この写真を見てください。（写真掲示……＊写真省略）これは「梅毒」という性病にかかった人の写真です。梅毒は性器と性器が直接触れ合うことによってうつる性病なので，コンドームをつけて，性器にバリアをはることで防ぐことが出来ます。

> 当時の日本では，政府が認めた，体を売ることを仕事としていた女性がいて，不特定多数の人と性交をする人が多かったために，梅毒が蔓延し，命を落とす人もいました。そのような危険から，男性が自分の身を守るためにコンドームを使いはじめました。
>
> はじめは，そのように性病予防のために使用されていたコンドームでしたが，徐々に避妊のための手段として注目されるようになります。というのも，当時は人工妊娠中絶が禁止されていたために，望まない妊娠をしてしまった女性は，設備や器具のととのわない悪条件のもと，危険な方法により闇で子どもをおろしていたりしていました。その結果，子どもを産めないからだになってしまったり，命を落としたりと，心身ともに傷を負い不幸な経験をする人が多かったのです。

> 【発問2】
> このような経験を追って，コンドームは，避妊具として庶民に広まったのですが，1940年代に，国によって使用を禁止されました。それはなぜでしょうか。

「まわりの人と話し合ってもよいので，1分間考えてみて下さい」。

> 【板書】
> コンドームが禁止された理由

(最初に挙手させて，その後列指名する)
(予想される生徒の反応)
・第二次世界大戦中に，将来戦力となる子どもを増やすため
・第二次世界大戦後に，人口が減少していたため，将来を担う子どもを増やすため

321

・コンドームの原料が不足したため
・コンドームの有害性が発覚したため
　「今，このようにいろいろあげてもらったのですが，コンドームの使用が国によって一切禁止された原因は，第二次世界大戦でした。では，なぜ戦争中にコンドームの使用が禁止されたのでしょうか」。
（出生率のグラフを黒板に貼る…＊グラフ省略）

【お話2】
　このグラフを見てください。これは日本における1940年以降の出生率を示したものです。出生率とは人口1000人あたりの年間の出生数を表したものをいいます。1941年から1947年にかけて，出生率はこのように増加しました。1941年というと昭和16年，第二次世界大戦が始まった年ですが，この年政府は「人口増強政策」をうちだしました。「人口増強政策」とは「産めよ増やせよ」と，将来戦力となる子どもをたくさん女性に生ませた政策です。とくに男の子の出産は名誉とされ，また10人以上の子どもを生むと表彰されました。軍人として戦地に出向いた男性も，子どもをつくるために10日間の休暇を与えられました。このような中で，中絶はもちろんのこと避妊も禁止され，コンドームの使用も禁止されました。

「これが当時の子だくさんの写真と表彰状です。皆さんの家族と比べるとかなり子どもが多いことがわかると思います」。
（当時の子だくさんの写真と賞状を見せる…＊写真省略）

【発問3】
　中絶が禁止され，コンドームの使用も禁止されていたはずの時代に，「一部の人」だけは，コンドームの使用を許可されていました。それでは，その「一部の人」とはいったい誰のことだったのでしょうか。

「まわりの人と話し合ってもよいので，1分間考えてください」。

1. 保健の授業研究

> 【板書】
> 　コンドームの使用を許可された人とは……

●「選択肢がない場合」……＊今回実施せず
（最初に挙手させて，その後列指名する）
（予想される生徒の反応）
・軍人……戦地での慰安婦との性交の際に性病予防のため，軍人はいつ死ぬかわからないのでその子どもがかわいそうだから
・体の不自由な人……戦争中なので障害をもった人を増やさないため，差別される人を増やさないため
・年老いた夫婦……体力がないから，高齢出産は危険だから

●「選択肢がある場合」
　a. 軍人
　b. 遺伝子に障害をもつ男女
　c. 45歳以上の男女
（多数決をとり少数派から理由を聞く）
「今，いろいろ挙げてもらったのですが，コンドームの使用が許可されていた「一部の人」とは軍人でした」。

> 【お話3】
> 　早婚が望まれ，「産めよ増やせよ」と多産が奨励されていた時代，国は軍人だけコンドームの使用を許可していたのです。戦時中，軍人となった男性の性欲を処理することだけを仕事とさせられた女性がいました。彼女たちは，結婚することも，妊娠することも許されず，いわゆる「産まない女」として扱われていました。軍隊では性病が流行り，兵力に支障が起きると困るということで，彼女たちと性交をする際，性病予防としてコンドームを使用させたのです。
>
> ＊は筆者記入

d.「ストップモーション方式」での検討

ビデオを視聴しながらの検討が行われた。紙面の関係で多くは割愛するが,「導入」,「発問3」に関わって検討された感想,疑問,質問,代案などの一部を紹介する。

○「導入」……①「導入」が面白い,引きつける,②時間を取りすぎではなかったか。私だったら直ぐにコンドームを見せる,などが出された。
○「発問3」……①「発問3」で,選択肢がない方が自由に考えることができる,②そもそも選択肢が対立を生むような選択肢だったのか,③「遺伝子に障害をもつ男女」の表現はまずいのでないか,などが出された。

❻近藤真庸の「シナリオ形式」による授業研究

指導案より詳細に,授業展開に沿って教師の発言,子どもの反応や活動の流れを劇の脚本のように書いて授業を研究するやり方もある。1990年前後から,近藤真庸は「シナリオ」と「演出ノート」による保健の授業づくり研究の試みを提案している。シナリオ形式の主眼は,実践仮説としての授業プランの追試実践を重ねることによって,再現可能性の高い授業プランへとバージョンアップを図っていくことにある。そして,保健授業プランのスタンダードナンバーを創造する研究活動である。

近藤によると「まず私（近藤）が提示した授業プラン（原案）をもとに授業者と討議し,それをふまえて私が"シナリオ（仮想授業記録）"化したものを授業者が"演ずる"という形で進められてきた。そして,一つの実験授業が終わるたびに授業検討会をもち,ビデオを再生しながら,分析・批評をくわえるということをしてきた。このときの議論の一部始終はテープに録音しておき,私が書く"演出ノート"の素材として活用された[13]」という（研究的実践と実践的研究の理論化の試みは,『保健授業づくり実践論』大修館書店,1997年,および『〈シナリオ〉形式による保健の授業』大修館書店,2000年にまとめられている）。

1. 保健の授業研究

❼稲垣忠彦の「カンファレンス」による授業研究

　稲垣忠彦は，医師が病院での臨床の事例に基づき，プロフェッションとしての医師の力量を高めていくように，教育実践においても，事例に即してさまざまな立場の人が検討を行い，専門家としての力量を形成していく授業のカンファレンスを主張している。

　具体的な方法としては，①ビデオを利用し，映像によって実践を対象化するとともに，授業の中で見落としていた子どもの表現をとらえ，子どもへの理解を深めること，②学校や研究会において，お互いにビデオを見合い，それぞれの授業における判断や見解を交換し，それを通して相互に授業を見る目を広げ，鍛えること，③さらに同じ教材で複数の教師が授業を行い，その比較を通して，それぞれの授業の特質や問題を検討することを提案している[14]。

③ 保健の授業研究の課題と今後の展望

　以上，授業そのものに重点を置いた臨床的な授業研究の方法をいくつか紹介した。これらからいえることは，保健の授業研究がめざす授業づくりの方向には，二つの道があるということである。その一つは「教材や教育方法の開発」に力点が置かれる道である。「授業書」方式「シナリオ形式」はそれにあたると考えられる。もう一つは「教師の力量の開発」に力点が置かれる道である。「ストップモーション方式」「ミニ授業＋ストップモーション方式」「カンファレンス」はそれにあたるであろう。

　そして，これらに共通な授業研究の考え方は，でき得るかぎり①再現・追試可能性を高くしようとしていることであり，②批判的で建設的な意見や代案等を提示できる場を保障していこうとしていることにある。

＊

　ところで，佐藤学は，従来の「技術的実践の授業分析」に対して「反省的実践の授業研究」の仕方がこれからの授業研究の方向であるとして述べ，次の5点をあげる[15]。

325

5. 保健の授業研究と評価

> ①文脈を超えた普遍的な認識を求める代わりに，文脈に繊細な個別的認識を求める
> ②多くの授業による追試の代わりに，特定の一つの授業を対象にする
> ③教授学・心理学・行動科学の代わりに，人文社会科学と実践的認識論を使う
> ④数量的研究を使って一般化を求める代わりに，質的研究を使って個性を記述する
> ⑤原因と結果を解明する代わりに，経験の意味と関係を解明する

　授業はあまりにも個別的な要素が多い。子どもの個性，教師の個性，教師の信念・授業観，多くの教授理論，教材研究，時代的なもの，地域的なものであり，おそらくそれらどれ一つとってもこの世に二つとない存在として授業は成立している。

　しかし，これを何とか研究の対象にしようとして保健の授業研究も行われてきた。そこでは，個別的なものは一応カッコでくくって背後に追いやって，その中に共通した典型的な原理・原則を見つけだそうとする努力が行われてきたと考えられる。保健の「授業書」方式はまさにその点で画期的な成果をもたらした。しかし，授業の核心に迫ろうとするのであれば，徹底的に「個別的なもの」を突き詰めていくのも一つの道かもしれない。逆に，徹底的に「典型的なもの」にこだわることも一つの道である。

　保健の授業研究は今，分岐点に立っているのかもしれない。ただし，どちらの道に進むにしても，きわめて臨床的にである。

(引用・参考文献)
1) 渡邊正樹「保健の授業研究を試みる」『体育科教育』1994年11月
2) 吉田章宏『授業を研究するまえに』明治図書，1977年
3) 横須賀薫『授業研究用語辞典』教育出版，1990年を参考にした。
4) 佐伯胖他『学校の再生を目指して2』東京大学出版会，1992年
5) 森昭三「保健授業研究の課題と展望」『学校保健研究』第34巻，第5号，1992年
6) 森昭三「これからの保健授業研究方法論」『体育科教育』1990年8月

7) 前掲 5)
8) 数見隆生「保健授業のこれまでとこれから」『体育科教育』1991 年 8 月
9) 友定保博他「授業案づくり」『第 10 回保健授業づくりセミナー』1996 年
10) 大島哲也「追試を研究授業にかける」, 向山洋一『研究授業のやり方見方』明治図書, 1998 年
11) 藤岡信勝『ストップモーション方式による授業研究の方法』学事出版, 1991 年
12) 岡崎勝博他「ミニストップモーション方式への招待」, 前掲 9)
13) 近藤真庸他「保健授業づくり研究への挑戦」『体育科教育』1991 年 8 月
14) 稲垣忠彦「授業のカンファレンスの試み」『授業研究の歩み』評論社, 1995 年
15) 稲垣忠彦・佐藤学『授業研究入門』岩波書店, 1996 年

(小浜　明)

5. 保健の授業研究と評価

② 保健の評価

〈要約〉——評価は子どもの学習と成長を支えていくものである。保健の評価観点は，健康・安全に関する「関心・意欲・態度」「思考・判断」「知識・理解」である。これらを多様な方法を用い，評価していくことが求められる。

❏ はじめに

　保健の授業において学習の主体となるのは子どもである。子どもが意欲的に学べるように，また効果的に学べるように，授業を取り巻くさまざまな条件が整備される必要がある。評価もその一つである。評価の重要性は誰も否定するものではないが，これまで保健の授業では，どちらかというと目標や教材の検討などに比べ，評価についての検討が十分になされてきたとはいいがたい。また，学力や能力を点数化したり序列化することのみが評価として注目されたり，保健のテストが教科書を暗記すれば解けてしまうようなものに限られていたといったことも否定できない。しかしながら，評価は本来，子どもの学習と成長を支えていくものであり，子どもの潜在的な可能性を引き出し育てる重要な教育的機能をもつものである。ここでは，保健授業づくりにおいて，評価活動のもつこのような教育的機能が発揮されるに必要な評価の基本的な考え方を整理するとともに，評価の具体的方法について述べていくことにする。

2. 保健の評価

1 保健授業の評価における3つの局面

保健授業の評価活動は，次のような3つの局面で行うことが中心となる。

①子どもが現実にどのような発達の様子を示し，どのような保健に関する能力や関心をもっているかをみてとるとともに，子どもの示す態度や発言，行動について，どの点はそのままにして伸ばしてやればよいか，どの点はとくに指導すべきであるかを判断し，授業の計画を立てる局面。

②保健授業の中で，子どもがどのように変容しつつあるかをみてとり，次なる課題を提示したり，指導のあり方を考える局面。

③保健の授業がどの程度成功であったか，授業のねらいをどの程度達成できたかを，子どもからみてとる局面。

①の局面での評価は，一般的に「診断的評価」あるいは「事前評価」と呼ばれる。ここでの主たる目的は，学習者である子どもの特性の把握である。子どもの既習事項，興味，関心，能力，それまでに経験している学習形態の把握などが中心となる。

②の局面での評価は，一般的に「形成的評価」あるいは「過程評価」と呼ばれる。ここでは，その授業が最も効果的なものとなるように，授業自体の修正をするための評価が行われる。学習活動がねらいとかみ合っているかの把握，子どもが主体的に学習活動を行っているかの把握，次の学習段階へ進むべきか否かの決定，次の段階に関するレディネスの把握，数時間ごとの学習到達状況の把握と補充指導，次の段階の学習方法の改善などである。

③の局面での評価は，一般的に「総括的評価」あるいは「結果評価」と呼ばれる。授業が一段落した時点で，その授業の成果を把握するための評価である。学期末試験や学年末試験，レポートなどの結果に基づいて通知表や指導要録に記入される成績などがこれにあたる。このような授業の3局面と評価の関係を示すと図のようになる（図5-1）。

5. 保健の授業研究と評価

```
授業の計画をたてる → 授業を実施する → 授業の成果を評価する
     ⇑                    ⇑                    ⇑
 診断的評価・事前評価    形成的評価・過程評価    総括的評価・結果評価
```

図 5-1　授業の 3 つの局面と評価

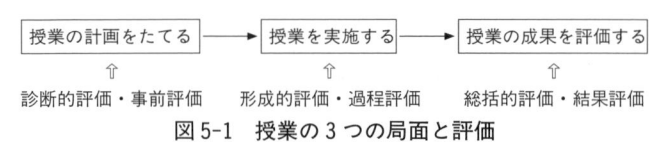

2 保健の評価観点

　文部科学省は，教育課程審議会答申「児童生徒の学習と教育課程の実施状況の評価の在り方について」を受け，2001 年に，前回改訂の学習指導要領の下での指導要録のあり方をまとめている。そこでは各教科の学習の記録について，知識や技能のみならず，自ら学ぶ意欲や思考力・判断力・表現力などの資質や能力などまでを含めた学力を適切に評価するため，1991 年に示されたものと同様に，「関心・意欲・態度」「思考・判断」「技能・表現」「知識・理解」の四つの観点を基本として示した。保健については，小学校体育科あるいは中学校保健体育科では，健康・安全に関する「関心・意欲・態度」「思考・判断」「知識・理解」の三つの観点が示されている。例えば，救急処置の内容を取り扱う単元などでは，現実的には「技能」といった観点をも目標として授業が展開されることがあるが，指導要録では，いろいろな学習内容に共通する最大公約数として「関心・意欲・態度」「思考・判断」「知識・理解」の観点が示されているととらえることができる。

　さらに，現行指導要録では，各教科の評定について，それぞれの評価観点ごとに目標に準拠した評価（いわゆる絶対評価）を行うように改められたことにも注目せねばならないだろう。評定は，小学校においては 3 段階で，中学校・高等学校においては 5 段階で表すことになっている。例えば中学校では，学習指導要領に示す目標に照らしながら，評価観点ごとに「十分に満足できると判断されるもののうち，とくに高い程度のもの」を 5，「十分満足できると判断されるもの」を 4，「おおむね満足できると判断されるもの」を 3，「努力を要すると判断されるもの」を 2，「一層努力を要すると判断されるもの」を 1 とすることになっている。

3 評価の方法

先に授業の3つの局面と評価について示したが，これら3つの局面で用いることのできる評価方法には次のようなものがある。

①教師作成のテスト
　これは最も一般化された評価方法である。個々の教師が自由に問題をつくり，得点の解釈をするものである。教師が子どもについて，自分の関心や目標との関連で把握したい内容についての問題を作成することができる。ペーパーテストの形をとることが一般的である。
②質問紙（自己評価票を含む）
　専門家あるいは教師によって作成された種々の質問紙を用いる方法である。設問に対して解答を記述するという点においては教師作成テストと同じであるが，子どもが自らの実情を反省したり診断したりして答える－したがって，回答に正解や誤答の区別がないという点で異なる。
③面接による方法（問答法）
　教師と子どもが対面し，問答によってさまざまな側面についての実情把握を行ったり，テストしたりする方法。
④観察記録による方法
　子どもがさまざまな活動に取り組んでいる際に示す態度や発言などを観察し，教師があらかじめ用意したチェック項目や規準に照らし合わせて評価する方法。
⑤レポート・作文などによる方法
　何らかの課題を与えてレポートや作文を書かせ，教師があらかじめ準備した規準に照らし合わせて評価する方法。
⑥製作物や実演による方法
　製作された作品を提出させたり，あるいは実際に演じさせて，教師があらかじめ準備した規準に照らし合わせて評価する方法。

5. 保健の授業研究と評価

　これらの評価方法は，それぞれに特徴があり，どれがすぐれていてどれが劣っているといった類のものではない。どのような目的で，どのような場面にその方法が用いられるかによってその優劣が決まってくる。梶田[1]を参考に，表5-1には授業の3局面の評価と評価方法との関係を，表5-2には評価観点と評価方法との関係を，表5-3には各評価方法の特徴を，表5-4には各評価方法の特徴にみられる短所の是正法の例を示した。

表5-1　授業の3局面における評価と評価方法

	診断的評価・事前評価	形成的評価・過程評価	総括的評価・結果評価
教師作成のテスト	○	○	○
質問紙法	○	○	○
面接（問答法）	○	○	○
観察記録法		○	
レポート・作文	○		○
製作物・実演		(○)	○

○印は，その局面における評価で使用可能なことを示す。

表5-2　評価観点と評価方法

	関心・意欲	態度	思考・判断	知識・理解	技能
教師作成のテスト		○	○	◎	
質問紙法	◎	○			
面接（問答法）	◎	○	◎	◎	
観察記録法	◎	○	○	○	◎
レポート・作文	○	○	◎	○	
製作物・実演	◎	○	○	○	

◎印はその評価観点にふさわしい評価方法を，○印は評価可能な評価方法を表している。

表5-3　各評価方法の特徴

	実態把握の深さ	評価の客観性
教師作成のテスト	×	○
質問紙法		○
面接（問答法）	○	
観察記録法	○	×
レポート・作文	○	×
製作物・実演	○	×

○印はその点に関して優れていることを，×印は劣っていることを示している。

表5-4　各評価方法の短所の是正法

	短所是正の方向	具体的方法例
教師作成のテスト	深い把握	・正答，誤答パターンから実態を構造的に把握できるよう質問構成の構造化を工夫する。 ・文節化した論文体テストなどを加味する。
質問紙法	（深い把握）	・解答パターンから実態を構造的に把握できるように質問構成の構造化を工夫する。 ・内容分析の枠組みを準備し，自由記述をさせる。
面接（問答法）	（客観性）	・問題の配列法，正答誤答の規準をはっきりさせておく。
観察記録法	客観性	・観察の要点と評価の規準を明確にする。
レポート・作文	客観性	・評価の観点と規準を明確にしておく。
製作物・実演	客観性	・評価の観点と規準を明確にしておく。

④ 教師作成のテスト ──「知識・理解」「思考・判断」の評価──

　教師が自分で問題を作成して行うテスト法は，授業の診断的評価としても，形成的評価としても，総括的評価としても用いることができる。中でも，総括的評価においては，筆記テストとしてこの方法が用いられることがとても多い。筆記テストの形式をまとめると図5-2のようになる。保健における再認形式や記述形式の客観的テストでは，テストの客観性，公平性が高い一方で，例えば教科書の内容を暗記していればよい点数がとれてしまうというように，テストによって把握できることが深くならないことも多い。一方，記述形式の論文体テストについては，それをどのように行えばよいかが不明確であることも否めない。ここでは，辰野[2]を参考にして，今一度保健

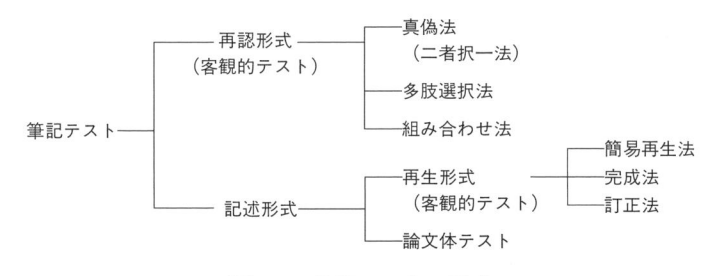

図5-2　筆記テストの形式

のテストにおける客観テストの作成方法をまとめるとともに，客観テストの短所を補う具体的方法でもある論文体テストを行ううえでの留意点についてまとめることとする。

❶再認形式客観テスト

1) 真偽法（二者択一法）

正しければ○，間違えていれば×をつけさせる形式。いわゆる○×式。

（例）　喫煙者が吐き出す煙を副流煙という。（真か偽か）

2) 多肢選択法

多くの答えの中から正答を一つ選ばせる形式。選択肢を多くすれば，あて推量を防ぐことができる。

（例）　雇い主が職場の安全や衛生を確保したり，健康診断を実施したりして，働く人の健康を守らねばならないことを定めた法律は何か。
　　　　ア．労働基準法　　イ．労働組合法　　ウ．労働安全衛生法

3) 組み合わせ法

一定の関係をもつものを結びつけさせる形式。

（例）　次の語句とその説明を結びつけよ。

乳児死亡率	・いま生まれたばかりの赤ちゃんがあと何年生きることができるかという予測値。
平均寿命	
平均余命	・ある集団の健康状態をはかるものさし。
健康水準	・ある年に生まれた1000人の赤ちゃんのうち，生後1年たたずに死亡した数のこと。

❷再生形式客観テスト

1) 簡易再生法

記憶内容の簡単な再生を求める形式。

（例）　未成年者の飲酒を禁止している法律は何か。

2) 完成法

空欄を埋める形式。

(例)　エイズは，HIV という（①　　　　）が原因でおこる（②　　　）症である。

3) 訂正法

誤りを訂正させる形式。

(例)　次の文の誤ったところを正せ。
全身を使う持久的運動を総称して，無酸素運動という。

　客観的テストの長所は，1)採点が容易なこと，2)採点が客観的になされること，3)出題が広範囲にわたりうること，4)字の上手下手などが採点に影響せず，公正に行われること，5)正誤が明らかであること，などがあげられる。一方短所としては，1)分析能力や総合能力といった深い認知をみることができない，2)暗記のみで答えることができてしまったりする，3)問題作成が困難である，4)当てずっぽうで答える態度をつくりやすい，などがあげられる。

❸論文体テスト

　論文体テストは，「～について述べよ」，「～について論ぜよ」といった発問形式をとり，子どもが文章で答える試験である。論文体テストには，1)分析，比較，評価，総合といった総合的な認知機能を評価できること，2)出題が比較的容易であること，3)子どもの個性を診断することにも役立つ，といった長所がある。その一方で，1)採点が主観的になりやすいこと，2)何をテストしようとしているのか対象が明確でないこと，3)出題の範囲が狭いこと，などの短所があげられる。では，これらの短所を克服するためにはどんな工夫をしていけばよいのだろうか。

A. 出題の意図の明確化

　まず，気をつけたいのは，質問の意味をはっきりさせること，あるいは字数制限を設けることによって，どれくらい詳しく書けばよいかを明確にすることである。辰野は，論文体テストでよく用いられる質問とその意味を表5-5のようにまとめている。これは保健における論文体テストにおいてもそ

表5-5 論文体テストにおける質問とその意味

質問	意味（何を要求するか）
「分析せよ」	重要な特徴を示すように批判的に吟味する。
「比較せよ」	二つあるいはそれ以上の事柄の間の類似点，差異点を示す。
「対照せよ」	二つ以上の事柄の違いを示す。
「定義せよ」	はっきりとした，しかも正確な意味を与える。
「詳述せよ」	あるテーマあるいは考え方を一層詳細に述べる。
「評価せよ」	積極的な面と消極的な面の両方を示しながら，注意深く価値判断する。
「説明せよ」	ある問題あるいは理論の細かい点を明らかにし，解釈する。
「例証せよ」	例などをあげて説明したり，明らかにしたりする。
「証明せよ」	ある事柄が事実であること，あるいは論理的に正しいことを明らかにする。
「分類せよ」	ばらばらのものをある基準に基づいていくつかの種類に分けて，系統だてる。
「概括せよ」	内容をおおざっぱにまとめる。
「要約せよ」	話や文章の主な点を短くまとめて表す。

のまま応用することができる。

また，これにブルームの教育目標の分類学の認知領域のレベルに応じた質問例を加えたものが表5-6である。表にある知識・理解・応用の質問では一つの答えが求められる。一方，分析・総合・評価では一つではなく，できるだけ多くの答えが求められる。知識・理解・応用に比べて，分析・総合・評価は高いレベルの認知である。論文体テストでは，質問によって，このような高いレベルの認知を問うことも可能になるといえる。さらに，指導要録の評価観点との関係でとらえるならば，分析・総合・評価は「思考・判断」の評価観点をとらえるものであり，分析・総合・評価のレベルの質問を論文体テストで問うことによって，子どもの「思考・判断」を評価していくことも可能になるように思われる。

B. 解答時間の確保

論文体テストでは，時間の圧迫から力を出せない場合もあるので，子どもに解答する十分な時間を与えることが必要である。

C. 採点の配慮

論文体テストの採点の際には，採点者の主観が入りやすい。その理由に

表5-6　質問の認知レベル

分類	認知的機能の型	質問の例
知識（記憶していること）	学習したとおりの情報を単に再生したり，再認したりする。	〜について定義せよ。 〜とは何か。
理解（理解していること）	教材について理解する。単なる再生ではなく，再体制化あるいは説明する。	自分の言葉で説明せよ。 比較せよ。 〜はどのような時に起こるか。
応用（解決すること）	問題解決のために知識を用いる。ただ一つの正答が期待される。	〜においてどのように原理が応用されているか。 次の〜を解決するため，〜の法則を応用せよ。
分析（分析すること）	批判的に考える。理由，動機をみわける。いくつかの知識に基づいて推論する。証拠によって支持されるかどうかをみるため結論を分析する。	どんな要因が〜の行動に影響したか。 〜はなぜ選ばれたか。 次のうち，どれが事実で，どれが意見であるか。
総合（創造すること）	独創的思考をし，独創的な計画，デザイン，物語などを作り出す。正答はただ一つではない。	〜の計画をたててみよう。 どうすれば，〜を減らすことができるか。 〜を改善するための方策を提言しよう。
評価（判断する）	アイデアの利点を判断し，意見を出し，結果あるいはアイデアを一定の基準により評価する。	どの方法が最も優れているか。 生徒は〜行動について，選択の自由を与えられるべきか。 あなたは，なぜ〜を支持するのか。

は，1)教師の原因帰属，2)教師の期待，3)筆跡，などをあげることができる。教師が，子どもの成功・失敗の原因が子どもの能力にあると考えるか，それとも子どもの努力にあると考えるかで（教師の原因帰属）成績が変わる。一般に，教師は能力よりも努力を重視し，子どもの失敗が能力の不足よりも努力の不足によると考えるときに，より低い成績をつける傾向があるといわれる。また，教師の成績のつけ方は，その子どもの能力についての教師の期待によっても影響を受ける。教師が高い期待をいだく子どもの答案には高い点数を与え，低い期待をいだく子どもには低い点数を与える傾向があるといわれている。さらに，同じ答案でも誤字，脱字もなくきちんと書く子どもは，そうでない者より高い点数を与えられる傾向がある。とくに，教師自身がきちんとした書き手であるときには，きちんと書かれていない答案は不利になるといわれている。論文体テストの採点では，まず前もってこのよう

表 5-7　論文体テストの質の採点に対する点数指針（ブリンドレイ）

アイデアや知識の質	点数
教科書，講義，実験などからはおこらない独特の独創的で正しいアイデア	+4
成績のよい児童・生徒だけが示す方法で知識を表し，あるいは結びつける正しいアイデア	+3
授業で期待される知識による正しいアイデア	+2
判断することは難しいが，児童・生徒に有利に解釈されるアイデア	+1
得点にならない，誤った，あるいは繰り返しのアイデア	0
判断することは難しいが，児童・生徒に有利に解釈されないアイデア	−1
比較的小さい思い違いによる誤ったアイデア	−2
大きな思い違いによる誤ったアイデア	−3
非常に大きな，ばかげた思い違いによる誤ったアイデア	−4

なことが起こり得るということをふまえる必要があるが，さらに次のような具体的方策をとることも大事である。

(1) 模範解答の作成

　論文体テストを作成した時に，模範解答を作成する。また，論文の中に何が含まれていればよいか，答えとして求めるものを決めておいたりする。

(2) 採点基準の作成（表5-7参照）

　論文体テストでは，書かれたアイデアや認知の質を採点することになるが，採点基準を設けることによってより客観的になる。表5-7は，論文体テストの質を採点する指針であるが，例えばこれによって採点をし，答案にその点数を記入し子どもに返すことで，子どももどこがよくて，どこがよくないかをさらに学ぶこともできる。

(3) 一問ごとの採点

　論文体テストが複数の質問から構成されている時は，一つの問いについてすべての子どもの答えを採点してから，次の質問の採点に進み，一つの問いの答えのよしあしが他に影響しないようにする。

(4) 子どもの氏名を見ないでの採点

　採点の時，子どもの氏名を見ない，あるいはテストの際，答案の裏側に氏

名を書かせておく。

5 保健における「関心・意欲・態度」の評価

　評価の観点の一つである「関心・意欲・態度」については，とくに1991年の指導要録の改訂時より各評価観点を必ず評定していくこととなり，この観点をどう評価していくかが，教科を問わず関心事となった。ここでは，参考となる二つの考え方に基づいて，保健における「関心・意欲・態度」を考えることにする。クラスウォールらは，「関心・意欲・態度」といった情意領域の段階を，①受け入れ（注意すること），②反応，③価値づけ，④組織化，⑤個性化の実現に分類して示した[3]。辰野[2]は，この考えを応用したウールフォルクらの評価観点をまとめているが，それに保健の例を加えてみると表5-8のように考えることができる。さらに辰野[2]は，「関心・意欲・態度」は，それぞれの教科において学習の対象に心を向け，自ら進んで学習しようとする気持ち，積極的に学習し，それを実践し応用する心構えをもつかどうかを問題にすることになるとし，表5-9のように，「関心・意欲・態度」を評価する際の15項目を示している。

　この表の〜の部分に単元の目指す内容・項目を具体的に挿入していくと，その内容の学習に対する「関心・意欲・態度」を評価することができる。またその結果を単元ごと，学期ごとあるいは学年ごとにまとめることによって総括的評価・結果評価に応用することもできる。評価する場合には，各項目について2件法で判断するか，3件法で判断するかを決める。例えば，「〜に気付く」か「〜に気付かない」かは2件法であり，「〜によく気付く」「〜にときどき気付く」「〜にほとんど気付かない」は3件法ということになる。前者では，「〜に気付く」を1点，「〜に気付かない」は0点とする。後者では「〜によく気付く」を2点，「〜にときどき気付く」を1点，「〜にほとんど気付かない」を0点とする。そして，教師の判断もしくは子どもの自己評価によって点数化していくのである。

5. 保健の授業研究と評価

表 5-8　関心・意欲・態度の評価の観点と保健での例

クラスウォールらの分類	意味	観点	例
1. 受け入れ（注意すること）	ある現象に注意すること。気づくこと。	～に気づく。注意する。疑問をもつ。好奇心をもつ。	健康を保持増進するには，適度な運動が必要なことに気づく。適度な運動とはどんな運動かに疑問を持つ。
2. 反応	その現象に気づくだけでなく，能動的に何かをすること。	～について調べる。読む。質問する。	適度な運動とはどんな運動かについて，質問したり，自分で調べたりする。
3. 価値づけ	その現象に対し一貫した態度で反応し，その現象に対して価値を見つけだすこと。	～に対して価値を見つけだす。意義を認める。好意をもつ。楽しんでやる。	適度な運動について，その量や質から考えてできることがわかり，自分で試してみるとともに，継続して実施してみる。またそれによって適度な運動が健康に貢献することを感じとる。
4. 組織化	自分の抱いている価値観を体系化し，価値の間の関連に注目し，優先順位をつけること。	価値の特徴を見いだす。いつも同じように価値を認める。いつも，どんな場面も同じように意義を認める。	適度な運動を継続的に実施するとともに，そのことが自分の健康や生活にどんな変化をもたらし，貢献しているかを見つめなおしたり，評価したりする。
5. 個性化の実現	いろいろな場面でとる行動に対して影響を与える一つの体系あるいは哲学へと体系化すること。新しい価値と一致して，一貫した行為をすること。	いつも同じやり方をする。一貫した行動をとる。一定のやり方を身につける。	適度な運動の効用について自覚し，継続的に実施するとともに，他の人にそのことを説明したりする。

⑥ 保健授業改善のための評価——保健授業の教授-学習過程の評価——

　さて文部科学省が，1991年より，保健の評価観点を健康・安全に関する「関心・意欲・態度」「思考・判断」「知識・理解」としたことを先に述べた。その際，このような評価観点を達成するための学習過程について，「子どもが課題に気づき（あるいは発見し），結果を予想し，解決の方法を考え，自

ら解決していく主体的な学習と話し合い，実験，実習，調査など多様な学習形態を工夫すること」を明記している。授業の評価には，教師がその評価に基づいて自分の実践を振り返り，反省し，よりよいものに改善する手がかりを得るといった側面もある。そのためには，子どもが「関心・意欲・態度」「思考・判断」「知識・理解」を十分に得られるものであったか，あるいは子どもが主体的に，また仲間と話し合い，協力的に学習を進めたかといったことを評価していくことが必要になる。

表5-9 「関心・意欲・態度」の評価の観点

1. ～に気づく。
2. ～に疑問をもつ。
3. ～に好奇心をもつ。
4. ～に注意する。
5. ～について観察する。
6. ～について質問する。
7. ～について調べる。
8. ～に好意をもつ。
9. ～の価値を認める。
10. ～を楽しんでやる。
11. ～を自分から進んでする。
12. ～について目標を高くもつ。
13. ～を我慢してでもやる。
14. ～を最後までやる。
15. ～を実践し，応用する。

植田[4]は，いま保健の授業に求められている評価観点や学習過程を評価できるように16項目からなる保健授業の教授―学習過程評価票を開発している（表5-10）。1～4は，仲間と協力的な学習を進めることができたかどうかを問うものである。5～8は，学んだことが価値のあるものであったかどうかという認識と知識・理解を問うものである。9～12は，興味・関心・意欲を持って学習することができたかを問うものである。13～16は，主体的に学習を進めることができたかどうかを問うものである。

この評価票は，保健授業を行った教師が，自己の授業を分析・評価することを主に意図して開発されている。教師が自分の授業終了後に，児童・生徒に調査を行い，「はい」を3点，「どちらでもない」を2点，「いいえ」を1点として点数化し，1～4，5～8，9～12，13～16の四つの観点の項目の平均点と16項目の総合得点の平均点を算出し，それを教師自身が授業を実施する前に立てた目標や学習計画と照らし合わせて検討し，自らの授業計画の改善を図るとよい。あるいは，授業を創出する際に，これらの四つの観点を意識しながら計画を立て，指導と評価を一体化させていく際の手がかりとするとよいだろう。

5. 保健の授業研究と評価

表5-10　保健授業の教授―学習過程評価票（植田, 1998）

1. 友だちと助け合って学習できましたか。	はい	いいえ	どちらでもない
2. 友だちの意見を聞いて，いっしょに考えることができましたか。	はい	いいえ	どちらでもない
3. 友だちから教えてもらったり，助けてもらったりしましたか。	はい	いいえ	どちらでもない
4. 友だちと力を合わせて仲良く勉強することができましたか。	はい	いいえ	どちらでもない
5. 今日の勉強は，大切なことがらだと思いましたか。	はい	いいえ	どちらでもない
6. 今日の勉強で，これからの生活に役に立つことがあると思いましたか。	はい	いいえ	どちらでもない
7. 「アッ，ワカッタ」とか「アア，ソウカ」と思ったことがありましたか。	はい	いいえ	どちらでもない
8. 新しい発見やおどろきがありましたか。	はい	いいえ	どちらでもない
9. 夢中になって勉強することができましたか。	はい	いいえ	どちらでもない
10. 今日の勉強は楽しかったですか。	はい	いいえ	どちらでもない
11. 「もっと知りたい，もっと調べたい」と思うことがありましたか。	はい	いいえ	どちらでもない
12. もっと続けて勉強したいと思いましたか。	はい	いいえ	どちらでもない
13. 自分から進んで勉強することができましたか。	はい	いいえ	どちらでもない
14. 授業中，わからないことや疑問に思うことがある時は，自分で調べたり，質問しましたか。	はい	いいえ	どちらでもない
15. 自分の意見を持つことができましたか。	はい	いいえ	どちらでもない
16. 「～を知りたい」，「～をはっきりさせたい」と思いながら勉強することができましたか。	はい	いいえ	どちらでもない

〔文献〕

1) 梶田叡一『教育評価（第2版）』有斐閣，1992年
2) 辰野千壽『改訂増補　学習評価基本ハンドブック―指導と評価の一体化を目指して―』図書文化，2001年
3) B.S.ブルーム他，梶田叡一他訳『教育評価法ハンドブック』第一法規，1973年
4) 植田誠治「小学校保健授業の教授―学習過程評価票の開発」『学校保健研究(40)』日本学校保健学会，1998年

（植田誠治）

●付録● 小・中・高 学習指導要領(「保健」抜粋)

小学校学習指導要領

——平成 20 年 3 月 28 日文部科学省告示第 27 号

第1 目標

　心と体を一体としてとらえ,適切な運動の経験と健康・安全についての理解を通して,生涯にわたって運動に親しむ資質や能力の基礎を育てるとともに健康の保持増進と体力の向上を図り,楽しく明るい生活を営む態度を育てる。

第2 各学年の目標及び内容

〔第3学年及び第4学年〕

1 目標

　(3) 健康な生活及び体の発育・発達について理解できるようにし,身近な生活において健康で安全な生活を営む資質や能力を育てる。

2 内容

　G 保健

　(1) 健康の大切さを認識するとともに,健康によい生活について理解できるようにする。

　　ア 心や体の調子がよいなどの健康の状態は,主体の要因や周囲の環境の要因がかかわっていること。

　　イ 毎日を健康に過ごすには,食事,運動,休養及び睡眠の調和のとれた生活を続けること。また,体の清潔を保つことなどが必要であること。

　　ウ 毎日を健康に過ごすには,明るさの調節,換気などの生活環境を整えることなどが必要であること。

　(2) 体の発育・発達について理解できるようにする。

　　ア 体は,年齢に伴って変化すること。また,体の発育・発達には,個人差があること。

　　イ 体は,思春期になると次第に大人の体に近づき,体つきが変わったり,初経,精通などが起こったりすること。また,異性への関心が芽生えること。

　　ウ 体をよりよく発育・発達させるには,調和のとれた食事,適切な運動,休養及び睡眠が必要であること。

3 内容の取扱い

　(3) 内容の「G保健」については,(1)を第3学年,(2)を第4学年で指導するものとする。

　(4) 内容の「G保健」の(1)については,学校でも,健康診断や学校給食など様々な活動が行われていることについて触れるものとする。

　(5) 内容の「G保健」の(2)については,自分と他の人では発育・発達などに違いがあることに気付き,それらを肯定的に受け止めることが大切であることについて触れるものとする。

〔第5学年及び第6学年〕

1 目標

　(3) 心の健康,けがの防止及び病気の予防について理解できるようにし,健康で安全な生活を営む資質や能力を育てる。

2 内容

●付録●　小・中・高 学習指導要領(「保健」抜粋)

G　保健
(1) 心の発達及び不安，悩みへの対処について理解できるようにする。
　ア　心は，いろいろな生活経験を通して，年齢に伴って発達すること。
　イ　心と体は，相互に影響し合うこと。
　ウ　不安や悩みへの対処には，大人や友達に相談する，仲間と遊ぶ，運動をするなどいろいろな方法があること。
(2) けがの防止について理解するとともに，けがなどの簡単な手当ができるようにする。
　ア　交通事故や身の回りの生活の危険が原因となって起こるけがの防止には，周囲の危険に気付くこと，的確な判断の下に安全に行動すること，環境を安全に整えることが必要であること。
　イ　けがの簡単な手当は，速やかに行う必要があること。
(3) 病気の予防について理解できるようにする。
　ア　病気は，病原体，体の抵抗力，生活行動，環境がかかわり合って起こること。
　イ　病原体が主な要因となって起こる病気の予防には，病原体が体に入るのを防ぐことや病原体に対する体の抵抗力を高めることが必要であること。
　ウ　生活習慣病など生活行動が主な要因となって起こる病気の予防には，栄養の偏りのない食事をとること，口腔の衛生を保つことなど，望ましい生活習慣を身に付ける必要があること。
　エ　喫煙，飲酒，薬物乱用などの行為は，健康を損なう原因となること。
　オ　地域では，保健にかかわる様々な活動が行われていること。

3　内容の取扱い
(5) 内容の「G保健」については，(1)及び(2)を第5学年，(3)を第6学年で指導するものとする。
(6) 内容の「A体つくり運動」の(1)のアと「G保健」の(1)のウについては，相互の関連を図って指導するものとする。
(7) 内容の「G保健」の(3)のエの薬物については，有機溶剤の心身への影響を中心に取り扱うものとする。また，覚せい剤等についても触れるものとする。

第3　指導計画の作成と内容の取扱い
1．指導計画の作成に当たっては，次の事項に配慮するものとする。
(3) 第2の第3学年及び第4学年の内容の「G保健」に配当する授業時数は，2学年間で8単位時間程度，また，第2の第5学年及び第6学年の内容の「G保健」に配当する授業時数は，2学年間で16単位時間程度とすること。
(4) 第2の第3学年及び第4学年の内容の「G保健」並びに第5学年及び第6学年の内容の「G保健」(以下「保健」という。)については，効果的な学習が行われるよう適切な時期に，ある程度まとまった時間を配当すること。
2．第2の内容の取扱いについては，次の事項に配慮するものとする。

(5) 保健の内容のうち食事，運動，休養及び睡眠については，食育の観点も踏まえつつ健康的な生活習慣の形成に結び付くよう配慮するとともに，保健を除く第3学年以上の各領域及び学校給食に関する指導においても関連した指導を行うよう配慮すること。
(6) 保健の指導に当たっては，知識を活用する学習活動を取り入れるなどの指導方法の工夫を行うこと。

中学校学習指導要領

——平成20年3月28日文部科学省告示第28号

第1 目標

心と体を一体としてとらえ，運動や健康・安全についての理解と運動の合理的な実践を通して，生涯にわたって運動に親しむ資質や能力を育てるとともに健康の保持増進のための実践力の育成と体力の向上を図り，明るく豊かな生活を営む態度を育てる。

第2 各分野の目標及び内容

〔保健分野〕

1 目標

個人生活における健康・安全に関する理解を通して，生涯を通じて自らの健康を適切に管理し，改善していく資質や能力を育てる。

2 内容

(1) 心身の機能の発達と心の健康について理解できるようにする。

　ア　身体には，多くの器官が発育し，それに伴い，様々な機能が発達する時期があること。また，発育・発達の時期やその程度には，個人差があること。

　イ　思春期には，内分泌の働きによって生殖にかかわる機能が成熟すること。また，成熟に伴う変化に対応した適切な行動が必要となること。

　ウ　知的機能，情意機能，社会性などの精神機能は，生活経験などの影響を受けて発達すること。また，思春期においては，自己の認識が深まり，自己形成がなされること。

　エ　精神と身体は，相互に影響を与え，かかわっていること。
　　　欲求やストレスは，心身に影響を与えることがあること。また，心の健康を保つには，欲求やストレスに適切に対処する必要があること。

(2) 健康と環境について理解できるようにする。

　ア　身体には，環境に対してある程度まで適応能力があること。身体の適応能力を超えた環境は，健康に影響を及ぼすことがあること。また，快適で能率のよい生活を送るための温度，湿度や明るさには一定の範囲があること。

　イ　飲料水や空気は，健康と密接なかかわりがあること。また，飲料水や空気を衛生的に保つには，基準に適合するよう管理する必要があること。

　ウ　人間の生活によって生じた廃棄物は，環境の保全に十分配慮し，環境を汚染しないように衛生的に処理する必要があること。

(3) 傷害の防止について理解を深めることができるようにする。

　ア　交通事故や自然災害などによる傷

●付録● 小・中・高 学習指導要領(「保健」抜粋)

　　害は,人的要因や環境要因などがかかわって発生すること。
　イ　交通事故などによる傷害の多くは,安全な行動,環境の改善によって防止できること。
　ウ　自然災害による傷害は,災害発生時だけでなく,二次災害によっても生じること。また,自然災害による傷害の多くは,災害に備えておくこと,安全に避難することによって防止できること。
　エ　応急手当を適切に行うことによって,傷害の悪化を防止することができること。また,応急手当には,心肺蘇生等があること。
(4)　健康な生活と疾病の予防について理解を深めることができるようにする。
　ア　健康は,主体と環境の相互作用の下に成り立っていること。また,疾病は,主体の要因と環境の要因がかかわり合って発生すること。
　イ　健康の保持増進には,年齢,生活環境等に応じた食事,運動,休養及び睡眠の調和のとれた生活を続ける必要があること。また,食事の量や質の偏り,運動不足,休養や睡眠の不足などの生活習慣の乱れは,生活習慣病などの要因となること。
　ウ　喫煙,飲酒,薬物乱用などの行為は,心身に様々な影響を与え,健康を損なう原因となること。また,これらの行為には,個人の心理状態や人間関係,社会環境が影響することから,それぞれの要因に適切に対処する必要があること。
　エ　感染症は,病原体が主な要因となって発生すること。また,感染症の多くは,発生源をなくすこと,感染経路を遮断すること,主体の抵抗力を高めることによって予防できること。
　オ　健康の保持増進や疾病の予防には,保健・医療機関を有効に利用することがあること。また,医薬品は,正しく使用すること。
　カ　個人の健康は,健康を保持増進するための社会の取組と密接なかかわりがあること。
3　内容の取扱い
(1)　内容の(1)は第1学年,内容の(2)及び(3)は第2学年,内容の(4)は第3学年で取り扱うものとする。
(2)　内容の(1)のアについては,呼吸器,循環器を中心に取り扱うものとする。
(3)　内容の(1)のイについては,妊娠や出産が可能となるような成熟が始まるという観点から,受精・妊娠までを取り扱うものとし,妊娠の経過は取り扱わないものとする。また,身体の機能の成熟とともに,性衝動が生じたり,異性への関心が高まったりすることなどから,異性の尊重,情報への適切な対処や行動の選択が必要となることについて取り扱うものとする。
(4)　内容の(1)のエについては,体育分野の内容の「A体つくり運動」の(1)のアの指導との関連を図って指導するものとする。
(5)　内容の(2)については,地域の実態に即して公害と健康との関係を取り扱うことも配慮するものとする。また,生態系については,取り扱わないものと

する。
(6) 内容の(3)のエについては，包帯法，止血法など傷害時の応急手当も取り扱い，実習を行うものとする。また，効果的な指導を行うため，水泳など体育分野の内容との関連を図るものとする。
(7) 内容の(4)のイについては，食育の観点も踏まえつつ健康的な生活習慣の形成に結び付くよう配慮するとともに，必要に応じて，コンピュータなどの情報機器の使用と健康とのかかわりについて取り扱うことも配慮するものとする。
(8) 内容の(4)のウについては，心身への急性影響及び依存性について取り扱うこと。また，薬物は，覚せい剤や大麻等を取り扱うものとする。
(9) 内容の(4)のエについては，後天性免疫不全症候群（エイズ）及び性感染症についても取り扱うものとする。
(10) 保健分野の指導に際しては，知識を活用する学習活動を取り入れるなどの指導方法の工夫を行うものとする。

第3 指導計画の作成と内容の取扱い
1. 指導計画の作成に当たっては，次の事項に配慮するものとする。
(1) 授業時数の配当については，次のとおり取り扱うこと。
　ア　保健分野の授業時数は，3学年間で，48単位時間程度を配当すること。
　エ　保健分野の授業時数は，3学年間を通して適切に配当し，各学年において効果的な学習が行われるよう適切な時期にある程度まとまった時間を配当すること。

高等学校学習指導要領

——平成21年3月9日文部科学省告示第34号

第1款　目標
　心と体を一体としてとらえ，健康・安全や運動についての理解と運動の合理的，計画的な実践を通して，生涯にわたって豊かなスポーツライフを継続する資質や能力を育てるとともに健康の保持増進のための実践力の育成と体力の向上を図り，明るく豊かで活力ある生活を営む態度を育てる。
第2款　各科目
第2　保健
1　目標
　個人及び社会生活における健康・安全について理解を深めるようにし，生涯を通じて自らの健康を適切に管理し，改善していく資質や能力を育てる。
2　内容
(1) 現代社会と健康
　我が国の疾病構造や社会の変化に対応して，健康を保持増進するためには，個人の行動選択やそれを支える社会環境づくりなどが大切であるというヘルスプロモーションの考え方を生かし，人々が自らの健康を適切に管理すること及び環境を改善していくことが重要であることを理解できるようにする。
　ア　健康の考え方
　　健康の考え方は，国民の健康水準の向上や疾病構造の変化に伴って変わってきていること。また，健康は，様々な要因の影響を受けながら，主体と環境の相互作用の下に成り立っていること。

●付録●　小・中・高 学習指導要領(「保健」抜粋)

健康の保持増進には，健康に関する個人の適切な意志決定や行動選択及び環境づくりがかかわること。
　イ　健康の保持増進と疾病の予防
　　健康の保持増進と生活習慣病の予防には，食事，運動，休養及び睡眠の調和のとれた生活を実践する必要があること。
　　喫煙と飲酒は，生活習慣病の要因になること。また，薬物乱用は，心身の健康や社会に深刻な影響を与えることから行ってはならないこと。それらの対策には，個人や社会環境への対策が必要であること。
　　感染症の発生や流行には，時代や地域によって違いがみられること。その予防には，個人的及び社会的な対策を行う必要があること。
　ウ　精神の健康
　　人間の欲求と適応機制には，様々な種類があること。精神と身体には，密接な関連があること。また，精神の健康を保持増進するには，欲求やストレスに適切に対処するとともに，自己実現を図るよう努力していくことが重要であること。
　エ　交通安全
　　交通事故を防止するには，車両の特性の理解，安全な運転や歩行など適切な行動，自他の生命を尊重する態度，交通環境の整備などがかかわること。また，交通事故には責任や補償問題が生じること。
　オ　応急手当
　　適切な応急手当は，傷害や疾病の悪化を軽減できること。応急手当には，正しい手順や方法があること。また，心肺蘇生等の応急手当は，傷害や疾病によって身体が時間の経過とともに損なわれていく場合があることから，速やかに行う必要があること。
(2) 生涯を通じる健康
　生涯の各段階において健康についての課題があり，自らこれに適切に対応する必要があること及び我が国の保健・医療制度や機関を適切に活用することが重要であることについて理解できるようにする。
　ア　生涯の各段階における健康
　　生涯にわたって健康を保持増進するには，生涯の各段階の健康課題に応じた自己の健康管理及び環境づくりがかかわっていること。
　イ　保健・医療制度及び地域の保健・医療機関
　　生涯を通じて健康の保持増進をするには，保健・医療制度や地域の保健所，保健センター，医療機関などを適切に活用することが重要であること。
　　また，医薬品は，有効性や安全性が審査されており，販売には制限があること。疾病からの回復や悪化の防止には，医薬品を正しく使用することが有効であること。
　ウ　様々な保健活動や対策
　　我が国や世界では，健康課題に対応して様々な保健活動や対策などが行われていること。
(3) 社会生活と健康
　社会生活における健康の保持増進に

は，環境や食品，労働などが深くかかわっていることから，環境と健康，環境と食品の保健，労働と健康にかかわる活動や対策が重要であることについて理解できるようにする。
　　ア　環境と健康
　　　　人間の生活や産業活動は，自然環境を汚染し健康に影響を及ぼすこともあること。それらを防ぐには，汚染の防止及び改善の対策をとる必要があること。
　　イ　環境と食品の保健
　　　　環境衛生活動は，学校や地域の環境を健康に適したものとするよう基準が設定され，それに基づき行われていること。また，食品衛生活動は，食品の安全性を確保するよう基準が設定され，それに基づき行われていること。
　　ウ　労働と健康
　　　　労働災害の防止には，作業形態や作業環境の変化に起因する傷害や職業病などを踏まえた適切な健康管理及び安全管理をする必要があること。
3　内容の取扱い
(1)　内容の(1)のイ及び(3)のイについては，食育の観点を踏まえつつ，健康的な生活習慣の形成に結び付くよう配慮するものとする。
(2)　内容の(1)のイの喫煙と飲酒，薬物乱用については，疾病との関連，社会への影響などについて総合的に取り扱い，薬物については，麻薬，覚せい剤，大麻等を扱うものとする。
(3)　内容の(1)のウについては，大脳の機能，神経系及び内分泌系の機能について必要に応じ関連付けて扱う程度とする。また，「体育」における体ほぐしの運動との関連を図るよう配慮するものとする。
(4)　内容の(1)のエについては，二輪車及び自動車を中心に取り上げるものとする。また，自然災害などによる傷害の防止についても，必要に応じ関連付けて扱うよう配慮するものとする。
(5)　内容の(1)のオについては，実習を行うものとし，呼吸器系及び循環器系の機能については，必要に応じ関連付けて扱う程度とする。また，効果的な指導を行うため，「体育」の「D水泳」などとの関連を図るよう配慮するものとする。
(6)　内容の(2)のアについては，思春期と健康，結婚生活と健康及び加齢と健康を取り扱うものとする。また，生殖に関する機能については，必要に応じ関連付けて扱う程度とする。責任感を涵養することや異性を尊重する態度が必要であること，及び性に関する情報等への適切な対処についても扱うよう配慮するものとする。
(7)　内容の(3)のアについては，廃棄物の処理と健康についても触れるものとする。
(8)　指導に際しては，知識を活用する学習活動を取り入れるなどの指導方法の工夫を行うものとする。
第3款　各科目にわたる指導計画の作成と内容の取扱い
1　指導計画の作成に当たっては，次の事項に配慮するものとする。
　(1)　第1章総則第1款の3に示す学校に

●付録●　小・中・高 学習指導要領(「保健」抜粋)

おける体育・健康に関する指導の趣旨を生かし，特別活動，運動部の活動などとの関連を図り，日常生活における体育・健康に関する活動が適切かつ継続的に実践できるよう留意するものとする。なお，体力の測定については，計画的に実施し，運動の指導及び体力の向上に活用するものとする。

(3) 「保健」は，原則として入学年次及びその次の年次の2か年にわたり履修させるものとする。

2　各科目の指導に当たっては，その特質を踏まえ，必要に応じて，コンピュータや情報通信ネットワークなどを適切に活用し，学習の効果を高めるよう配慮するものとする。

■執筆者（執筆項目）執筆順

森　　昭三	（筑波大学名誉教授 びわこ成蹊スポーツ大学名誉教授）	はじめに, 2-1, 3-2
和唐　正勝	（宇都宮大学名誉教授）	1-1, 4-2
藤田　和也	（一橋大学名誉教授）	1-2, 3-1
友定　保博	（宇部フロンティア大学教授 山口大学名誉教授）	1-3, 4-3-②
戸野塚厚子	（宮城学院女子大学教授）	2-2
近藤　真庸	（岐阜大学教授）	2-3, 4-3-③, 4-3-⑤
数見　隆生	（東北福祉大学教授）	3-3, 4-3-①
田村　　誠	（日本大学教授）	4-1
住田　　実	（大分大学教授）	4-3-④
植田　誠治	（聖心女子大学教授）	4-3-⑥, 5-2
小浜　　明	（仙台大学教授）	5-1

新版 保健の授業づくり入門
© Terumi Mori & Masakatsu Wato 2002　　　NDC375　viii, 350p　21cm

初版第1刷────1987年4月15日
新版第1刷発行────2002年9月10日
第7刷発行────2015年9月1日

編者────森昭三　和唐正勝
発行者────鈴木一行
発行所────株式会社大修館書店
　　　〒113-8541 東京都文京区湯島 2-1-1
　　　電話 03-3868-2651（販売部）03-3868-2297（編集部）
　　　振替 00190-7-40504
　　　[出版情報] http://www.taishukan.co.jp

装丁者────平　昌司
印刷所────広研印刷
製本所────司製本

ISBN978-4-469-26498-2　　Printed in Japan

Ⓡ本書のコピー、スキャン、デジタル化等の無断複製は著作権法上での例外を除き禁じられています。本書を代行業者等の第三者に依頼してスキャンやデジタル化することは、たとえ個人や家庭内での利用であっても著作権法上認められておりません。

【最新】「授業書」方式による保健の授業

保健教材研究会・編

「考える力」の基礎、科学的認識を形成！

「授業書」は、生徒に楽しく、かつ正しく科学的認識形成するための授業を誰もが実践出来るよう構想した指導案である。シリーズ最新の本書では高校段階で扱われるべき保健の教育内容を広くあつめた「授業書」25編を収載。

主要目次

- **【序章 健康の考えかた】** 健康とは何か／健康と行動～意志決定と行動選択～　他
- **【Ⅰ章 からだ・こころと健康】** 文明と人間のからだ／こころとからだ～心身の相関～　他
- **【Ⅱ章 人間の性と健康】** 人間と性～生殖の性をめぐる現在～／エイズ　他
- **【Ⅲ章 環境と健康】** ごみの不法投棄／環境ホルモン　他
- **【Ⅳ章 現代の生活と健康】** 生活習慣病の予防～血管病をどう防ぐか～／薬物乱用　他
- **【Ⅴ章 現代の医療・福祉と健康】** 医療機関・医療サービスと健康／高齢者の健康　他
- **【Ⅵ章 国際交流の進展と健康】** 食料問題／地球温暖化問題　他

●B5判・184頁
定価＝本体2,300円＋税

大修館書店　書店にない場合やお急ぎの方は、直接ご注文ください。☎03-3868-2651

学校保健・健康教育用語辞典

大澤清二、田嶋八千代、礒辺啓二郎、田神一美、渡邉正樹 編

高等学校保健体育の教科書に出てくる用語はもちろんのこと、日常で使用されている保健に関する用語や学校保健に関する用語、約2,600語を解説。広範にわたる用語を簡潔にまとめた画期的な辞典。学校保健関係者にとって必携の書。

●A5判・450頁
定価＝本体3,200円＋税

教育現場でよく使われる保健・健康関連の用語を網羅！

鳥インフルエンザ／SARS／O157／エイズ／HIV／エコノミークラス症候群／SRSV食中毒／性感染症／狂牛病／肝炎ウイルス／ヘルスプロモーション／健康リテラシー／意思決定・行動選択／栄養教育／遺伝子組み換え食品／健康寿命／シックハウス症候群／セカンド・オピニオン／ドメスティックバイオレンス／環境ホルモン　他

大修館書店　書店にない場合やお急ぎの方は、直接ご注文ください。☎03-3868-2651